Elisa Klapheck
Zur politischen Theologie des Judentums

Elisa Klapheck, geb. 1962, ist eine liberale Rabbinerin in Frankfurt a. M. und Professorin für Jüdische Studien an der Universität Paderborn. Sie studierte Politologie, Rechtswissenschaft und Judaistik. 1998 wurde sie Pressesprecherin der Jüdischen Gemeinde zu Berlin. Dort gehörte sie zu den Mitbegründern der liberalen Synagoge Oranienburger Straße und der jüdisch-feministischen Organisation „Bet Debora". Nach ihrer Ausbildung als Rabbinerin war sie zunächst in Amsterdam als erste Rabbinerin in der niederländisch-jüdischen Geschichte bei der Gemeinde „Beit Ha'Chidush" angestellt. Seit 2009 ist sie Rabbinerin in der Jüdischen Gemeinde Frankfurt a. M.
Veröffentlichungen u.a.: Fräulein Rabbiner Jonas. Kann die Frau das rabbinische Amt bekleiden? Berlin 1999; Wie ich Rabbinerin wurde. Freiburg 2012; Margarete Susman und ihr jüdischer Beitrag zur politischen Philosophie. Berlin 2014; TB-Ausgabe 2021. Herausgeberin der Reihe *Machloket / Streitschriften* zu gesellschaftspolitischen Fragen und jüdischer Tradition.

Elisa Klapheck

Zur politischen Theologie
des Judentums

Europäische Verlagsanstalt

Bibliografische Information der Deutschen Nationalbibliothek
Die Deutsche Nationalbibliothek verzeichnet diese Publikation in der
Deutschen Nationalbibliografie; detaillierte bibliografische Daten sind
im Internet über http://dnb.d-nb.de abrufbar.

© CEP Europäische Verlagsanstalt GmbH, Hamburg 2022
Coverabbildung: Chanukka-Leuchter von Rachel Kohn,
Bildbearbeitung: Susanne Ahner, Idee: Elisa Klapheck.
Reproduktionsgenehmigung VG Bildkunst, Bonn
Umschlaggestaltung und Satz: Christian Wöhrl, Hoisdorf,
Signet: Dorothee Wallner nach Caspar Neher »Europa« (1945)
Printed in Germany
ISBN 978-3-86393-145-2
Auch als E-Book erhältlich, ISBN 978-3-86393-626-6

Informationen zu unserem Verlagsprogramm finden Sie im Internet unter
www.europaeischeverlagsanstalt.de

Inhalt

Vorwort
Zur politischen Theologie des Judentums

Die in diesem Band versammelten sieben Essays zeichnen anhand der *Hebräischen Bibel*, des rabbinischem Schrifttums (*Talmud*, *Midrasch*) und des zeitgenössischen jüdisch-religiösen Denkens wesentliche Aspekte einer politischen Theologie des Judentums in ihrer Aktualität nach. Die Aufsätze sind über mehrere Jahre in unterschiedlichen Kontexten entstanden. In ihrem Zusammenspiel eröffnet sich die besondere theologische Perspektive, die ich als politisch bewusste Rabbinerin einem am Judentum interessierten Publikum nahebringen möchte.

Nach dieser Lesart entsteht die politische Theologie des Judentums aus dem produktiven Konflikt des Menschen mit Gott. Die *Tora* ist danach keine Schrift, die vom Menschen bedingungslosen Gehorsam gegenüber dem Willen Gottes verlangt, sondern in der die Menschen in einem Aushandlungsprozess mit Gott immer wieder Räume der weltlich-politischen Gestaltung erringen – einer Gestaltung, die jedoch stets auch an Gott rückgebunden wird. Den rabbinischen Schriften zufolge lässt Gott sich auf die neuen Anforderungen ein. Zwar will er eine theokratische Diktatur – doch will er sie zugleich auch nicht. Deshalb müssen die Menschen mit Gott ringen. Dadurch entsteht ein politischer Raum, durch den erst Gott gestalterisch an der menschlichen Gesellschaft mitzuwirken vermag.

Das jüdisch-rabbinische Schrifttum ist Zeugnis des fortwährenden Ringens und Streitens um die Rückbindung Gottes in die Gestaltung der Welt. Das „Politische" ist zunächst, aristotelisch verstanden, das Paradigma des Verhandelns und gemeinsamen Entscheidens – hier zunächst mit Gott, gespiegelt im Weiteren in den Handlungen und Gesetzen der Menschen. Das „Politisch-Theologische" ist die Auffassung von einem Gott, der zum Politischen fähig ist – der also nicht in einer Theokratie seine höchste Wirkung findet, sondern im Aushandlungsprozess mit den Menschen seine Geltung erlangt. Es geht daher um eine Spannungsbeziehung, in der Gott mit den Menschen ringt, aber doch immer wieder neu die Beziehung mit ihnen eingeht – und auch umgekehrt, in der den Menschen immer wieder die Rückbindung an Gott gelingt. Die religiös-politische Herausforderung besteht dabei darin, Gott in die säkularen Lebenswelten einzubeziehen.

Diese jüdische Lesart für eine politische Theologie lässt sich auf vielen, gerade heute relevanten Feldern anwenden – beispielsweise einer politischen Analyse der fünf Bücher *Mose*, einer Auseinandersetzung mit der rabbinischen Einstellung zu säkularen Entwicklungen, dem Rechtsstaat, der multireligiösen Gesellschaft, ethischen und sozialen Herausforderungen, dem Verhältnis der Religion zu wirtschaftlicher Modernisierung, den Frauenrechten, etc. Alle sieben Aufsätze sind *theologische* Deutungen, die gleichwohl Bezüge zu den politischen Krisen der Gegenwart enthalten (Demokratie, Globalisierung, Pluralismus, Geschlechterkonflikte usw.).

1) Gott und die Polis. Eine biblisch-politische Deutung

Hier wird, ausgehend von Jeremias Aufforderung: „Betet für das Wohl der Stadt", das Verhältnis Gottes zur Stadt im Lichte der aristotelischen Vorstellung von „Politik" analysiert, die sich an der *polis*, das heißt dem städtischen Gemeinwesen orientiert. Der Aufsatz fokussiert vor allem auf das erste Buch *Mose*. Der Mensch ringt mit Gott um einen Raum der Autonomie, repräsentiert durch die Stadt. Die verschiedenen problematischen Städte (Kain/Chanoch – Babel – Sodom – die Wüstenstadt Beer Schewa) bilden jeweils Herausforderungen an Gott, die aber in eine „Stadt des Schwures", Beer Schewa, münden – und damit die Bundestheologie vorformen. Es handelt sich um eine theologische Auslegung des Buches *Genesis* mit Verweisen auf die moderne politische Philosophie (vor allem Dolf Sternbergers *Drei Wurzeln der Politik*).

2) Bundestheologie aus der Wüste – und aus den Steppen

Aufbauend auf dem ersten Aufsatz analysiert der zweite die politische Seite der Bundestheologie in der *Tora*. Eine zentrale Frage für die rabbinisch-politische Tradition ist: Warum wurde die *Tora* in der Wüste gegeben und nicht im Land Israel? Die klassische Antwort lautet: Um den universalistischen Anspruch der *Tora* hervorzuheben. Hiervon ausgehend werden das zweite Buch *Mose* (*Exodus*) und das vierte Buch (*Numeri*) kritisch verglichen. Während das zweite Buch im Zeichen eines menschheitlichen Optimismus die Machbarkeit der Freiheit durch den Aufbruch aus der Sklaverei bis zum Bundesschluss am Sinai erzählt, gerät der Optimismus im vierten Buch *Mose* ins Straucheln. Es ist das Buch der vielfältigen politischen Krisen, die mit der Freiheit einhergehen: Infragestellung der Autorität von Moses und Aaron, Entmachtung der Erstgeborenen und anderer Privilegierter, der populistische Aufstand der Rotte Korach, die immer wieder gestellte Frage der Frauengleichberechtigung, der Status der Nichtjuden und Fremden, etc. Auch in dieser primär theologischen Analyse ergeben sich zahlreiche Anknüpfungspunkte an heutige politische Diskurse.

3) Auf dem Weg zu einer Theologie des Rechtsstaates

Dieser Aufsatz fußt auf den „Noachidischen Geboten" – dem ethischen Mindeststandard für alle Menschen, vor allem ihrem ersten Gebot, sich ein Rechtswesen zu geben. Er knüpft zugleich an das berühmte rabbinische Diktum *Dina de-Malchuta Dina* – „das Gesetz des Staates ist das Gesetz" –, das der talmudische Rechtsgelehrte Samuel im dritten Jahrhundert für die jüdische Diaspora formuliert hat. Es etabliert ein „religiös-säkulares Spannungsfeld", in dem sich die jüdisch-politische Tradition in der Diaspora aus der Spannung zu den Gesetzen der *Tora* und zugleich ihrer Bindung an diese entwickelt hat. Gerade diese Problematik ist eine Inspiration für heutige Auseinandersetzungen über den Primat des demokratischen Rechtsstaates und zugleich über die Frage, welchen Status religiöse Rechtsauffassungen darin haben können.

4) Der produktive Konflikt mit Gott.
Fünf religiös-säkulare Konzepte

Hier wird die jüdische Gegenwartstheologie als produktiver Konflikt dargestellt. Gott will zwar Theokratie. Doch Menschen entwickeln Autonomie und „korrigieren" die Gesetze Gottes. Das heutige Judentum kennt eine Reihe religiös-säkularer Konzepte, die den Konflikt mit Gott eingehen, um allgemeinen ethischen Vorstellungen entsprechen zu können. Interessanterweise sind diese Konzepte uralt, so alt wie die jüdische Tradition selbst und reichen in die einstigen talmudischen Debatten zurück. Es geht um

— *Tikkun Olam* (wörtlich „Korrektur" oder „Reparatur der Welt"), das in der jüdischen Tradition an die Stelle messianischer Heilserwartungen getreten ist. Heute bedeutet *Tikkun Olam* vor allem soziales Engagement.

— *Zelem Elohim* („Ebenbildlichkeit Gottes" als Menschenwürde verstanden, die durchaus im kritischen Konflikt mit Gott steht);

— *Pikuach Nefesch* („Das Leben hat Vorrang"), das eine moderne jüdische Medizinethik ermöglicht;

— *Noachidische Gebote* (universeller menschheitlich-säkularer Rahmen);

— *Dina de-Malchuta Dina* (Primat des Rechtsstaates).

5) Zum Gebrauch geheiligt.
Oder: Die kultisch-weltliche Spannung im Judentum

In diesem Text wird die besondere jüdische Auffassung vom „Heiligen" und dem Akt der „Heiligung" thematisiert. Anders als oft angenommen, bedeutet *kadosch* nicht separiert, getrennt – sondern gewidmet, geweiht, damit das Geheiligte Verwendung findet. Der Wein wird geheiligt, nicht, um getrennt von den Menschen zu sein, sondern um getrunken zu werden (mit einer heilsgeschichtlichen Einstellung natürlich). Thematisiert wird die kultisch-säkulare Spannung in den jüdischen Ritualen. Zwar werden die Dinge durch Heiligung rituell gewidmet, jedoch um in dieser Welt Verwendung zu finden.

6) Neue Welten erschaffen.
Jüdische Theologie und wirtschaftliche Modernisierung

In diesem Aufsatz zeichne ich das Spannungsverhältnis zwischen Gott und dem wirtschaftlich kreativen Menschen nach. Schon die rabbinische Exegese sieht in dem „Gott-gleich-Werden" der Menschen, nachdem sie vom Baum der Erkenntnis gegessen haben, die menschliche Fähigkeit, „neue Welten erschaffen zu können". So wird der Mensch immer weniger Ko-Schöpfer Gottes. Vielmehr sieht es in der modernen Gesellschaft aus, als sei der Mensch Schöpfer immer neuer Welten und als könne Gott gerade noch Ko-Schöpfer sein. Wie gestaltet sich die Rückbindung an Gott als Ko-Schöpfer in einer Welt fortschreitender wirtschaftlicher Modernisierung?

7) *Schechina* und Wirtschaft.
Gemeinsamkeiten der jüdischen Diaspora und der sich globalisierenden Wirtschaft

Die jüdische Erfahrung der Diaspora, das heißt einer dezentralen, durch alle Länder verstreuten und doch durch eine gemeinsame Rechtstradition zusammengehaltenen Lebensform, ist als Inspiration für das Thema „Globalisierung" noch viel zu wenig erkannt worden. Gar manche der wirtschaftlichen und sozialen, aber auch der rechtlichen Problematiken sind in der jüdischen Tradition bereits erkannt und auf eigene Weise verarbeitet worden. So ist nicht zuletzt der *koscher*-Stempel vergleichbar mit heutigen Zertifikaten, die ethische Standards im globalen Handel durchsetzen wollen. Der Aufsatz unternimmt darüber hinaus einen Vergleich der transnationalen jüdischen Rechtstradition mit der transnationalen Rechtslogik der Europäischen Union.

Die historische und die politisch-theologische Erkenntnis, dass die Entwicklung zu rechtsstaatlichen und pluralistischen Gesellschaften in starkem Maße gerade auch dem Judentum entstammt und über säkulare Wege unser heutiges westliches Denken prägt, kommt erst allmählich zu

Bewusstsein. Tatsächlich ist Europa jüdischer als die meisten wissen. Dieser Band eröffnet ein Spektrum unseres jüdisch-politischen Erbes.

Elisa Klapheck
Juni 2022

Gott und die Polis
Eine biblisch-politische Deutung

Die hebräische *polis*

Das Wort Politik leitet sich bekanntlich vom griechischen Wort *polis* ab – die Stadt. Die *polis* als eine zivilisationshistorisch entstandene, besser: von Menschen geschaffene Form des Zusammenlebens mit einem ganz eigenen politischen Selbstverständnis, findet sich allerdings auch in der *Hebräischen Bibel*.[1] So steht im Buch *Jeremia* der verblüffend „politische" Satz:

> „Sucht das Wohl *der Stadt*, dahin ich euch weggeführt habe, und betet um *sie* zu dem Ewigen; denn *in ihrem Wohle* wird euch wohl sein." (*Jer.* 29, 7. Hervorhebungen hier und in den folgenden Zitaten von mir, E.K.)

Jeremias Aufforderung, sich in der babylonischen Verbannung einzurichten, wird zumeist im Kontext einer Rechtfertigung des Exils, beziehungsweise einer Strafe Gottes verstanden. Jerusalem war im Jahre 586 v. Z. von der Armee Nebukadnezars besiegt, der Tempel zerstört und große Teile der Bevölkerung Judäas nach Babylonien deportiert worden. Vom Propheten Jeremia erhofften sich die Exilanten eine von Gott offenbarte Aussicht auf baldige Rückkehr. Doch Jeremia reagierte mit einer ganz anderen Auffassung. Hier die ganze Textstelle:

> „So spricht der Ewige der Heerscharen, Gott Israels, zu all den Weggeführten, die ich von Jerusalem nach Babel weggeführt. Baut Häuser und bewohnt sie, und pflanzt Gärten und esst ihre Frucht. Nehmt Frauen und zeugt Söhne und Töchter und nehmt für eure Söhne Frauen und eure Töchter gebt Männern, dass sie gebären Söhne und Töchter, und mehrt euch *dort* und vermindert euch nicht. Und sucht das

Wohl der Stadt, dahin ich euch weggeführt habe, und betet
um sie zu dem Ewigen; denn in ihrem Wohle *(bi-schloma)*
wird euch wohl sein." *(Jer.* 29, 4–7)

In dem letzten Satz, dem Aufruf, für das Wohl der Stadt zu
„beten", kündigt sich ein Mehr an. Es ist, wie ich in diesem
Aufsatz darlegen will, ein *theologisches* Mehr, das den Leserinnen
und Lesern noch gar nicht als mögliche politische Botschaft in
der *Hebräischen Bibel* aufgefallen sein mag: *die Bedeutung der
Stadt für eine jüdisch-politische Theologie.*
Bis dahin verstand sich das Exil in den Prophetenschriften
als eine Strafe Gottes – eine negative Existenzform, die man
nur durch Rückkehr in das eigene Land hinter sich lassen
konnte. Doch in Jeremias Worten scheint eine neue Option
auf. Das „Wohl der Stadt" erscheint hier als ein neuer, in Zukunft zu beschreitender jüdischer Weg. Jeremias Worte verweisen dabei auf ein allgemeines Wohl, das Juden mit anderen
Stadtbewohnern teilen werden: „denn in *ihrem* Wohle", das
heißt dem *allgemeinen Wohl,* „wird euch wohl sein". Die Vorstellung birgt die Vision eines gedeihlichen urbanen Zusammenlebens von Menschen, unter denen Juden nur eine Gruppe unter anderen bilden.
Dolf Sternberger, Schüler von Karl Jaspers und Freund von
Hannah Arendt, hat in seinem großartigen Werk *Drei Wurzeln
der Politik* die grundsätzlichen Formen der Politik herausgearbeitet.[2] Als einer der maßgeblichen politischen Publizisten,
der nach der NS-Diktatur die demokratische Entwicklung der
Bundesrepublik Deutschland u.a. mit dem Begriff „Verfas-
sungspatriotismus" prägte, bietet Sternberger in *Drei Wurzeln
der Demokratie* ein geistiges Instrumentarium, mit dem „Politik"
von anderen Formen der Machtausübung abgegrenzt werden
soll. Heute, da die Demokratie in den westlichen Staaten erneut
in Gefahr scheint, erweist sich Sternbergers Buch als sehr ak-
tuell. Was ist „Politik", was ist „politisch"? Nicht jede Form der
Machtausübung verdient, „politisch" genannt zu werden. Ein
autokratischer Machthaber, eine populistische Regierungs-
partei, die den Rechtsstaat aushöhlt, eine Diktatur gar – sind

gerade nicht „politisch". Sie intendieren vielmehr die Vernichtung des Politischen.

Anhand der aristotelischen Definition von „Politik"[3] schärft Sternberger den Unterschied zwischen „Regieren" und „Herrschen". Er übersetzt *polis* nicht nur mit „Stadt", sondern auch mit „Bürgerschaft" – beziehungsweise „politisch" mit „bürgerschaftlich". „Politisch" ist die Regierungsform, in der Regierung und Regierte dieselben sind. Der aristotelischen Definition folgend ist für eine „politische" Regierungsform kennzeichnend, dass jeder Regierte potentiell Regierender sein kann. Die *polis* ist danach die sich selbst regierende Stadt, in der die Bürger die Verantwortung für die Regierungsgeschäfte selber tragen. Bei dieser Regierungsform wird die Herrschaft von mehreren (und nicht einem Einzelnen) ausgeübt, die Regierenden werden gewählt, sie sind an das Recht gebunden und sie regieren nur für eine begrenzte Zeit, es gilt das Prinzip einer milden Gerichtsbarkeit, den Entscheidungen geht ein starkes Maß an Beratung und Abwägung voraus, die Amtsführung der Regierenden wird durch die Bürger kontrolliert – und: Sie ist eine Regierungsform, die sich besser für Städte als für Länder oder Reiche eignet.[4]

Wie lässt sich die politische Theologie der *Hebräischen Bibel* an der aristotelischen Auffassung von der *polis* und der „Politik" messen? Auch die *Hebräische Bibel* enthält einen unschätzbaren Anteil an der Geschichte der politischen Ideen – vor allem durch Motive wie den Bundesschluss am Berg Sinai als Blaupause für den Gesellschaftsvertrag oder die messianische Hoffnung als gesellschaftlichen Anspruch auf eine bessere Zukunft, um nur einige der prägnantesten Ideen mit politischem Potential zu nennen.[5] Zwar kennt die *Tora* selbst das Wort „politisch" nicht. Ihr Thema ist der monotheistische Gott in Verbindung mit der Geschichte Israels als Genese der konfliktvollen Mensch-Gott-Beziehung. Gleichwohl findet in den Konflikten Gottes mit den Menschen auch eine immanente Auseinandersetzung mit dem Politischen statt.

Ein Wort zur politischen Theologie: Bei einer „theologischen" Auseinandersetzung bildet nicht das Verhalten der

Menschen untereinander, sondern die Mensch-Gott-Beziehung den Ausgangspunkt – im Unterschied zur politischen Philosophie, die auf eine Referenz an Gott verzichten und sich allein den Menschen zuwenden kann. Meine Sichtweise ist eine „theologische", was bedeutet, dass die Orientierung auf Gott bzw. auf ein Höheres vorausgesetzt wird, um den über die einzelnen Menschen hinausgehenden Maßstab bestimmen zu können, durch den sich das Politische – durchaus im aristotelischen Sinn – unter den Menschen entfalten kann. Damit will ich eine jüdisch-politische Lesart der *Hebräischen Bibel* entfalten. Es wird sich zeigen, dass ein „göttlicher" Maßstab nicht von vornherein in der *Bibel* gegeben ist, sondern dieser für Gott nur in der Beziehung mit Menschen ermittelbar wird. Die Herausbildung des Politischen spielt hierbei eine wesentliche Rolle. Das ist von der *Tora* her, den „Fünf Büchern *Mose*", mit denen die *Hebräische Bibel* beginnt, erkannt. Und zwar von Anfang an. Das gesamte erste Buch, das Buch *Genesis/Bereschit* lässt sich als eine Auseinandersetzung mit dem politischen Anspruch der Menschen lesen und wie sich dieser auf die Genese der Mensch-Gott-Beziehung auswirkt – beziehungsweise wie von Gott her der Maßstab für das Politische sukzessive in den ersten Geschichten der Bibel zum Ausdruck kommt. Im Verlauf dieses Aufsatzes werde ich ausgehend von den ersten Geschichten der Bibel die politische Theologie in einem aristotelischen, aber auch in einem jüdischen Sinn nachzeichnen. Ich werde Dolf Sternbergers aristotelischem Fokus auf die *polis* folgen und nach der Bedeutung der Stadt für den politischen Gehalt der werdenden Mensch-Gott-Beziehung fragen. Ich verspreche mir davon einen explizit politischen, wenngleich jedoch andere Schwerpunkte setzenden jüdischen Beitrag, der die Geschichte der politischen Ideen ebenfalls bis auf den heutigen Tag prägt.

Gott – ein despotischer König?

Aristoteles spricht in der *Politik* von zwei Formen der Herrschaft: „politische" Herrschaft und „despotische" Herrschaft.[6] Das Urmodell des Despoten sei der „Vater", der „Herr des Hauses" *(oikos)*, dem alle anderen Mitglieder (die Ehefrau, die Kinder und die Sklaven) untergeordnet sind. Die höchste Stufe dieser Herrschaftsform ist der „König" – der „Landesvater". Im Unterschied zur bürgerschaftlichen Regierung in der *polis* ist die Regierungszeit eines Königs (und ebenso des Vaters) nicht zeitlich beschränkt. Der König und seine Untertanen sind gerade nicht dieselben! Der König wird nicht notwendig durch eine Wahl eingesetzt, auch sind seine Entscheidungen nicht notwendig an ein vorheriges Beratungsverfahren gebunden. Ein despotischer Herrscher kann durchaus ein gnadenvoller und gerechter König sein – ebenso ein gütiger und vergebender Vater. Aber niemals entsteht in der Gnade, Güte oder Vergebung ein Verhältnis auf Augenhöhe.

Die Unterscheidung zwischen „politischer" und „despotischer" Machtausübung ist heute wieder wichtig, um Pervertierungen der Politik, die auf ihre Selbstaushöhlung hinwirken, beizeiten zu erkennen und entgegenwirken zu können. Sternberger erinnert auf der Grundlage von Aristoteles daran, dass jede gute Regierungsform ihr negatives Gegenbild hat. Ein Despot kann ein gnädiger König sein. Potentiell ist er aber auch ein Tyrann. Ebenso hat auch das politische, bürgerschaftliche Regieren sein negatives Zerrbild, wenn sich politisch in „opportun", „intrigant" oder „zynisch" verkehrt.

Zurück zu Jeremia: Dass er vom Wohl der „Stadt" redet und nicht vom Wohl eines „Königreiches" ist etwas, worüber man beim Lesen stolpern mag. Ist es nur ein Zufall, dass Jeremia vom Wohl „der Stadt" spricht und nicht vom Wohl „des Königreichs"? Gemäß der biblischen Vorstellung bedeutete die Exilierung der Juden eine von Gott verhängte Strafe und war Babylonien von Gott nur bestimmt worden, diese auszuführen. Gleichwohl zeigt die *Hebräische Bibel* sehr wohl ein Bewusstsein für den Unterschied zwischen einer *Politeia* und einer Monar-

chie, einer Stadt und einem Königreich. Das zeigt sich an einer
anderen Formulierung, die der von Jeremia ähnelt, aber gerade
in diesem Punkt exakt den anderen Akzent setzt und in den
Unterschied weist. Jeremia hatte zu Beginn des babylonischen
Exils die exilierten Juden aufgefordert, für das *Wohl der Stadt* zu
beten. Jahrzehnte später gibt der persische Herrscher Darius
den Juden die Erlaubnis, nach Jerusalem zurückzukehren und
dort den Tempel wieder aufzubauen:

> „Damit sie darbringen Wohlgerüche dem Gotte des Him-
> mels, und *beten für das Leben des Königs und seiner Söhne*."
> (*Esra* 6, 10)

Darius verlangt kein Gebet für die Stadt, sondern *für ihn und
seine Söhne*, das heißt für seine Monarchie. König Darius' Herrschaftsform, die unumschränkte Macht, die er im Königreich
Persien ausübte, ist sicherlich nicht das, was wir heute, ob als
Jüdinnen und Juden, ob als Angehörige einer anderen Religion,
als ein religiöses Gut hochhalten würden. Eher spricht uns die
bürgerschaftliche Andeutung Jeremias an, die Rabban Gamliel
in den rabbinischen *Sprüchen der Väter* sogar als eine heilige
Aufgabe ansieht:

> „Alle, die sich mit öffentlichen Angelegenheiten befassen,
> sollen es für den Himmel tun" (*M Awot* 2, 2)

Bleiben wir noch bei Jeremia: Er sagte den jüdischen Exilanten,
dass das Leben in der Diaspora, in Städten, in denen Juden
nur eine Minderheit bilden, zur neuen Lebensform geworden
sei. Die alte Welt des Königreichs Judäa war untergegangen.
Zwar wurde das als Strafe Gottes verstanden. Aber in Jeremias Worten spricht Gott, als gehe es auch um eine Neugrün-
dung der Welt:

> „So spricht der Ewige der Heerscharen, Gott Israels, zu all
> den Weggeführten, die ich von Jerusalem nach Babel wegge-
> führt. Baut Häuser und bewohnt sie, und pflanzt Gärten

und esst ihre Frucht. Nehmt Frauen und zeugt Söhne und Töchter und nehmt für eure Söhne Frauen und eure Töchter gebt Männern, dass sie gebären Söhne und Töchter, und mehrt euch *dort* und vermindert euch nicht." (*Jer.* 29, 4–6)

Bis hierhin klingt es ähnlich wie die einstmalige Aufforderung an Adam und Eva im Garten Eden: „Seid fruchtbar und mehret euch". Doch statt der alten Perspektive „und macht euch die Erde untertan", richtet sich die neue Perspektive der Häuser, Gärten und Familien auf eine neue Lebensform, die aber gerade nicht auf Herrschaft und Unterwerfung hinausläuft. In einer bürgerschaftlichen Stadt herrscht vielmehr die Aussicht auf gemeinsame Teilhabe an der Macht und auf die Möglichkeit einer Mitgestaltung der allgemeinen Angelegenheiten.

Michael Walzer hat in seiner politischen Analyse der Machtstrukturen in der *Hebräischen Bibel* hervorgehoben, dass sich die Aussagen der großen Schriftpropheten zumeist im Zusammenhang der Königsherrschaft verstehen.[7] Propheten wie Amos und Jesaja traten als Kritiker des jeweiligen Königs auf. Das gilt in besonderem Maße auch für den Propheten Jeremia, der überdies erlebte, wie das Königreich Judäa von Babylonien zerstört wurde. Liegt darin der Grund für die neue Sicht?

Nach dem biblischen Zeugnis gehörte Jeremia einer Familie an, die ursprünglich im Nordreich Israel gelebt hatte, jedoch bei dessen Zerschlagung durch Assyrien ins südliche Königreich Judäa geflüchtet war.[8] In Jerusalem erlebte Jeremia nunmehr das Déjà-vu der Belagerung durch ein anderes Großreich, Babylonien, sowie den Fall von Jerusalem mit anschließendem Weg ins Exil. Die *Hebräische Bibel* beschreibt ausführlich in den zwei Königsbüchern, wie beide Königsdynastien scheiterten – sowohl des Nordreichs Israel als auch des Südreichs Judäa. Doch nun, da auch die Oberschicht Judäas ins Exil gehen musste, spricht Jeremia nicht von einem Untergang, sondern von einer neuen Option – dem Wohl der *polis*.

Aber wie verhält sich das zum „König aller Könige"? Manche Leserinnen und Leser mögen schon oben ein Unbehagen verspürt haben. Sie mögen bei den Ausführungen zur „despotischen" Herrschaft weniger an die assyrischen, babylonischen oder persischen Herrscher in der Antike gedacht haben als an den *einen* Gott – jenen Gott, der in der jüdischen und christlichen Liturgie auch als „der Herr", als „der Vater" oder als „der König" – ja sogar als „der König aller Könige" bezeichnet wird! Wie schon gesagt ist der „Vater" bei Aristoteles' Definition von Machtausübung das Urbild des „Königs". Vater und König hängen zusammen. Der König ist der Landesvater. Der Familienvater ist nur der König in der kleinsten Einheit – dem *oikos*, dem Hausstand, dem die Ehefrau, die Kinder und die Sklaven angehören. Er ist der Herr des Hauses, der darüber die Herrschaft ausübt.[9]

Im Christentum haben wir das *Vaterunser* – im Judentum ist es das *Awinu malkejnu* („Unser Vater, unser König"), jene Anrede, mit der jedes Jahr an den jüdischen Hohen Feiertagen, die im Zeichen der Umkehr, der *Teschuwa*, stehen, die Mensch-Gott-Beziehung wiederhergestellt wird. Haben wir es in der jüdischen Religion also mit einem *antipolitischen* – einem *despotischen* Gott zu tun? Die Antwort hierauf ist: Ja – aber es bleibt nicht dabei.

Im *Talmud*, dem großen rabbinischen Werk der Spätantike, das die jüdische Tradition bis heute fundiert, erkennen wir den Wandel, den Gott in der Auseinandersetzung mit seinem Volk untergehen musste. Die Rabbinen bezeugen dabei ein tiefes Wissen um den despotischen Ursprung Gottes, aber sie gestalten die Mensch-Gott-Beziehung dahingehend, dass Gott vom despotischen Tyrannen zum politischen Partner der Menschen wird. Das besagt zum Beispiel die berühmte Textstelle, in der Gott betet, seinen despotischen Zorn zu überwinden und sich barmherzig innerhalb einer milden Gesetzesausübung zu verhalten.

> „Woher wird abgeleitet, dass der Heilige, er ist gesegnet, betet? – es heißt: ‚Ich werde sie nach meinem heiligen Berge bringen und sie in meinem Bethause erfreuen.' (*Jes.* 56, 7)[10] Es heißt nicht ‚ihrem Bethause', sondern ‚meinem Bethause', woraus zu entnehmen, dass der Heilige, er ist ge-

segnet, betet. – Was betet er? R. Zutra b. Tobia erwiderte im Namen Rabhs: Es möge mein Wille sein, dass meine Barmherzigkeit meinen Zorn bezwinge, dass meine Barmherzigkeit sich über meine Eigenschaften wälze, dass ich mit meinen Kindern nach der Eigenschaft der Barmherzigkeit verfahre und ihrethalben innerhalb der Rechtslinie (milde Gesetzesausübung) trete."[11] (*BT Brachot* 7a)

Die auf den ersten Blick nur scheinbar schönen Vorstellungen vom liebenden Vater und barmherzigen König dürfen nicht darüber hinwegtäuschen, dass die jüdische Tradition genau um die Bedeutung der Despotie weiß und den Tyrannen kennt, der sich bisweilen auch in Gott offenbart hat – wenn „sein Zorn" durchbricht. Ebenso weiß die jüdische Tradition, dass sich Gott „innerhalb der Rechtslinie" verhalten und eine milde Gesetzesausübung walten lassen kann (eines der oben genannten aristotelischen Kriterien für politische Machtausübung).

In der *Hebräischen Bibel* zeigt jedoch nicht erst der Prophet Jeremia ein Bewusstsein für die politische Option jüdischen Lebens und zwar genau im Sinne einer Teilhabe an einem städtischen, multi-ethnischen, multi-religiösen Gemeinwesen. Die Idee der Stadt als Ort des Politischen, wie ihn Jeremia andeutet, hat vielmehr einen langen biblischen Vorauf, der bis in die Urgeschichten des Buches *Genesis* zurückgeht. Davon unten mehr. Bei Jeremia macht die politische Option längst Teil einer göttlichen Offenbarung aus. Später wird im *Talmud* darüber gestritten, ob Gott die Institution eines israelitischen Königshauses überhaupt gut gefunden habe.[12] Die beiden einschlägigen Stellen in der *Hebräischen Bibel* hinterlassen ein ambivalentes Bild. Im 1. Buch *Samuel*, als das Volk einen König über sich wünscht, wird dies als Affront gegen Gott gewertet. Im Buch *Deuternomomium* wird zwar ein „Königsgesetz" aufgeführt, dass aber die Privilegien des Königs stark einschränkt und ihn vor allem unter das Gesetz stellt.

Der israelische Politologe Daniel J. Elazar hat am biblischen Begriff *kahal* (Gemeinschaft) aufgezeigt, dass bereits die *Tora* selbst einen hebräischen Begriff der *polis* besitzt, diesen aber mit der Idee des Bundes verknüpft.[13] Das bedeutet, dass aus Sicht der jüdischen Tradition die *polis* ein *religiöses*, ein *religiös-politisches* Potential enthält, das sich in der „Gemeinschaft" verwirklicht. Diejenigen, die das jüdische Exil weniger als Strafe Gottes, sondern als die nunmehr vorherrschende diasporische Lebensform des jüdischen Volkes als Gemeinschaft verstehen, können Jeremias Aussage auch als einen neuen Auftrag lesen: Das unter den Völkern lebende jüdische Volk soll eben dieses religiös-politische Potential „dort" verwirklichen. Es soll *dort*, also in jeder Stadt, in der Juden und Jüdinnen leben werden, geschehen und gerade nicht in einem Land, in dem man von einem jüdischen König, einem jüdischen Despoten, beherrscht wird.

Übrigens weiß die *Hebräische Bibel* nur sehr wenig von einem Gott als „Vater". Diese Bezeichnung ist erst spät in die religiöse Sprache eingetreten. Als Bezeichnung Gottes kommt sie in der *Hebräischen Bibel* insgesamt nur 17 Mal (!) vor.[14] Die Dominanz der Gottvater-Vorstellung entstammt verstärkt dem *Neuen Testament*. Allein in den vier Evangelien wird Gott rund 170 Mal als Vater bezeichnet. Das Paradigma der christlichen Gottvater-Sohnesschaft macht es heute zusätzlich schwer, die religiös-politische Problematik dieser Figur aufzulösen. Auch nur ganze drei Mal (!), an eher poetisch gestimmten Stellen, wird Gott in der *Tora* als „König" bezeichnet. Der Bibelwissenschaftler Israel Knohl sagt sogar, dass die *Tora* das Konzept einer „Gottkönigschaft" unterdrückt.[15] Das jährliche Schofarblasen am Neujahrsfest sei das Relikt eines Inthronisierungsrituals, wobei es bezeichnender Weise die Menschen sind, die in diesem Ritual Gott als ihren König inthronisieren – und nicht er selbst bereits König ist. Es wird auch viel seltener, als man denkt, Gott von den biblischen Protagonisten als „Herr" angesprochen. Die Übersetzungen täuschen. Mit „HERR" wird lediglich das Tetragramm überdeckt.

Nicht nur wegen der dahinter liegenden patriarchalischen Vorstellung, sondern vor allem wegen der politischen Problematik sind heute alle drei Bezeichnungen – Herr-Vater-König – unangemessen, zumal sie von der *Hebräischen Bibel* nicht zwingend vorgegeben sind. Vielmehr hat Gott in den prägnanten Geschichten der *Bibel* ganz verschiedene Namen. So bieten schon die Gottesnamen in den zwei ersten Kapiteln, den beiden Schöpfungserzählungen, gerade auch philosophisch gesehen ganz unterschiedliche Möglichkeiten, die nichts mit Herr oder König zu tun haben. *Elohim* – aufgebaut aus *El /* „Gott" – jedoch durch das endende *-im* ein Plural und einem Heiligkeit bedeutenden *h* in der Mitte, weist in die *göttliche Vielfalt* des einen Gottes. Das Tetragramm JHWH, ein Konstrukt aus den hebräischen Zeitwörtern *jehi, howe, haja /* „es wird, es ist, es war" – bezeichnet ein Immerwährendes, das sich von *jehi*, dem (messianisch) Zukünftigen her bildet und von dorther in das Vergangene *haja* reicht. Allein diese beiden Namen bieten vielfältigere und gerade heute religiös-politisch hilfreichere Zugänge zu einem Verständnis von Gott, als die inadäquate Einschränkung auf „der Herr", respektive „Vater" oder „König", die alle drei nach der aristotelischen Philosophie den „Despoten" bezeichnen.

Jedenfalls legt sich die *Hebräische Bibel* Gott nicht auf einen despotischen Schöpfergott fest. Sie schreibt vielmehr eine „Geschichte Gottes" in seiner sich zum Menschen entwickelnden Beziehung. Diese ist auch eine Beziehung eines immer neuen Aushandelns. Die Reziprozität, in der die Wirklichkeit der Mensch-Gott-Beziehung immer neu ausgehandelt wird, ist unbedingt in den biblischen Geschichten zu erkennen. In der jüdischen Liturgie drückt sich die Reziprozität beispielsweise im hebräischen Wort *kone* aus – „erwerben". Gott, „der Himmel und Erde" erwirbt – *kone schamajim wa-arez*.[16] So in der ersten Segnung des Fürbitten-Gebets.

> „Gesegnet bist du, Ewiger[17], unser Gott und Gott unserer Vorfahren, [...] der große, der mächtige, der gefürchtete Gott, höchster Gott, *der Himmel und Erde erwirbt*."[18]

Die Formulierung entstammt der Begegnung Abrahams mit Malki Zedek (*Gen.* 14, 19) und wurde in die jüdische Liturgie aufgenommen. Leider drängen die deutschen Übersetzungen die Aussage zumeist zurück.[19] Oft heißt es „dem Himmel und

Erde *gehören*", was eine „Herrschaft" Gottes untermauern soll. In manchen Gebetbüchern ist immerhin die Rede von „der Himmel und Erde *eignet*".[20] Aber wie werden Himmel und Erde zu Gottes Eigentum? Die Rabbinen meinten durch den Schöpfungsakt. Durch die Erschaffung habe Gott die Welt zu seinem Eigentum „erworben".[21] Unten werden wir jedoch sehen, dass die Rabbinen auch den Menschen – seit dem Essen vom Baum der Erkenntnis – zutrauten, neue Welten zu erschaffen. Die Folge davon wäre, dass Gott die neuen Erschaffungen der Menschen, das heißt die sich verändernde Realität ebenfalls immer wieder neu *eignen* muss.

„Erwerben" oder auch „eignen" ist nicht schon gleichbedeutend mit „herrschen". Das hebräische Wort *kone* bedeutet auch „kaufen". Ob aufgeschrieben oder vorausgesetzt, jeder Kauf enthält einen impliziten Vertrag, an den sich zwei Parteien binden. „Erwerben" kann jedoch auch eine immaterielle Aneignung sein. Als religiös verstandene Handlung zur Herstellung einer gegenseitigen Beziehung kehrt das Motiv des Erwerbens immer wieder in den rabbinischen Schriften zurück. Ein berühmtes Beispiel steht in den *Sprüchen der Väter*:

> „Jehoschua, Sohn des Perachja, sagt: Mache dir einen Lehrer, erwirb dir einen Freund und beurteile jeden Menschen zum Guten." (*M Awot* 1, 6)

In der religiösen Mensch-Gott-Beziehung *erwerben* sich Gott und Mensch gegenseitig. Beide tun ihren Part. In einer Beziehung, in der man sich gegenseitig erwirbt, verlangt die Reziprozität ein sich gegenseitiges Gerechtwerden, was wiederum ein gegenseitiges Kennenlernen und Wertschätzen der anderen Seite voraussetzt. Vom Menschen aus und von Gott aus. In dieser potentiellen Wechselseitigkeit entstehen in der *Hebräischen Bibel* Rechtsformen, die der jüdischen Vorstellung von der Mensch-Gott-Beziehung als einer Rechtstradition zugrunde liegen. Indem Gott Himmel und Erde erwirbt, wird er zum (Rechts-)Partner der Menschen. In der rabbinischen Exegese ist sogar davon die Rede, dass Gott, nachdem Eva und Adam vom Baum der Erkenntnis gegessen hatten, mit ihnen die neue Situation „verhandelt" *(nassa we-natan)*.[22]

Wie beschreibt die *Tora* die Entwicklung, in der Gott *politisch* wird? Wie wird aus dem unbändigen Despoten ein Gott, der mit seinen menschlichen Partnern einen *heiligen* Rechtsmaßstab herausbildet? Bezeichnenderweise geschieht das durch die Erschaffung eines politischen Gebildes, das Gott erwerben wird, beziehungsweise durch das Gott politisch wird. Die Stadt.

Die Schöpfung und die Stadt

Bevor wir uns den mythischen Urstädten im Buch *Genesis* zuwenden und damit eine biblische Vorstellung von der sich herausbildenden *polis* gewinnen, richten wir zunächst den Blick auf die Herausbildung eines autonomen geistigen Raums der beiden Urmenschen Adam und Eva. Dabei zeigt sich, dass die Geschichte der werdenden *polis* in der *Bibel* von einem Weiblichen ausgeht – Eva. Sie lässt sich im dritten Kapitel des Buches *Genesis* von der Schlange ansprechen. Sie isst vom Baum der Erkenntnis, ihr gehen die Augen auf *(pikuach ejnajim)*, sie beginnt zu verstehen. Sie überzeugt Adam, ihrem Schritt zu folgen. So entsteht bereits im Paradies, durch die Möglichkeit zu erkennen und zu unterscheiden, ein erster Raum der Freiheit. Das Verhältnis zwischen Mensch und Gott wandelt sich in eine Beziehung, in der die Menschen eine eigene Stimme gegenüber Gott erwerben. Es ist die Geschichte der Selbstermächtigung der Menschen *innerhalb* der Mensch-Gott-Beziehung. Sie ist damit zugleich die Geschichte Gottes, der sich angesichts der Selbstermächtigung der Menschen ebenfalls neu auf die Menschen bezieht. Und zwar von Anfang an. Es ist zu betonen, dass die Geschichte der sich fortsetzenden Mensch-Gott-Beziehung als eine produktive Konflikt-Beziehung zu lesen ist, aber nicht als die eines Bruchs. Erst von jetzt an werden die Menschen zum (kritischen) Gegenüber für Gott. In der biblischen Darstellung sagt die Schlange zu Eva:

> „Ihr werdet nicht des Todes sterben. Sondern Gott weiß,
> dass welches Tages ihr davon esset, werden aufgetan eure
> Augen, und ihr werdet, gleich Gott *(ke-Elohim)* sein, er-
> kennend Gutes und Böses." (*Gen.* 3, 4–5)

Der rabbinische Kommentar von Raschi erläutert zu „gleich
Gott":

> *„Ihr werdet gleich Gott sein'* – Schöpfer von Welten."[23]

Das bedeutet im rabbinischen Verständnis: Mit dem Genuss
der Erkenntnis werden Menschen fähig, neue Welten zu erschaffen. Im biblischen Bericht bestätigt Gott die eingetretene
neue Situation und fürchtet, dass sich die Menschen fortan für
Gott ebenbürtig halten:

> „Siehe, der Mensch ist geworden, *wie einer von uns*, zu er-
> kennen Gutes und Böses; und nun, dass er nicht strecke
> seine Hand und nehme auch vom Baume des Lebens und
> esse und lebe auf ewig!" (*Gen.* 3, 22)

Die *Bibel* lässt darum Adam und Eva aus dem Paradies vertreiben. Aber die Fähigkeit, nunmehr Welten zu erschaffen, bleibt
den Menschen erhalten. Nicht nur hat Eva den ersten Schritt
der menschlichen Selbstermächtigung im Paradies getan. Sie
bringt auch den ersten Städtebauer, nämlich Kain zur Welt.

> „Und Adam erkannte *(jada)* Eva, sein Weib, und sie wurde
> schwanger und gebar den Kain und sprach: Ich habe mir
> erworben *(kaniti)* einen Mann *(isch)* vom Ewigen." (*Gen.* 4,
> 1–2)

Allein schon sprachlich fällt Evas Rolle auf. Adam „erkennt"
Eva. Es ist das mit dem Baum der Erkenntnis assoziierte Wort
jada, mit dem auch das miteinander Sex Machen ausgedrückt
ist. Bei der Aufzählung der Generationen gebraucht die *Bibel*
an anderen Stellen fast durchgängig das Verb „zeugen" *(holid)*.

Der Vater XY „zeugte" den Sohn XY. Aber hier, am Anfang der Genealogie der Menschheit, „erkennt" Adam seine Frau Eva. Im antiken Verständnis bedeutete das Wort „erkennen" *(j-d-a)*, eine intime und verlässliche Paar-Beziehung mit Rechtsgeltung einzugehen.[24] Erkennen, die Fähigkeit einen anderen Menschen in seiner oder ihrer Andersheit zu ermessen, ist der biblische Modus, in dem Eva schwanger wird und einen Sohn auf die Welt bringt. Sie nennt ihn „Kain" – was von *kone* /„erwerben" abgeleitet ist.

> „Ich habe mir erworben *(kaniti)* einen Mann *(isch)* vom Ewigen." (*Gen.* 4, 2)

Erkennen und *erwerben* – die zwei verschiedenen Aspekte treten zunehmend in Distanz zueinander – das Gegenteil einer Symbiose. Die Menschen sind im Prozess des Erwerbens – der distanzierenden Gewahrung – und parallel gerät auch Gott in den Prozess des Erwerbens. Während Adam noch im Paradies, unmittelbar nach der Erschaffung Evas gesagt hatte, sie sei „Fleisch von meinem Fleisch" – die Frau also als identisch mit ihm selbst wahrnimmt – klingt bei Eva das Bewusstsein für den Anderen im Namen ihres Sohnes an. Kain, das männliche Kind, ist ein Anderer, der gerade nicht identisch mit seiner Mutter ist. „Vom Ewigen", so die kryptische Formulierung, hat Eva einen von ihr verschiedenen Menschen *erschaffen* und *erwerben* können. Sie sieht in Kain, dem von ihr geborenen männlichen Kind, nicht eine Erweiterung ihrer selbst. Sie sieht den Anderen – die Voraussetzung des Politischen. Keine Identität, sondern Verschiedenheit, Andersheit, Vielheit.[25] Verschiedenheit, um durch Politik zu Aushandlungen und Lösungen zu gelangen. In der *Bibel* entsteht die Verschiedenheit „vom Ewigen", also von Gott her, so zumindest in den Worten Evas. Bereits hier wird deutlich, dass die Verschiedenheit der Menschen mit Gott zu tun hat und das Ebenbild Gottes keine Gleichheit meint.

Doch schon bei der ersten Probe aufs Exempel führt die von Gott herrührende Verschiedenheit zwischen den Menschen

in die Katastrophe. Eva gebiert noch einen zweiten Sohn
– Abel. Der wird Schafhirte. Kain ist Ackerbauer. Beide Brüder
bringen Gott von ihren Erträgen dar. Kain gibt von der Frucht
des Bodens, Abel von den Erstlingen seiner Schafe. Gott nimmt
jedoch nur die Gabe von Abel an. Kain wird zum ersten (Bru-
der-)Mörder. (*Gen.* 4, 3 ff.) Es gibt viele Deutungen, warum
Gott nur das Opfer des einen Bruders annehmen wollte. Die
rabbinische Exegese versuchte, einen Unterschied in der Qualität ihrer Opfergaben auszumachen. Die Bodenfrüchte, die
Kain Gott dargebracht habe, seien von niederer Qualität gewesen (laut Raschi war es nur Leinsamen),[26] die besseren Früchte habe er für den gewinnbringenden Handel aufbewahren wollen. Hingegen seien Abels Erstlinge von „den fetten", das heißt
von „erster Qualität" gewesen. Abel habe also von ganzem Herzen dargebracht, im Gegensatz zu Kain, der sein Opfer berech-
nete. Eine andere Deutung besagt, dass die Geschichte den
historischen Konflikt zwischen sesshaften Bauern und nomadischen Hirten ausdrückt. Aber das ist nicht plausibel, denn der
Konflikt wird in der *Bibel* nicht dahingehend gelöst, dass Gott
Kain bestraft und Abel, beziehungsweise das nomadische Hir-
tentum, wieder in seine Rechte setzt. Auch ist der Hass (zwischen Brüdern) nicht das eigentliche Thema.

Eher ist Moshe Halbertals faszinierender Studie *On Sacrifice* zu folgen. Halbertal präsentiert darin eine ganz andere Interpretation der Darstellung. Das Problem sei nicht in erster
Linie eines zwischen Menschen – es sei vielmehr in erster Linie
eines zwischen den Menschen und Gott. Den eigentlichen
Skandal verursachte die *Ungerechtigkeit* Gottes. Gott verhält
sich als ein Despot, der entscheidet, wie er will. In der göttlichen
Willkür begründe sich, so Halbertal, ein ursprüngliches *Trauma*
in der monotheistischen Mensch-Gott-Beziehung – exempli-
fiziert an der Geschichte von zwei Brüdern.[27] Gott nimmt das
Opfer des einen Bruders an, das Opfer des anderen Bruders
hingegen weist er ab.

„Da wandte sich der Ewige zu Abel und zu seinem Geschenke. Aber zu Kain und zu seinem Geschenke wandte

er sich nicht, und es verdross den Kain sehr, und es sank sein Antlitz." (*Gen.* 4, 4–5)

Aus diesen Worten spricht die grundlose Ungerechtigkeit eines Despoten, der tut und lässt, was er will. Halbertal deutet die erste biblische Katastrophe, den Brudermord, weniger als eine Krise zwischen Brüdern, als die zwischen den Menschen und Gott. Gott handelt weiterhin despotisch, wo doch auf Erden schon ein Bewusstsein für Verschiedenheit existiert. Die *Bibel* thematisiert hier fast noch an ihrem Anfang – wir sind erst im 4. Kapitel – eine existentielle menschliche Angst, von Gott abgelehnt zu werden. Darin spiegele sich zugleich die tiefe Angst des Menschen, von den Eltern, von der Gesellschaft, von den geltenden Werten, den höheren Instanzen, usw. in dem Besten, was man ist, was man zu geben hat, mit dem man sich hervortun möchte, verworfen zu werden:

> „und es verdross den Kain sehr, und es *sank* sein Antlitz." (*Gen.* 4,5)

Das „Herabsinken des Antlitzes", die empfundene Degradierung, die auch mit einer Demoralisierung einhergeht, ist das Gegenteil von dem, was bürgerschaftliche Werte hochhalten würden: das einzelne Individuum mit seinem von Gott gegebenen Potential. Es ist die für die Ideologie des Bürgertums typische Wertschätzung, aus der das Recht auf gleiche Rechte für alle und Gerechtigkeit durch einen für alle gleichermaßen geltenden Rechtsmaßstab erfolgt.

Es ist nun an Gott, „gerecht" zu werden.

Halbertals Analyse geht nicht in die politische Richtung, sondern in die kultische. Der spätere israelitische Opferkult sei eine Strategie, um die Ungerechtigkeit Gottes zu bannen. Indem ein Ritus mit klaren Regeln festgelegt werde, würden nicht nur die Menschen, sondern, wichtiger noch, würde Gott an Regeln gebunden. Wer die richtigen Opfer nach der korrekten Weise darbiete, habe Anspruch auf eine gute Behandlung durch Gott.[28] Das in der *Tora* über mehrere Bücher ausgefeilte System der Opfer im Heiligtum, dem Tempel, sei eine Reaktion, im Wege des Kults Gottes Ungerechtigkeit in Schranken zu bannen und ihn auf gerechtes Verhalten zu verpflichten.

Im weiteren Verlauf des biblischen Kain-Narrativs scheint es, dass Gott tatsächlich seine despotische Seite überwindet. Er belegt Kain mit einem Fluch, aber *er tötet ihn nicht*. Kain fürchtet, durch den Fluch nunmehr der Ermordung durch andere Menschen preisgegeben zu sein und konfrontiert Gott mit seiner Verzweiflung. (*Gen* 4, 14) So wird er zum ersten Menschen, der sein Schicksal nicht akzeptiert und Gott einen Spiegel vorhält. Auch dies kann man im rabbinischen Sinn als ein Verhandeln lesen. Tatsächlich wandelt sich Gottes Einstellung. Dieser Wandel ist nach meiner politisch-theologischen Lesart die *raison d'etre* der Geschichte – wenn nicht der ganzen *Tora*. Gott tötet Kain nicht, er gibt Kain vielmehr eine zweite Chance. Kain bekommt ein Zeichen – das „Kainsmal", das ihn *schützt* und damit heraushebt. Nicht als Täter! Sondern als einen, der seine Tat bekennt und sein Leben noch einmal versucht. Das Zeichen schützt Kain jedoch nicht nur vor der Gewalt der anderen Menschen, sondern vor allem auch vor Gott. Gott nimmt sich durch das Verleihen dieses Zeichens zurück. Er lässt Kain fortziehen. Damit gibt er ihm die Freiheit zu eigener weltlicher Gestaltung. Die Mensch-Gott-Beziehung tritt damit in eine neue Phase. „Und Kain ging weg von dem Angesichte des Ewigen und wohnte im Lande Nod gen Morgen von Eden." (*Gen* 4, 16) Gott lässt es zu, er hört auf ihn zu beaufsichtigen. Kain wird im Folgenden zum Begründer der Kultur und der Städte. Weiterhin ist das Weibliche präsent:

> „Und Kain *erkannte* seine Frau, und sie wurde schwanger und gebar den Chanoch. Er war's, der eine Stadt baute, und nannte sie nach dem Namen seines Sohnes Chanoch. Dem Chanoch wurde Irad geboren." (*Gen.* 4, 17–18)

Die Sprache changiert hier. War es Kain, der die erste Stadt gebaut hat und sie nach seinem Sohn Chanoch benannte oder war es Chanoch selbst? Ohne das Erkennen und Gebären der

Frau wäre es jedenfalls nicht so gekommen. Chanoch leitet sich ab von „geweiht" – wie Chanukka, das Wort für Tempelweihe. Als Name für eine Stadt klingt er nach einem heiligen Ort, einer Kultstätte. In der sumerischen Mythologie wurde die Stadt – sozusagen als *Idee* der Stadt – noch *vor* den Menschen erschaffen. Die mythische Urstadt soll Eridu geheißen haben. Ausgrabungen im südlichen Mesopotamien haben die Stadt Eridu als die älteste Stadt in dieser Weltregion freigelegt (heute Tell Abu Shahrain).[29] Es wird vermutet, dass der in der *Bibel* aufgeführte Sohn von Chanoch namens *Irad* jenes mythische *Eridu* – die Urstadt schlechthin – bezeichnet.

Die *Tora* erzählt weiter, wie Kains Enkel und Urenkel zu Kulturgründern werden – zu Herdenbesitzern und Zeltbewohnern, Instrumentenbauern, Zither- und Flötenspielern sowie zu Schmieden allen Zeugs von Erz und Eisen (*Gen.* 4, 20–22). Als Herdenbesitzer und Zeltbewohner gestalten sie die Interieurs ihrer Zelte; als Instrumentenbauer bringen sie Musik, Kreativität und Geselligkeit unter die Menschen; als Schmiede von Eisen und Erz stellen sie die Geräte der Menschen her; vom Kochgerät bis hin zu den Waffen ihrer Kriege. Musik, Speisen, Einrichtungen der Zelte – hier ist die Kulturgeschichte im Werden. In sieben Generationen stellt die *Bibel* diese Entwicklung dar, an deren Anfang Kain und sein Sohn Chanoch eine Stadt bauten – ein städtisches Gemeinwesen schufen mit ausreichend Umland für die Selbstversorgung, wie sich wohl die Besiedlung in der Bronze- und Eisenzeit gerade auch in Kanaan vollzog.[30] Gott lässt es zu. Man kann es nicht genug betonen. Der *Bibel* zufolge lässt Gott die Entstehung der Städte und der Kultur geschehen. Er lässt Urbanität werden, Orte mit eigener Sozialität, Kulturvorstellungen, Weltanschauungen.

Doch von Anfang an ist in der Spannung der biblischen Darstellung die Entstehung der Stadt verknüpft mit einer ursprünglichen Schuld. Aber bestand diese Schuld nur auf der Seite der Menschen? Hatte nicht genauso Gott einen Anteil an ihr? Mit dieser Frage erscheint der Beginn der *Hebräischen Bibel* weniger als eine Erschaffung der Welt aus dem Nichts denn als eine Perspektive auf die Entwicklung einer Mensch-Gott-Beziehung, in der sich auch Gott wandelt und dazu lernt. Indem sich der despotische Gott zunehmend zurücknimmt, kann er erst politikfähig werden. Sein Gegenüber, die Menschen, leben nicht mehr in der holistischen Idylle des Paradieses unter dem Willen Gottes, auch sind sie ihm nicht als umherirrende Verzweifelte einer unwirtlichen Erde ausgeliefert, sondern sie bilden eine selbständig geschaffene, neue Gemeinschaftsform, *die Stadt,* in der sich Gott und die Menschen gegenseitig neu erwerben, unter den gewandelten Bedingungen das Verhältnis neu aushandeln und sich gegenseitig gerecht werden. Kains zweite Chance, die mit der Gründung der Stadt verbunden ist, schafft den Ort, durch den Mensch und Gott in einem neuen Verhältnis zueinanderstehen. Vielleicht ist mit „Chanoch" die Urweihestätte des Opferkults angedeutet, mit dem Gott auf immer besänftigt werden soll. Vielleicht birgt „Chanoch" als Stadt zugleich ein erstes politisches Potential – ein Potential, das die Hoffnung begründet, von Gottes Ungerechtigkeit herrührende Konflikte nicht mehr in Brudermorden eskalieren zu lassen, sondern durch Rechtsordnungen, *Rule of Law* und lösungsorientiertem Austragen von Streit und Interessensunterschieden zu befrieden.

Das Politische – oder: *The Rule of Law*

Gott bleibt zunächst ein Tyrann. In der Reihenfolge der ersten Geschichten im Buch *Genesis* – die Erschaffung der Welt, Evas Regelübertritt im Paradies, Kains Protest gegen Gott – bringt er in der der nun folgenden Geschichte, dem Ereignis der Sintflut, noch einmal sein ganzes Zornespotential zur Wirkung. (*Gen.* 6, 5) Gott vernichtet seine eigene Schöpfung in Wasserfluten – ein sinnloser, despotischer Akt! Nur Noah „fand Gnade in den Augen des Ewigen" (*Gen.* 6, 8) und durfte mit seiner Familie überleben. Am Ende des Weltuntergangs stellt Gott fest, dass die Zerstörung nichts verbessert hat. Es klingt fast nach einem Resignieren Gottes. Doch diesmal ist es der

Mensch, der die Beziehung zu Gott erneuert. Noah baut für
Gott einen Altar und opfert ihm.

> „Und der Ewige roch den lieblichen Geruch, und der Ewi-
> ge sprach zu seinem Herzen: Nicht noch einmal will ich
> verfluchen fortan den Erdboden um des Menschen willen
> – obwohl das Schaffen des Menschenherzens böse ist von
> seiner Jugend an – und nicht noch einmal will ich fortan
> schlagen alles Lebende, wie ich getan haben." (*Gen.* 8, 21)

Der Opferkult bewirkt hier, was Moshe Halbertal als dessen
Funktion darstellt. Er bändigt Gott, er bindet den despotischen
Schöpfergott mit seiner unbegrenzten Gewaltausübung ein und
bringt ihn in eine Beziehung der Gegenseitigkeit. Das Ziel ist
hier weniger das Ausführen eines göttlichen Willens. Mit dem
„lieblichen Geruch", dem Hineinziehen Gottes in die Beziehung zum Menschen wird etwas anderes erreicht. Der *Tora*
zufolge gelingt es Noah, Gott das Versprechen abzuringen, die
Welt nicht mehr zu vernichten. Wichtiger aber noch: Es wird
etwas Neues geschaffen. Gott wird durch das Opfer, das ihm
Noah darbringt, in einer ganz neuen Weise bewegt. Er setzt
einen Rechtsmaßstab, der für beide Seiten gelten soll.

Hier wird auch der für das Judentum typische Zusammenhang von „kultisch" und säkular" geschaffen. Gott wird im Kult
besänftigt und in das Treiben der Menschen eingebunden, so
dass er aktiv am Weltlichen teilhaben kann. Das von ihm gesetzte Recht besteht zunächst nur aus einem einzigen Verbot
– dem Verbot „Blut zu vergießen". Es ist das biblische Wort für
morden. Darin scheinen die beiden Aspekte des Rechtsmaß-
stabs auf – der kultische und der säkulare. Das Verbot zu morden wird hier sowohl als *Rechtsnorm* genannt, die von Gott her
Ahndung verlangt, als auch *kultisch* in dem Sinne verstanden,
dass Blut allein im Rahmen des rituellen Tieropfers vergossen
werden darf.

> „Das Blut eures Lebens werde ich fordern, von der Hand
> eines jeglichen Tieres werde ich es fordern und von der

Hand des Menschen, von der Hand des Einen werde ich fordern das Leben des Bruders. Wer Blut eines Menschen vergießt, durch Menschen soll sein Blut vergossen werden, denn *im Bilde Gottes hat er den Menschen gemacht.*" (*Gen.* 9, 5–6)

Bezeichnenderweise wird dieser erste Rechtssatz in der *Bibel* mit der *Gottesebenbildlichkeit* des Menschen begründet. Der Mensch hat danach einen hohen Status, wer ihn ermordet, ermordet etwas von Gott. Und umgekehrt hat derjenige, der mordet, ebenfalls etwas von Gott – Gott mit seinem despotischen Potential. Hier müssen die Umkehrschlüsse einbezogen werden. Das Verbot zu morden bindet nicht nur die Menschen, sondern auch Gott. Gott darf denjenigen töten, der gemordet hat. Aber er darf nicht mehr seine Schöpfung dem Untergang preisgeben. Im Zuge dieser Selbstzurücknahme durch den Maßstab des Rechts schließt Gott einen Bund mit seiner Schöpfung, ausgedrückt im Regenbogen. (*Gen.* 9, 9–17) Idealerweise verbietet ein solcher Bund die willkürliche Gewaltausübung des göttlichen Despoten.

Im *Talmud* wird der gesetzte noachidische Rechtsmaßstab erweitert zu den Sieben Noachidischen Geboten. Sie sollen das Gesetz der Menschheit ausdrücken.

„Sieben Gebote wurden den Noachiden auferlegt: ein Rechtswesen, [das Verbot der] Gotteslästerung, des Götzendienstes, der Unzucht, des Blutvergießens, des Raubes und des Genusses eines Gliedes von einem lebendigen Tiere." (*BT Sanhedrin* 56a)

Das erste Gebot verlangt, sich ein Rechtswesen zu geben. Damit ist auch schon alles gesagt. Noch vor den anderen Verboten, muss es das Recht geben, *the Rule of Law!* Ein Recht, das die Straftaten und die zu erwartenden Strafen definiert, die Institution von Gerichten verlangt, in denen Richter und Anwälte wirken und vor allem: das Bekanntsein der Gesetze. Indem die talmudischen Rabbinen die Einrichtung des Rechtswesens als erstes menschheitliches Gebot postulierten, noch *vor* der Ehrfurcht vor Gott (!), zeigten sie, dass sie den *politischen* Aspekt des Noachidischen Bundes klar erkannt hatten. Ähnlich wie bei Aristoteles geht es um die Begrenzung der Herrschaft. Das Instrument hierfür besteht in der Herstellung eines Rechtswesens. Dieses gestaltet jedoch nicht nur die Beziehungen zwischen den Menschen, sondern auch die Beziehung zwischen Gott und den Menschen. Gottes Bund mit der Schöpfung, der in der *Bibel* auch die Geltung des Rechts begründet, bindet die Menschen an Gott und umgekehrt. Die Geltung des Rechts gegen die Gewalt des Despoten bildet zugleich die Voraussetzung des „Politischen". Das Recht erscheint in der *Bibel* zwar als eine Vorgabe Gottes an die Menschen. Doch genauso bannt es die despotische Gewalt Gottes und verpflichtet ihn zu gerechtem Abwägen, zu einer milden Gesetzesausübung. Die Schlussfolgerung hieraus besagt: Indem sich Gott zurücknimmt und verspricht, die Erde nicht mehr zu zerstören, erwirbt er seinen Anteil an der Mitgestaltung des Weltgeschehens.

Babylon – oder: politisches Plädoyer gegen die Tyrannei des Einen

Die *Tora* politisch zu lesen, heißt, wie gesagt, nach der Bedeutung der bürgerschaftlichen Stadt – der *polis* – zu fragen. Nicht erst bei Jeremia scheint das Wohl der Stadt als Baustein einer politischen Theologie auf. Schon die ersten Geschichten, in denen sich von Geschichte zu Geschichte die Mensch-Gott-Beziehung entfaltet, erzählen von einem andauernden Ringen Gottes mit der Stadt als einer besonderen Herausforderung vonseiten der Menschen. Anders als die griechische Philosophie bietet die *Hebräische Bibel* jedoch keine Abhandlung über das politische Regieren in seinen Details. Sie verlangt auch keine bestimmte Sorte von System – ob Richter, Monarchie oder Stadtregierung. Sie fordert allerdings einen von Gott verlangten Anteil am Geschehen. Darin liegt eines ihrer Hauptmotive. Dieser von Gott verlangte Anteil entfaltet in der Mensch-Gott-

Beziehung durchaus eine politische Wirkmacht. Die ersten Geschichten erzählen daher nicht nur die Genese der Mensch-Gott-Beziehung unter monotheistischen Vorzeichen. Sie beschreiben einen zunächst despotischen Gott, der allmählich politisch wird. Die politische Form, die von Gott her mit den Menschen gebildet wird, ist schlussendlich der Bund. Den schließt Gott in einem rechtlich für beide Seiten verbindlichen Sinn erstmals mit Noah. Und er verspricht ihn erneut Abraham – jenem Weltstädter, der aus der damals bekannten Metropole Ur-Kasdim mit seinem Vater Terach und seinen Brüdern Richtung Kanaan aufbricht, um dort etwas Neues zu schaffen. Doch davon unten mehr.

Dolf Sternberger verweist in *Drei Wurzeln der Politik* auf die besondere historische Herausforderung, das Politische, das sich in der *polis* in einem überschaubaren Gemeinwesen gestaltet, also einem relativ kleinen Gebilde, auch auf größere Gebilde – einen Staat oder ein Reich – zu übertragen.[31] Das Politische wird hier, Sternberger folgend, verstanden als eine Qualität der Herrschaftsbeschränkung, indem die Entscheidungen nicht durch einen Einzelnen, sondern durch das Abwägen verschiedener Gesichtspunkte, das öffentliche Austragen von Argumentationen sowie Abstimmungen getroffen werden. Hierfür bedarf es eines geistigen und öffentlichen Raums, in dem verschiedene Gesichtspunkte jeweiliger Konfliktthemen aussprechbar und verhandelbar werden. Die biblische Erzählung vom Turmbau zu Babel verweist genau in die Spannung zwischen Stadt und Reich – zwischen dem Umgang mit einer pluralen Wirklichkeit als Voraussetzung des Politischen einerseits und dem Auslöschen der Unterschiede durch eine Ideologie des Einen andrerseits.

„Babel" ist der hebräische Name in der *Bibel*, „Babylon" ist die allgemein bekannte Bezeichnung der Hauptstadt des babylonischen Reiches. Ich verwende beide Bezeichnungen je nach Kontext.

Wie wird uns Babylon in der *Bibel* vorgestellt?

Auf Noah folgt ein ausführliches Generationenregister mit 70 Namen – analog zum rabbinischen Mythos der 70 Nationen, der Gesamtheit der Weltbevölkerung. Doch ein individueller Name mit zusätzlichen Angaben sticht heraus: Nimrod. „Und Kusch zeugte den Nimrod; dieser war der erste Tyrann *(gibor)* auf Erden." (*Gen.* 10, 8)

Der Name Nimrod bildet sich aus *mered* = Rebellion. Ein Aufrührer! Die deutsche Pentateuch-Übersetzung von Wohlgemuth/Bleichrode[32] bezeichnet *gibor* als „Tyrann". Das Wort ist verwandt mit „Gewalt", so auch den „Gewalten Gottes" *(g'wurot)*.[33] Dem biblischen Narrativ zufolge herrschte Nimrod über ein großes, mächtiges Reich, dessen Hauptstadt Babylon war. Zudem expandierte er nach Assyrien und soll dort auch Ninive gegründet haben. Die *Bibel* beschreibt ihn als echten Macho:

> „Er war ein gewaltiger Jäger vor dem Ewigen; daher man zu sagen pflegt: ,Ein gewaltiger Jäger wie Nimrod vor dem Ewigen.' Und es war die Hauptstadt seines Königreiches: *Babel*, außerdem [die Städte] Erech, Akkad und Kalneh im Lande Schinear. Aus diesem Lande zog er nach Aschur [Assyrien] und baute Ninive, Rechoboth-Ir und Kelach. Und Ressen zwischen Ninive und Kelach; das ist die große Stadt." (*Gen.* 10, 9–12)

Auch wenn Babel als die Hauptstadt seines *Reiches* angegeben wird, war es nicht Nimrod, der, dem biblischen Zeugnis zufolge, Babylon gegründet hatte. Es stand, folgt man der biblischen Darstellung, an ihrem Anfang gerade kein Tyrann, kein Despot! Vielmehr war es eine Gruppe von Menschen, die aus durchaus nachvollziehbaren Motiven eine Stadt bauen wollte. Ihr gemeinsames Merkmal bestand darin, dass sie dieselbe Sprache sprachen. Im Kapitel, das auf die Aufzählung der 70 Generationen nach Noah folgt, wird die Gründung Babels erzählt:

> „Damals war auf der ganzen Erde eine Sprache und einerlei Worte *(dewarim achadim)*. Als sie nun ostwärts zogen, fanden sie eine Ebene im Lande Schinear und ließen sich daselbst nieder. […] Und sie sprachen: Der eine zu seinem Nächsten *(re'ehu)*: Wohlan, lasst uns eine Stadt bauen und

einen Turm, dessen Spitze bis zum Himmel reicht, damit
wir uns einen Namen machen und nicht über die ganze
Erde hin zerstreut *(nafuz)* werden." (*Gen.* 11, 1–3)

Es ist hier sicherlich nicht das historische Babylon, um das es
geht. Es ist ein biblisches Traum-Babylon, dessen Darstellung
bei den Lesern und Leserinnen der *Hebräischen Bibel* eine bestimmte Auffassung zum Phänomen der Weltstadt hervorrufen
soll. Der hebräische Name „Babel", beziehungsweise „Bawel"
leitet sich ab von *Bab-El* = „Gottes-Tor", das Tor zu Gott. Babylon ist *Bab Eljon* = das Tor zum Höchsten/*Bab Ilon* – das Tor
zu den Göttern. In der *Tora* wird es jedoch auch mit *balal* =
„verwirren" in Verbindung gebracht.

Auch heute ist Babylon im jüdischen Bewusstsein nicht
irgendeine Stadt. Die Erinnerung an die einstige Weltstadt ist
tief in der jüdischen Tradition verankert. Es war der babylonische Herrscher Nebukadnezar, der im 6. Jahrhundert v. Z. den
Tempel und die Stadt Jerusalem zerstörte. Er schickte die judäische Bevölkerung ins sogenannte *babylonische Exil*. Es war
dieses Szenario, in dem der Prophet Jeremia die Exilierten auf-
forderte, sich dort einzurichten und für das Wohl der Stadt zu
beten. Die babylonische Diaspora wurde tatsächlich nicht nur
negativ erfahren. Das babylonische Herrscherhaus praktizierte
eine Art Religionstoleranz. Den Juden wurde erlaubt, weiterhin
ihre jüdische Identität zu behalten. Die Gegenleistung hierfür
bestand in einer unbedingten Loyalität.

Vieles von dem, was die judäische Bevölkerung im Exil von
der babylonischen Rechtskultur lernte, schlug sich in der Redaktion der *Tora* und in den Grundlagen des *Talmuds* nieder.
Seine autoritative Version heißt bis heute *Babylonischer Talmud
(Bawli)*. Er ist jenes Riesenwerk mit seinen großartigen rabbinischen Gesetzesdiskursen, die die politische Tradition des Judentums in der Diaspora bildeten. Auch die *Hebräische Bibel*
erinnert auf vielfältige Weise an die babylonische Zeit. In *Psalm
137* weinten die Juden an den Wassern Babels über das Exil.
Zugleich erinnert die *Bibel* im *Esther*-Buch an den einstigen
Reichsgott Marduk und die babylonische Liebesgöttin Ischtar

(Astarte), die säkular umgewandelt zu Mordechai und Esther die Rettung und in heutiger Sprache: Emanzipation der Juden bewirkten. Babylon steht für ein jüdisches Leben in der Diaspora – aber nicht einfach zerstreut und zerschmettert, sondern für ein bewusstes Dasein als Minderheit, die sich auf eine große Kultur, ihre Rechtsvorstellungen und insbesondere auf ihre Weltstadt eingelassen hat. Kritik kann auch eine Form der Dankbarkeit sein. Ich möchte die Geschichte des Turmbaus zu Babel als einen israelitisch-judäischen Kommentar verstehen. Als einen kritischen Kommentar zu einer politischen Entwicklung einer Stadt, mit deren Beschaffenheit man eigene Erfahrungen verband. Das Narrativ steht just in der Spannung zwischen der Stadt und dem Reich – der Bürgerschaft, die Vielfalt voraussetzt, und der Tyrannei, die keinen Widerspruch duldet.

Die biblische Erzählung beginnt mit der Feststellung, dass es nur *eine* Sprache gibt.[34] Die talmudischen Rabbinen meinten in ihrem Kommentar, dass es sich hierbei um die „heilige Sprache" handelte.[35] Es sei die heilige Sprache gewesen, aber sie war zu „einerlei Worten" *(dewarim achadim)* verkommen. Folgen wir den rabbinischen Aussagen, haben wir es hier mit einem *politisch-theologischen* Statement zu tun. Die heilige Sprache kann sich danach in Belanglosigkeit verkehren – zu *dewarim achadim*, zu „einerlei Worten". Das lässt an Sprachdiktaturen erinnern, die ideologische Einheit verlangen – Sprachdiktaturen, wie z.B. im Kommunismus in den einstigen Ostblock-Staaten, wo im Stadtbild überall ideologische Sprüche auf Bannern hochgehalten wurden, deren Inhalte damit jedoch in eine sinnentleerte Banalität herabsanken. Einerlei Worte. Es lässt aber auch an einen theologischen Sprachgebrauch denken, an Predigten, die immer nur die vorhersehbaren Floskeln und Phrasen wiederholen und damit verhindern, dass Menschen etwas Anderes, etwas Wahres, aussprechen.

Es ist tatsächlich die Frage, ob die *Bibel* und später die Rabbinen das Bedürfnis der Stadtgründer Babels nach Einheit grundsätzlich verwarfen. Vielmehr zeigen sie Verständnis für das Bauprojekt eines Turms, der zum Himmel reicht. Sie sind hier durchaus auf der Seite der Menschen. Die rabbinische

Exegese hält den Turmbauern zugute, dass diese noch von der Sintflut traumatisiert waren. In gewisser Weise sei hier Gott für das Verhalten der Menschen mitverantwortlich. Diese haben nicht mehr dem Himmel vertrauen können und bauten deshalb einen Turm, dessen Pfeiler nach oben den Himmel abstützen sollen, falls dieser erneut zusammenbricht.[36] Auch sollte der Turm eine Orientierung bilden und verhindern, dass sich die Menschen *zerstreuen* – „damit wir uns einen Namen machen und nicht über die ganze Erde hin zerstreut *(nafuz)* werden."

Es liest sich eigentlich sehr positiv. Die Protagonisten fassen sich gegenseitig als „Nächste" auf. „Der eine sprach zum Nächsten *(re'ehu)*". Es ist derselbe Begriff wie in „Liebe deinen Nächsten wie dich selbst." (*Lev.* 19, 18) Das Sprechen des Einen zu seinem Nächsten klingt nach Solidarität. Der Turm soll helfen, die Menschheit zusammenzuhalten. Sind das nicht alles Aspekte, die man sich von der Religion erhofft? Eine Vereinigung aller Menschen, die sich gegenseitig als Nächste betrachten und durch gemeinsame Sprache ein gemeinsames Verständnis bilden?

Wir haben es in der biblischen Geschichte des Turmbaus zu Babel mit einer politischen Theologie zu tun, die ausgerechnet – oder bezeichnenderweise – genau diese Aspekte verwirft! Möglicherweise steht die Erzählung gegen alles, was Vereinheitlichung meint. Es ist darum auch unbedingt festzustellen, dass Gott *keine Strafe* über die Bevölkerung der Stadt Babylon bringt! Die Stadt wird nicht zerstört. Vielmehr *verwirrt (balal)* Gott die Sprachen, wodurch die Bevölkerung verschieden wird.

> „Wohlan, lasst uns hinabsteigen und ihre Sprache dort verwirren, dass einer die Sprache des anderen nicht verstehe. Und der Ewige zerstreute *(we-jafez)* sie von dort über die ganze Erde hin, und sie hörten auf, die Stadt zu bauen." (*Gen.* 11, 7–8)

Eigentlich geschieht Babylon das jüdische Schicksal. Lässt sich möglicherweise der Turm, der den Himmel stützen soll – Sinnbild der Sternwarten, beziehungsweise der großartigen babylonischen Astronomie, in der die Wissenschaft der Sterne sowie

die Religion der Sternbild-Gottheiten *eins* waren –, lässt sich
dieser Turm mit dem Tempel in Jerusalem vergleichen? Der Jerusalemer Tempel war *das* Gebäude, die Wohnstätte Gottes, in
der die *Bibel* alle weltlichen und religiösen Aspekte der israelitischen Mensch-Gott-Beziehung in einem Punkt zusammen-
laufen ließ. Himmel und Erde treffen sich in diesem Punkt –
Gott und sein Volk. Vergleichbar dem Tor Gottes – *Bab El*. War
es das, was Gott in der *Bibel* durch das babylonische Heer Nebukadnezars zerstören ließ? Ist die biblische Betrachtung des
Turmbaus als eine verdeckte Kritik gegen Jerusalem zu lesen?
Und liegt in dem Narrativ implizit auch ein Bedauern, dass eine
zivilisationsgeschichtlich so wichtige Stadt wie Babylon eben
durch ihre Bestimmung zur Reichshauptstadt ihrem historischen
Untergang preisgegeben ist? Und nimmt das Narrativ vielleicht
auch schon eine kritische Sicht auf das spätere Rom vorweg – auf
die Hauptstadt des Römischen Reiches, die zum Fels wird, auf
dem die weltumspannende Kirche mit einer vereinheitlichenden
theologischen Sprache errichtet wird? Dolf Sternberger beschreibt in den *Drei Wurzeln der Politik* die vom Kirchenvater
Augustinus entworfene *Civitas Dei* – die himmlische Stadt jener
Frommen, die dort, nach dem verworfenen irdischen Leben, in
vollkommener innerer Harmonie und Gleichheit ewig leben –
als eine totalitäre Schreckensvision. Fordert also die implizite
biblische Kritik gegen das Einheitlichsein der Bevölkerung Babylons die Erinnerung an jenes multikulturelle Babel ein, in dem
die Judäer ihre eigene Identität bewahren durften, in der Vielfalt
erlaubt war? Und weiter noch: Ist es ein Statement für Dezen-
tralimus? Gott verwirrt nicht nur die Einheitssprache der Turm-
bauer – er zerstreut die Menschen über die ganze Erde. In dem
Wort *jafez* ist das Wort für „Diaspora" angelegt – *tfuza*.

Nach dieser Lesart zeigt sich das politisch-theologische
Statement als Aussage gegen einen ideologischen Zentralismus,
in dem alles auf den einen Punkt, die eine Reichshauptstadt
zuläuft. Aber das Statement enthält noch mehr. Es liest sich
auch als ein Statement für eine *polis* der Vielfalt – im Gegensatz zu einer Reichshauptstadt, die Vereinheitlichung durch
Ersticken der Unterschiede anstrebt. Die Vielfalt, die durch

Gottes Einschreiten entsteht, wäre danach in Wahrheit ein Segen – eine Befreiung.

Das politisch-theologische Statement der Erzählung geht sogar noch weiter:

> „Da *stieg der Ewige herab*, um die Stadt und den Turm zu sehen, den die Menschenkinder bauten." (*Gen.* 11, 5)

Gott *steigt herab*, woran man sieht, wie sehr hier die Mensch-Gott-Beziehung angesichts der Konfrontation mit der Stadt im Wandel begriffen ist. Er reicht nicht mehr, wenn Gott – wie noch bei der Sintflut – vergleichbar den Göttern anderer Religionen *von oben* die Welt beobachtet. Er muss die Perspektive *von unten*, die Perspektive der Menschen kennen, um an ihr *seinen Anteil* zur Wirkung bringen zu können. Er muss unter den Menschen sein, will er eine politische Wirkmacht entfalten. Bemerkenswerterweise spricht Gott nunmehr von sich im Plural.

> „Wohlan, *lasst uns* hinabsteigen und ihre Sprache dort verwirren, dass einer die Sprache des anderen nicht verstehe." (*Gen.* 11, 7)

Das Wir braucht kein *pluralis majestatis* des Herrschers zu sein![37] Das Wir kann ebenso in eine innere Vielfalt Gottes weisen, die aber erst im Ebenbild der Menschen erkennbar wird.[38] Auch als Gott den Menschen schuf, sprach er im Plural. „Lasst uns machen einen Menschen in *unserem* Bild nach unserer Ähnlichkeit." (*Gen.* 1, 26) Offenbar macht die Ebenbildlichkeit Gottes den Menschen von vornherein vielfältig. „Im Bilde Gottes schuf er ihn: Mann und Frau schuf er sie. Und Gott segnete sie." (*Gen.* 1, 27f.) Und auch als Eva die Frucht der Erkenntnis gegessen hatte, spricht Gott in der Wir-Form. „Siehe, der Mensch ist geworden, wie einer von uns, zu erkennen Gutes und Böses." (*Gen.* 3, 22) Gott befürchtet der *Bibel* zufolge, dass „er strecke seine Hand und nehme auch vom Baume des Lebens und esse und lebe auf ewig! (*Gen.* 3, 22). Ist es dieselbe Befürchtung wie die gegenüber den Turmbauern Babels?

„Und er sprach: jetzt sind sie ein Volk, und haben alle eine Sprache und dies ist nur der Anfang ihres Tuns; fortan wird ihnen nichts fehlschlagen, was sie auch ersinnen mögen." (*Gen.* 11, 6)

Ich möchte diese Textpassage dahingehend verstehen, dass die *Tora* eine „Angst" Gottes zum Ausdruck bringt, dass er negiert werden könnte. Er muss *seinen Anteil* erhalten – und kämpft um sein Einbezogenwerden in die menschliche, das heißt in die weltliche Gestaltung seiner Schöpfung.

Ganz klar stößt Gott in der Erzählung vom Turmbau zu Babel die Menschen in ihre Vielfalt – eine Vielfalt, die die innere Vielfalt Gottes widerspiegelt. Babylon wird nicht bestraft! Vielmehr steigt Gott herab und ergießt seine innere Vielfalt unter die Menschen. Den Menschen geschieht ein politischer Segen! Ihre Unterschiede können dadurch erkennbar werden. Es ist hier das größte theologische Statement gegen die Tyrannei des Einen. Des Einen wie immer man es auffassen mag: ideologisch als Vereinheitlichung; despotisch als den sich selbst vergottenden irdischen Herrscher. Gott selbst disqualifiziert ein theologisches Verständnis von sich als der König. Das tut er auch mit einem „Wir", das kein *pluralis majestatis* ist, sondern eine pluralistische Auffassung vom Zusammenleben in einer Weltstadt aufscheinen lässt, in der Konfliktlösungen zwischen verschiedenen Ethnien und Religionsverständnissen politisch denkbar werden.

Sodom – oder: Die pervertierte *polis* und ihre Alternative

Nach der Erzählung über den Turmbau zu Babel geht in der *Hebräischen Bibel* die implizite politische Auseinandersetzung mit den Städten weiter. Sie fokussiert nunmehr auf eine Region im südlichen Kanaan und kulminiert in der Zerstörung einer anderen prominenten Stadt: Sodom. – Sodom und Gomorrha sowie *alle* anderen Städte der Region.

Bevor ich auf die Darstellung Sodoms in der *Tora* eingehe, möchte ich einen Eindruck während einer Israel-Jordanien-Reise wiedergeben, durch den ich das Land in geographischer Hinsicht neu sehen lernte. Es war eine Reise vom Süden her – also der „Arawa", dem langen, kilometerbreiten Graben in der Wüste, beginnend am Golf von Eilat/Aqaba. Durch seine Mitte zieht sich hoch bis ans Tote Meer die heutige Grenze zwischen Israel und Jordanien. Auf dieser Route liegt der biblische Ort Sodom an der südlichen Spitze des Toten Meeres. Rechts und links, um das Ost- und Westufer des Toten Meeres erinnern noch immer Ortsnamen an die einstigen biblischen Anrainer – Edom, Moab, Ammon auf der jordanischen Ostseite, die israelitischen Stämme auf der Westseite. An der nördlichen Spitze befindet sich auf der jordanischen Seite das Städtchen Madaba. Hier soll einstmals Moses nach den 40 Jahren Wüstenwanderung gestanden und auf das Land gesehen haben, das er selber nicht betreten würde. Bei klarer Sicht bekommt man beim Aussichtspunkt den Blick auf ein hügeliges, sonnengebräunt karges, gold-beiges Land. Die Landschaft hätte eigentlich wenig Charakter, wären da nicht zwischen den Hügeln – – – lauter Städte. Es frappiert, wie nah sie in diesem Gebiet beieinander liegen. Bei klarer Sicht sind zu sehen: Jericho, etwas weiter dahinter Jerusalem und etwas nördlicher Bet-El. Die Sicht auf das Land ist (zumindest heute) weniger auf ein weites noch unbestimmtes Land, als vielmehr auf eine *Landschaft der Städte*. Sicherlich hat sich in der Antike diese Region ebenfalls als eine Komposition von Städten empfunden. In den antiken Häusern und Kirchen aus der byzantinischen Zeit kommt das Bewusstsein für die städtegeprägte Landschaft verstärkt zum Ausdruck. Die Mosaiken zeigen kunstvolle Konstruktionen einer Welt von Städten. Der berühmte Fußboden der Sankt-Georg-Kirche von Madaba mit seiner großen Mosaikkarte zeigt die damals bekannte Welt als ein Riesengebilde, eine Mosaik-Fläche, die aussieht wie ein großes Tier, ein großer Leviathan, zusammengesetzt aus zahllosen Städten mit Jerusalem und seiner Stadtstruktur in der Mitte. In den Ruinen der Stephanuskirche von Kastron Mefaa (Umm er Rasas) ist in einem

atemberaubend schönen Mosaik jede Stadt verschieden und
doch gleichberechtigt mit ein paar charakteristischen Gebäuden
dargestellt. Selbst die heilige Stadt Jerusalem hat nicht mehr
Platz als die anderen, ist nur eine Stadt von vielen. Sie erscheinen hier *alle* heilig – eine Sicht auf die Welt, bestehend aus
lauter *heiligen Städten*.

Es war dieser Blick auf die Städte, der mich zu diesem Aufsatz inspiriert hat.

Ist er auch ein Schlüssel zum Verständnis für die biblische
Darstellung der Zerstörung von Sodom und Gomorrha? Auch
die Welt um Sodom erscheint in der *Tora* als ein Gebiet mit
verschiedenen, nicht weit voneinander gelegenen Städten. Ich
lese die Geschichte über die Städte Sodom und Gomorrha als
eine weitere Auseinandersetzung der *Bibel* mit dem Politischen
anhand der Städte, was die Vorstellung von heiligen Städten
einbezieht. Indes bilden Sodom und Gomorrha das verdorbene
Gegenbild zur Vorstellung von heiligen Städten.

Wie wird uns Sodom in der *Tora* vorgestellt? Der Name
der Stadt taucht erstmals anlässlich des Streits der Viehhirten
von Lot und Abraham auf. Abraham schlägt vor:

> „Lass doch keinen Zank sein zwischen mir und dir, zwi-
> schen meinen und deinen Hirten; wir sind ja nahe Ver-
> wandte! Dir steht ja das ganze Land offen; trenne dich doch
> von mir! Willst du zur Linken, so gehe ich rechts, willst du
> zur Rechten, so gehe ich links. Da erhob Lot seine Augen
> und sah, dass der ganze Kreis des Jordan überall bewässert
> war; – bevor der Ewige Sodom und Gomorrha zerstört
> hatte, war er wie ein Garten des Ewigen, wie das Land
> Ägypten bis nach Zoar hin. – Da wählte Lot den ganzen
> Kreis des Jordan und zog gen Osten. So trennten sie sich
> voneinander. Abraham blieb im Lande Kanaan, und Lot
> wohnte *in den Städten des Jordankreises* und schlug seine
> Zelte bis nach Sodom auf." (*Gen.* 13, 8–12)

Die Ostseite, die Lot wählt, ist auch heute die fruchtbarere, wie
ich bei der Fahrt auf der jordanischen Seite an den satten Fel-

dern am Wegrand sehen konnte. Die israelische Westseite, in
der sich dem biblischen Zeugnis zufolge, Abraham niederließ,
ist vor allem Wüste. Lot wohnte „in den Städten" der Region.
Abraham hingegen im unwirtlicheren Kanaan. Die Fruchtbar-
keit der Ostseite lässt vermuten, dass die *Bibel* Sodom als eine
reiche Stadt betrachtet. Vielleicht erklärt das etwas von der unmittelbar auf die Trennung von Abraham und Lot folgenden
Aussage, dass die „Männer Sodoms sehr böse und sündhaft
gegen den Ewigen" gewesen seien. (*Gen.* 13, 13) Was damit
genau gemeint ist, bleibt unklar. Doch das anschließende Kapitel vermittelt einen Eindruck von viel Krieg und Gewalt.

> „In jenen Tagen führten Amraphel, König von Schinear, Ar-
> joch, König von Ellassar, Kedarlaomer, König von Elam und
> Thideal, König von Gojim, Krieg mit Bera, König von So-
> dom, Birscha, König von Gomorrha, Schinab, König von
> Admah, Schemeber, König von Zebojim, und mit dem Kö-
> nige von Bela, dem heutigen Zoar. Alle diese vereinigten sich
> in dem Tale Siddim, dem jetzigen Salzmeer. Zwölf Jahre
> waren die Kedarlaomer dienstbar gewesen, im dreizehnten
> Jahre aber fielen sie ab. Und im vierzehnten Jahre kam Ke-
> darlaomer und die Könige, die mit ihm hielten, schlugen die
> Rephaiter in Aschtheroth-Karnajim und die Susiter in Ham
> und die Emiter in Schawe-Kirjathajim. Und die Choriter auf
> ihrem Gebirge Seir bis nach El-Paran, das an der Wüste liegt.
> Hierauf kehrten sie um und kamen nach En-Mischpat, dem
> heutigen Kadesch, und unterwarfen das ganze Gebiet der
> Amalekiter, sowie die Emoriter, die in Chazazon-Thamar
> wohnen. Da zogen die Könige von Sodom, Gomorrha, Ad-
> mah, Zebojim und von Bela, dem heutigen Zoar, aus und
> ordneten sich im Tale Sidddim zur Schlacht gegen sie, Gegen
> Kedarlaomer, König von Elam, Thideal, König von Gojim,
> Amraphel, König von Schinear und Arjoch, König von El-
> lassar; vier Könige gegen die fünf." (*Gen.* 14, 1–9)

Ich habe bewusst die Passage in Gänze zitiert, wegen der
verwirrenden Realität eines Krieges, den offenbar zwei Al-

lianzen von Städten gegeneinander führen. Was immer die
Motive waren – das beschriebene Szenario erscheint wie die
Horrorvision, die Thomas Hobbes im 17. Jahrhundert in seinem Werk *Leviathan* darstellte: der Krieg aller gegen alle
als jener „Naturzustand" des Menschen, der nur durch einen
gesellschaftlichen Vertrag überwunden werden kann. In der politischen Philosophie von Hobbes läuft das auf die Institution
eines von der Gesellschaft her legitimierten Königs hinaus, der
durch ein hartes despotisches Regiment Frieden durchsetzt.
In der politischen Theologie der *Hebräischen Bibel* läuft es auf
die Etablierung eines *Bundes* hinaus, der von Gott her motiviert wird.

Hier sind wir zunächst noch in der Darstellung eines Krieges zweier Allianzen. Es fällt auf, dass alle Oberhäupter jeweils
den Titel „König" tragen. Für ein relativ kleines Gebiet mit
Städten von bescheidener, wenn nicht bescheidenster Größe
– die Archäologen gehen von ein paar Hundert, maximal ein
paar Tausend Einwohnern aus – in einer kleinen Enklave zwischen den Großreichen Ägypten und Babylonien (Assyrien)
mit ihren mächtigen, weltbeherrschenden Königshäusern sind
das lächerlich hochgegriffene Titulierungen. Aber es zeigt, wie
die politische Situation in Kanaan beschaffen war. Die Archäologen Israel Finkelstein und Neil Asher Silberman beschreiben
die tatsächliche Besiedlung dieser Region als eine *dezentrale
Wirklichkeit* von kleinen Stadtstaaten – einem lokalen Zentrum
mit etwas Umland für die Versorgung.[39] Es handelte sich dabei
keinesfalls um eine Idylle! Vielmehr herrschte ein Dauerkampf
zwischen allen, bei denen jeder Einzelkönig den eigenen Herr-
schaftsbereich auszuweiten versuchte.

Das scheint auch der historische Hintergrund der biblischen Erzählung von Sodom und Gomorrha gewesen zu sein.
Abraham wird in diesen Dauerkrieg der Kleindespoten verwi-
ckelt, weil sein Neffe Lot als Bewohner von Sodom zur Allianz
des „Königs von Sodom" zählt und in Gefangenschaft gerät.
Abraham gelingt es, Lot zu befreien.

Hier könnte die Geschichte über Sodom enden. Aber es ist
bereits eine andere Ebene eingeführt – eine Meta-Ebene, die

den Krieg der Städte überwinden soll. Ob die *Hebräische Bibel* schon hier die Idee des *Bundes* im griechischen Sinne als „politisch" versteht, ist eine wichtige Frage. In jedem Fall läuft der Erzählfluss auf einen politischen Bundesschluss hinaus, der zugleich mit einer neuen Stadtgründung verknüpft ist. Die Richtschnur bilden Abrahams Erlebnisse in Kanaan.

Für die Leserinnen und Leser der *Bibel* geht es zwar vordergründig um eine andere Leitgeschichte: Abrahams langes Hoffen und Warten auf die Geburt eines Sohnes sowie der Konflikt zwischen den beiden Frauen Sarah und Hagar, respektive ihrer Söhne Ismail und Isaak. Dass Sodom weiterhin am Horizont bleibt und es schließlich erneut zur Krise kommt, die im Untergang Sodoms enden wird, zeigt jedoch einmal mehr die implizite politische Handschrift am Horizont all dieser Erzählungen, die zugleich einen realen „Bund" vorbereitet. Vier bis fünf Mal, je nachdem, wie man die Passagen zählt, wird dieser Bund von Gott her Abraham angekündigt. Allerdings fällt das Wort *Brit*/„Bund" bei genauem Lesen weniger häufig als man erwarten würde.

In der ersten Passage in Kapitel 12 des Buches *Genesis*, als Gott Abraham auffordert, in das ihm noch unbekannte Kanaan zu ziehen, kündigt er Abraham lediglich an, ein „großes Volk" *(goi gadol)* zu werden und ein „Segen, in dem sich *alle Geschlechter des Erdbodens* segnen".[40] Man beachte die reflexive Handlung der Geschlechter – „sich segnen"/*niwrechu wecha*, (*Gen.* 12, 3) Auch bei dem zweiten Versprechen Gottes in Kapitel 13, unmittelbar nachdem sich Lot und Abraham getrennt haben, fällt das Wort „Bund" nicht. Wo soeben von einem „großen Volk", einem „Segen, in dem sich alle Geschlechter des Erdbodens segnen" die Rede war, verspricht Gott jetzt Abraham *das ganze Land, das du siehst*. Es ist der Moment, nach dem sich Abraham und Lot getrennt haben und das verfügbare Territorium aufgeteilt ist. Gott verspricht Abraham das *ganze Land* zum Erbbesitz.[41] Das *ganze* Land, *das du siehst*. Ich möchte diese Passage nicht nur als Ankündigung eines materiellen Anspruchs auf ein Gebiet lesen, sondern den Aspekt der *Gänze* und des *Sehens* hervorheben. Ausgehend von dem Segen, in dem sich „alle Geschlechter des Erdbodens segnen" möchte ich das „ganze Land, das du siehst" – also das *Visionäre* dieses Sehens – als das religiös-politische Mehr der Aussage verstehen. Abraham soll das bekommen, was er sieht. Es ist ein Ganzes.

Tatsächlich fällt erst in der dritten Passage, in der Gott ankündigt, was er mit Abraham vorhat, in Kapitel 15, explizit das Wort *Brit*/„Bund".[42] Hier sieht Abraham in tranceähnlichen Zuständen die Zukunft Israels. In seinen Visionen sticht ein Bild heraus, das sich auf das Städte-Szenario beziehen lässt. Es ist der Traum über den *brit bejn ha-betarim*/den „Bund zwischen den Stücken". Auf Geheiß Gottes stellt Abraham in dieser Szene ein Opfer aus verschiedenen „Stücken" zusammen.

> „Als aber die Sonne untergegangen war, und dichte Finsternis herrschte, da sah er [Abram] einen rauchenden Ofen und eine Feuerflamme, die zwischen diesen Stücken hindurchfuhr. An demselben Tage machte der Ewige mit Abram einen Bund also […]" (*Gen.* 15, 17–18)

Der „Bund zwischen den Stücken" ist ein mysteriöser Begriff, der auch in der rabbinischen Exegese nicht aufgelöst wird. Ich schlage vor, die „Stücke" als Ausdruck einer *Zerteilung* zu verstehen – etwa der sich gegenseitig bekämpfenden Städte. Es könnte aber genauso auch die spätere historische Zerteilung des Landes in ein nördliches Königreich „Israel" und ein südliches Königreich „Judäa" meinen. Im Bund der parallel hingelegten Stücke würde die göttliche Flamme die Stücke zusammenfügen. Ich gehe sogar noch weiter und interpretiere den „Bund zwischen den Stücken" als eine Zukunft, die weit über das Land Kanaan hinausgeht.

> „An jenem Tag schloss der Ewige mit Abram einen Bund und sprach: Deinen Nachkommen gebe ich dies Land, *von dem Strome Ägyptens bis an den großen Strom, den Euphrat.* Die Keniter, Kenissiter, Kadmoniter, Chitthiter, Perissiter, Rephaiter, Emoriter, Kanaaniter, Girgaschiter und Jebussiter." (*Gen.* 15, 18–21)

Die Namen bilden hier keinen eigenen Satz, sondern sind als Auflistung, ohne genaue Bestimmung anhängt. Fehlt hier etwas? Oder ist der Vers als offene Liste intendiert? Einige Namen kennt man noch von dem Krieg der Stadtkönige – dort wurden auch die Rephaiter aufgezählt. Von Jebuss weiß man, dass es Jerusalem ist, die jebussitische Stadt, die damals Ir Schalem (Stadt des Friedens) hieß. Die anderen Namen sind die von Stämmen. Offensichtlich bezeichnen sie alle zusammen einen viel größeren Radius als das Land Kanaan. Es ist das *ganze Gebiet* zwischen dem Nil und dem Euphrat – also zwischen den zwei Großreichen. Es zeichnet sich in dieser Aussage ein großes, von vielen Stämme und Völkerschaften bewohntes Gebiet ab, das möglicherweise eine Alternative zu den Großreichen, nämlich einen „Bund zwischen den Stücken" bilden soll. Es wird hier zur Vision einer dezentralen Wirklichkeit – eines Bundes, dessen Merkmal Vielheit ist.[43] Das schließt an die Pluralität an, in welche die Geschichte vom Turmbau von Babel mündete.

In Kapitel 17 kommt Gott erneut auf den Bund zu sprechen, der wieder eine größere, über die eigene Nation hinausgehende Dimension birgt. Abrahams und Sarahs Sohn Isaak ist immer noch nicht geboren. Wohl aber Ismail, der Sohn Abrahams mit Hagar. Gott verlangt zum *Zeichen des Bundes* die Beschneidung aller Männer in Abrahams Haus. Hier, in Kapitel 17 ist das Bundesversprechen erstmals klar als solches ausgesprochen. Auch wenn Gott in diesem Zusammenhang sagt, dass die Hauptlinie des Bundes über Isaak fortgesetzt werde, der allerdings noch geboren werden muss, wird mit der Beschneidung Ismails sowie aller anderen männlichen Hausgenossen eine erweiterte, über das noch entstehende Volk Israel hinausgehende Realität des Bundes wirksam.[44]

Wie bereits gesagt ist die *Hebräische Bibel* vor allem eine Geschichte der konfliktvollen Mensch-Gott-Beziehung. In der jüdischen Tradition ist es keineswegs vorgeschrieben, Gott nur als den Guten anzusehen. Vielmehr ist das Streiten mit Gott (Abraham), bis hin zum Prozess mit Gott (Hiob) Ausdruck der Beziehung. Kapitel 17 enthält das Bundesversprechen, wobei Raschi zur Frage „und worin bestand der Bund?" lakonisch sagt: „dir zum Gotte zu sein",[45] was ich als göttlichen Anteil bei den weltlich-politischen Erwägungen verstehe. Im nun folgenden 18. Kapitel kommt es jedoch zu einer Katastrophe vergleichbar der Sintflut. Gott fällt erneut in die Rolle des Despoten zurück und setzt abermals seine Glaubwürdigkeit gegenüber den Menschen aufs Spiel. Die Geschichte beginnt mit der Frage Gottes:

> „Sollte ich Abraham verhehlen, was ich vorhabe. Da doch Abraham zu einem großen und mächtigen Volke werden wird, und alle Völker der Erde durch ihn gesegnet werden sollen? Denn ich habe ihn erkoren, damit er seinen Kindern und seinem Hause nach ihm gebiete, den *Weg des Ewigen* einzuhalten, *Recht und Gerechtigkeit* zu üben, auf dass der Ewige über Abraham bringe, was er ihm verheißen." (*Gen.* 18, 17–19)

Halten wir inne – und stellen fest, dass es für Gott ein politisches Kriterium gibt: Recht und Gerechtigkeit zu üben. Erstmals wird es beschrieben als „Weg des Ewigen" – gespiegelt im Verhalten Abrahams. Es ist indes an dieser Stelle noch nicht klar, was Gott vorhat.

> „So sprach denn der Ewige: Wenngleich das Geschrei über Sodom und Gomorrha *(sa'akat Sdom wa-Amora)* so groß, ihre Versündigung so überaus schwer ist, So will ich dennoch hinabsteigen und sehen, ob sie ganz so gehandelt, wie es nach den Klagen *(za'aka)* scheint, die zu mir gedrungen oder nicht; – ich will es wissen." (*Gen.* 18, 20–21)

Halten wir erneut inne. Gott steigt wieder herab, um aus der Perspektive der Menschen die Situation zu ermessen. In Babylon sprachen die Menschen nur *eine* Sprache. In Sodom und Gomorrha gibt es offenbar *gar keine* Sprache, sondern nur „Geschrei" und „Klage".

Die nun folgende Situation scheint die Rollen zu verkehren: Abraham macht sich zum Fürsprecher der Gerechten, die es möglicherweise in Sodom noch gibt – und er *verhandelt* mit Gott. Gott zeigt sich in dieser Situation gegenüber Abraham als ein durchaus politischer Gott. Er will seinen Anteil am politischen Geschehen der Menschen konkret machen; er steigt dafür herab ins Geschehen und lässt mit sich verhandeln, adjustiert seine Absicht. Es ist das politische Moment in der Mensch-Gott-Beziehung schlechthin. Eine Beziehung des Aushandelns, die hier von Abraham vorexerziert wird.

> „Abraham aber blieb vor dem Ewigen stehen. Und er *trat näher* und sprach: Wirst du wohl den Unschuldigen mit dem Schuldigen hinraffen? [...] Vielleicht sind fünfzig Gerechte in der Stadt; wirst du sie wohl hinraffen und nicht vielmehr dem ganzen Ort vergeben um der fünfzig Gerechten willen, die darin sind? Fern sei es von dir, dergleichen zu tun, dass du tötest den Unschuldigen mit dem Schuldigen, dass der Unschuldige wäre wie der Schuldige; das sei fern von dir! Der Richter der ganzen Erde, sollte der nicht Gerechtigkeit üben?" (*Gen.* 18, 22–24)

Man bemerke, dass Abraham zu Gott „nähertritt", also in Richtung Augenhöhe an ihn herantritt. Er bezeichnet ihn als „Richter" und wird ihn daran bemessen. Und tatsächlich, Gott lässt sich von Abrahams Argumenten überzeugen.[46]

Trotzdem wird Sodom zerstört. Trotzdem fällt Gott in die despotische Position zurück.

Wie können wir das politisch verstehen?

Ein Schlüssel liegt im „Geschrei" von Sodom und Gomorrha. Das Wort zeigt das Ausmaß einer Gewalt an, in der die Sprache, das Sprechen, das Gespräch – das Menschliche, das Politische – vernichtet sind. Die Situation knüpft an die Problematik Babylons an. In Babel gab es nur die ideologische Einheitssprache, die keinen Raum für Unterschiede lässt. In Sodom und Gomorrha hingegen gibt es keine Sprache, in der sich Menschen ausdrücken könnten, sondern allein die Macht der Gewalt – und das Geschrei als ihre Folge. Das Sprechen ist die Voraussetzung des Politischen. Das Geschrei der Menschen jedoch kulminiert in ein Brennen des Himmels, von dem Schwefel und Feuer herabregnen.

Die rabbinische Exegese beschreibt die Sünde Sodoms vor allem anhand zweier Verhaltensweisen: Es habe keine Gastfreundschaft geben. Und es herrschte sexuelle Gewalt. Beide Vorwürfe sind von der biblischen Erzählung her gedeckt. Die beiden Männer, die nach Sodom kommen, um Lots Familie zu retten, sind in der in der Stadt nicht willkommen. (*Gen.* 19, 3–11) Die Männer Sodoms fordern von Lot, die Gäste aus dem Haus heraustreten zu lassen, um sie zu vergewaltigen. Stattdessen bietet Lot seine jungfräulichen Töchter an. (*Gen.* 19, 3–11)

Auch wenn hier eine schreckliche Szene beschrieben ist, mag ich dem rabbinischen Vorwurf nicht folgen. Sind das nicht die uralten Klischeevorwürfe gegen die Stadt an sich? Ist es nicht das alte Vorurteil von der Stadt als Ort von Amoral und freier Sexualität? Steckt in dem Vorwurf, keine Gastfreundschaft zu üben, nicht auch das alte Ressentiment gegen die wirtschaftliche Prosperität der Stadt, deren Anonymität wirtschaftlichen Gewinn ermöglicht: Die Übernachtung im Hotel kostet etwas, ebenso wie das Essen in der Gastwirtschaft bezahlt werden muss und die Waren auf dem Markt gekauft werden. Diese Ausdrucksformen von Distanz bedingen Begegnungen, die keine Gastfreundschaft, ja nicht einmal Freundschaft oder eine andere emotionale Verpflichtung erfordern. Hier beginnt sich ein öffentlicher Raum des Austausches aufzutun. Offenbar enthält dieser Raum auch mehr Möglichkeiten der Reflexion über Sexualität. Der Vorwurf gegen die Stadt als Ort von freizügigen Frauen und von Homosexualität ist wahrscheinlich so alt wie die Stadt selbst. Aber – die biblische Darstellung Sodoms, das muss betont werden, beschreibt nicht Homosexualität, sondern sexuelle Gewalt. Die Gewalt ist hier das Leitende.

Gewalt ist unpolitisch – ja: antipolitisch. Sodom ist darum das Beispiel einer antipolitischen Stadt – einer verkommenen Stadt, die keinen öffentlichen Raum besitzt, in dem sich Menschen durch die Sprache begegnen, sprechen und reflektieren. Für Worte, die die Mensch-Gott-Beziehung zum Ausdruck bringen, gibt es schon gar keinen Raum, deshalb erweist sich ein Verhandeln mit Gott – vonseiten Sodoms und Gomorrhas – als keine verwirklichbare Option. Abraham, der Gott als Richter anspricht, kann mit Gott verhandeln. Den Männern Sodoms hingegen fehlt die Sprache, sie kennen nur die Gewalt. Das resultiert in göttlicher Gewalt, einer despotischen Gewalt Gottes. Sie hat keine Verbindung in Sodom finden können, keinen politischen Anteil am Geschehen verwirklichen können. So steigt die göttliche Gewalt herab – und sie ergießt sich als eine Vernichtung ohnegleichen. Der Himmel brennt, Schwefel und Feuer regnen auf Sodom und Gomorrha herab. Und nicht nur diese. Zerstört werden *alle* Städte des *ganzen* Umkreises.

> „Da ließ der Ewige auf Sodom und Gomorrha Schwefel und Feuer regnen – vom Ewigen aus, vom Himmel herab – Und zerstörte alle diese Städte und den ganzen Umkreis und alle Bewohner der Städte und das Gewächs des Erdreichs." (*Gen.* 19, 24–25)

Beer Schewa – oder: Der erste politische Bund

Es ist sicherlich kein Ausdruck von Redundanz, sondern eine weitere Aufforderung zum Innehalten, wenn die *Tora* den grauenhaften Anblick wiederholt, nunmehr jedoch aus der Perspektive Abrahams:

> „Abraham aber begab sich des Morgens früh an den Ort, an dem er vor dem Angesichte des Ewigen gestanden. Und er blickte hinab auf Sodom und Gomorrha und das ganze Land des Jordankreises; da sah er Rauch aus der Erde aufsteigen, gleich dem Rauche eines Kalkofens. So geschah es, als Gott die Städte des Jordankreises vernichtete, da gedachte Gott des Abraham und geleitete Lot mitten aus der Zerstörung, als er die Städte zerstörte, in denen Lot gewohnt hatte." (*Gen.* 19, 27–29)

Was mag Abraham angesichts dieser Zerstörung gedacht haben? Die *Bibel* sagt hierzu nichts. Aber es ist ein lautes Schweigen, ja geradezu eine sprachlose Anklage. Hatte Abraham nicht gerade so erfolgreich mit Gott verhandelt? Und hatte nicht auch Gott erfolgreich mit ihm verhandelt? War nicht die Mensch-Gott-Beziehung durch das Bundesversprechen Gottes und das religiös motivierte Rechtsbewusstsein Abrahams schon auf eine neue Stufe gestellt?

Die *Tora* schweigt an dieser Stelle. Aber Abrahams Entsetzen ist mit Händen zu greifen. Welche Verlässlichkeit hat ein Gott, wenn er seine Absprachen mit seinen Auserwählten dermaßen ignoriert? Es ist das alte jüdische Trauma. Die Vertreibung aus dem Garten Eden. Die Vertreibung aus Israel und Judäa. Und auch die Erfahrungen in der Zerstreuung. Wie sich das jüdische Volk später in der Diaspora auf verschiedene Weisen in vielen Ländern einbringen wird, hat sich hier bereits Abraham für Sodom engagiert – und muss nun doch die grenzenlose Vergeblichkeit seiner Bemühungen erleben. Für einen religiösen Menschen, der auf Gott vertraut, ist es kein Trost, wenn der unmittelbare Angehörige (Lot), das „nackte Leben" eines Einzelnen, gerettet wird, aber die gesamte Perspektive gleichwohl vernichtet ist. Allein Verzweiflung kann hier die unmittelbare Reaktion sein.

Verzweiflung.

Verzweiflung – und dann ein Dennoch.

In der jüdischen Tradition ist das Verzweifeln an Gott – sind das Ringen und die Anklage Teil der politischen Theologie. Hier ist der Moment anzusetzen. Die *Tora* ist kein Buch, das von den Leserinnen und Lesern verlangt, jede Handlung Gottes gut zu finden. Die jüdische Tradition erlaubt Empörung und Widerstand als Teil der gelebten Mensch-Gott-Beziehung. Was nun folgt, ist ein Handeln Abrahams auf eigene Initiative – eine Initiative in der Spannung gegen Gott und zugleich durch Gott.

Noch immer ist Isaak nicht geboren. Noch immer sind wir im Erzählfluss an keinem Zielpunkt angelangt. Für Abraham ist das Ziel die Geburt seines Sohnes Isaak, seines Erben. Für uns ist das Ziel die Frage, inwiefern die *Tora* auch eine implizite politische Auseinandersetzung führt und wo diese ankommt.

Der lange Weg Abrahams hat sein Ziel in Beer Schewa. Dort lässt er sich nieder, dort wird er die meiste Zeit seines Lebens in Kanaan verbringen. Und nicht nur er. Auch sein Sohn Isaak wird in der Gegend von Beer Schewa geboren und den größten Teil seines Lebens leben.

Beer Schewa – es ist eine Stadt in der Negev-Wüste. In der Antike war dies mehr ein Durchgangsgebiet für die Routen von Gaza nach Mesopotamien, fast ein unbestimmter Ort – und doch: ein *Makom*, ein Ort der Intensität. In der *Bibel* liegt Beer Schewa im Grenzgebiet. Hier berühren sich die Stammesgebiete der Judäer, der Philister, der Midianiter, der Amalekiter. Kein umkämpfter Ort wirtschaftlicher Prosperität wie vielleicht das biblische Sodom, sondern ein nichtssagender Flecken in der Wüste. Er wird zum Schauplatz einer großen Begegnung und nimmt einen andern Wüstenort vorweg: Sinai. Auch er ist eine Wüstenlandschaft, ein *Makom*, voller Latenz.

An einem solchen Ort lässt sich in der *Tora* etwas Neues aussprechen. *Midbar*, das hebräische Wort für „Wüste" enthält *medaber* = sprechen.

In Beer Schewa schließen zwei große Männer, Abimelech und Abraham, einen *Brit*/einen Bund. Es ist der erste Bund in der *Bibel*, der von Menschen geschlossen wird.

Was macht diesen Bund zum „Bund" und nicht zum „Pakt"?

Genau besehen erscheint Abimelech nicht besser als die anderen Kleindespoten, mit denen Abraham bislang zu tun hatte. Zu allen hielt Abraham bislang Distanz.[47] Zugleich kann man aber auch fragen, was an Abraham anders ist als an den anderen Stammesführern. Die Gewalt ist weiterhin präsent. In einer früheren Geschichte, als Abraham wegen der Hungersnot nach Ägypten gezogen war, begehrte der dortige Pharao Sarah zur Frau. (*Gen.* 12, 15) Auch wenn Abraham gegenüber den Stadtdespoten Kanaans Distanz hält, ist er bereit, Sarah der Gewalt preiszugeben. Auch Abimelech, der Philister-König von Gerar, will Sarah zu sich führen. Beide Male gibt Abraham

Sarah als seine Schwester aus und ist bereit, sie dem Mächtigeren auszuliefern. Beide Male kommt es zu keinem Vollzug. Die *Tora* legt großen Wert darauf festzustellen, dass beide Männer ansprechbar für Gott sind. Vielleicht soll sie das von den anderen Stadtdespoten unterscheiden. In ihren Ahnungen und Träumen sagt ihnen Gott, dass sie Sarah als die Frau Abrahams nicht anrühren dürfen.[48]

Abimelech besteht also den Test vor Gott. Aber es ist viel mehr als das, was hier geschieht. Abimelech zeigt sich ansprechbar, wenn ihm Gott im Traum erscheint. Er zeigt Respekt, indem er Sarah nicht beiwohnt (auch wenn dieser Respekt vor allem Abraham gilt). (*Gen.* 19, 3–8) Und er beruft sich auf den Maßstab der Gerechtigkeit:

> „[…] er sprach nun: Herr, wirst du auch ein gerechtes Volk umbringen? Hat er [Abraham] nicht zu mir gesagt: meine Schwester ist sie; und auch hat sie [Sarah] gesagt: Mein Bruder ist er. In der Einfalt meines Herzens und mit Reinheit meiner Hände habe ich dies getan." (*Gen.* 20, 4–5)

Anders als die Bewohner von Sodom „spricht" Abimelech mit Gott und *bemisst* Gott am Kriterium der Gerechtigkeit. Er erweist sich damit als Abraham geistig verwandt. Abimelech ist es nun, der jetzt die Initiative übernimmt. Er bringt Sarah zu Abraham zurück und macht Abraham große Vorhaltungen. Er verlangt von Abraham Aufrichtigkeit. Sodann schenkt er Abraham Schafe und Rinder, Knechte und Mägde – und bietet ihm an, in seinem Land zu wohnen. Auch Sarah beschenkt er reichlich. Abraham nimmt die Geschenke an. Die Begegnung der beiden Männer, Abimelech und Abraham, wird „fruchtbar" im wahrsten Sinne des Wortes. Abimelechs Frau wird schwanger – und Abrahams Frau wird schwanger.

Der Erzählfluss des Endes von Kapitel 20 und des Beginns von Kapitel 21 ist hier aufs Engste verknüpft. Unmittelbar, ja man könnte meinen als Folge von Abrahams Begegnung mit Abimelech, gelangt der Erzählfluss endlich auf seine Zielgerade. Darin ist für Abraham nicht nur die Geburt seines Sohnes

Isaak enthalten, sondern auch die damit verbundenen Konsequenzen. Eine Konsequenz ist, dass in Kapitel 21 Hagar zusammen mit Ismail, weggeschickt wird – mit dem Versprechen Gottes, sich um beide zu kümmern. Weiterhin ist die Präsenz von Abimelech und seiner eigenen Beziehung zu Gott Teil des Erzählflusses:

> „Und es geschah um diese Zeit, da sprach Abimelech und Pichol, sein Heerführer, zu Abraham also: Gott ist mit dir in allem, was du tust." (*Gen.* 21, 22)

Abimelech möchte sich nun der Loyalität Abrahams versichern, zumal dieser inzwischen mit Isaak einen Erben hat.

> „Und nun schwöre mir bei Gott zur Stelle, dass du nicht trüglich handelst gegen mich, mein Kind und meinen Enkel. Dieselbe Liebe, die ich dir erwiesen, sollst du auch mir erweisen und dem Lande, in welchem du geweilt hast." (*Gen.* 21, 23)

Abimelech will offenbar eine Verbindlichkeit, die über seine eigene Generation hinausgeht – die seinen Enkel miteinschließt, eine ewige Verbindung. Abraham will schwören. Doch im selben Atemzug nennt er jetzt ein plötzlich aufgetretenes Problem. Es ist kein Zufall, dass der Schwur nicht einseitig von Abraham gemacht wird, sondern es zu einer Verhandlung kommt. Es geht um die Nutzungsrechte des Brunnens, die die Knechte Abimelechs den Hirten Abrahams verwehrten. Abimelech zeigt sich ansprechbar:

> „Ich weiß nicht, wer das getan hat; denn weder du hast mir es gesagt, noch habe ich es gehört außer heute." (*Gen.* 21, 26)

Halten wir wieder inne. Hier geht es erneut um das Sprechen. Offenbar waren die Informationen bislang nicht vollständig. Jetzt ist Abraham an der Reihe. Auch er muss sich artikulieren lernen. Auch er muss den Konflikt zur Sprache bringen – seine Interessen, seine Position gegenüber einem Anderen einbringen, um Rechtspartner zu werden. Das Szenario beschreibt hier einen Mächtigeren, Abimelech, der sich als ansprechbar beweist. Und es beschreibt einen Hinzugezogenen mit prekärem Status, der zwar um seine göttliche Erwählung weiß, aber trotzdem unter den Menschen ein konkretes Leben verwirklichen muss. Jetzt ist es an Abraham, den Schritt zu tun.

> „Und Abraham nahm Schafe und Rinder und gab dem Abimelech, und sie schlossen beide einen Bund *(wa-jichartu schnejhem brit)*.“ (*Gen.* 21, 27)

Das ist er – der in der *Bibel* erstmalig von Menschen geschlossene *Brit*/„Bund“.

Wir sind verblüfft. Gott hat darin höchstens indirekt eine Rolle gespielt, indem er Abimelech in seinen Träumen heimsuchte, oder Abraham mit Visionen über einen „Bund zwischen den Stücken“ inspirierte. Einen *echten*, einen von Menschen *konkret geschaffenen Bund*, der sich an konkretem Verhalten bemessen lässt, der für beide Seiten Rechte und Pflichten enthält, haben im biblischen Zeugnis erst diese beiden Männer verwirklicht. Abraham handelt hier autonom. Er erfüllt in diesem Moment keinen unmittelbaren göttlichen Willen. Sein Schritt erscheint mehr als das Dennoch nach der Katastrophe Sodoms. Und doch bedeutet dies uns Leserinnen und Lesern, dass erst Abrahams Tat, dass erst die von den Menschen abgetrotzte Autonomie den politischen Anteil Gottes verwirklicht. Auch als ein autonomer Schritt ist er ohne die darin enthaltene Wirkmacht Gottes nicht denkbar. Obwohl zuvor Abimelech zu den despotischen Kleinkönigen der Region gehörte, wandelt er sich zum Bundespartner. Abimelech gibt etwas von seiner Macht ab, beschränkt seine Herrschaft und erfährt im Bund eine rechtliche Grenze an Abrahams Rechten der Brunnennutzung.

Abimelech und Abraham werden hier „gleich“. Der eine hat die Macht im Lande, der andere hat nur einen prekären Status. Und doch schaffen beide Gleichheit in einem Bund, der sie gegenseitig zu einem Gleichen verpflichtet und dabei zugleich der verschiedenen Situation des Anderen gerecht wird. Nach dem Bundesschluss zwischen Abraham und Abimelech wird nunmehr auch der Ort benannt, an dem er geschah. In einer Symbolhandlung sondert Abraham sieben Lämmer ab zum Geschenk für Abimelech – „damit es mir zum Zeugnis diene, dass ich gegraben diesen Brunnen".

> „Daher nannte man diesen Ort Beer Schewa, weil sie dort beide geschworen." (*Gen.* 21, 31)

Beer heißt Brunnen. *Schewa* kommt von *Sch'wua* = „Schwur". Aber *Schewa* ist auch die Zahl Sieben – jene heilige Zahl, mit der das *Ganze der Schöpfung* ausgedrückt wird. Und tatsächlich wird hier im Niemandsland der Wüste eine erste *heilige Stadt* gegründet: Beer Schewa. Sie gründet dem biblischen Zeugnis zufolge in einem Bund, der aus einer Verhandlung über Nutzungsrechte hervorgeht. Dieser schafft eine Win-win-Situation für zwei verschiedene Parteien. Er bezeugt eine Übereinkunft kraft unterschiedlicher Interessen – einen Bund, der Verschiedenheit zur Grundlage hat und die Lösung der sich daraus ergebenden Konflikte heiligt.

Aber damit endet die Geschichte noch nicht.

Abimelech und sein Heerführer Pichol ziehen nach Hause. Doch Abraham bleibt an dem Ort:

> „Und er pflanzte eine Tamariske in Beer Schewa und rief dort an den Namen des Ewigen, den Gott für immerdar." (*Gen.* 21, 33)

Die Tamariske – was soll noch das Pflanzen dieses Baums? Die Rabbinen sind unschlüssig, was das Pflanzen bezweckt. In der *Tora* fungieren Bäume oft als Orte des Gerichts, aber auch als Orte für Begräbnisse, des Gedenkens. In der rabbinischen Exegese vermuten die Rabbinen jedoch, dass Abraham mehr zum Zeichen seiner wirtschaftlichen Existenz einen Hain anlegte oder eine Gastwirtschaft errichtete.[49] In jedem Fall symbolisiert das Pflanzen eines Baumes die Bekräftigung einer Perspektive, die über Abraham hinaus geht. Ich möchte noch die Dimension des *Ez Chajim*, des Baum des Lebens hinzufügen. Mit den „Bäumen des Lebens" *(azej chajim)* werden auch die Stöcke bezeichnet, an die die *Tora* befestigt wird, um sie darauf aufzurollen. In Beer Schewa hat Abraham einen Baum gepflanzt. Er hat so etwas wie einen Pflock – aber nicht für die jenseitige Welt, sondern konkret, im Wege eines Bundes im Hier und Jetzt für die diesseitige Welt eingeschlagen. Es ist ein Bund, der schon jetzt die messianische Perspektive ein kleines Stück verwirklicht – säkular verstanden, eine gerechter werdende Welt. Doch diese Stadt, Beer Schewa, die Stadt des Bundes, wird in der *Bibel* nicht von Gott gegründet! Sie entsteht vielmehr durch die Initiative zweier Menschen. Und doch wäre sie ohne den Anteil Gottes am Geschehen nicht entstanden.

In Beer Schewa gelangen die Geschichten des Buches *Genesis* um die Städte an einen vorläufigen Endpunkt. Das Ziel ist erreicht. Die Rabbinen verstehen den Bund zwischen Abraham und Abimelech nicht als Pakt für kriegerische Allianzen, sondern als einen Bund, der über ihre Generation hinausgehen soll. Sie sehen darin zwei Ebenen miteinander verflochten: die weltliche Ebene der aushandelbaren Konfliktlösungen, aber damit zugleich eine messianische Ebene, den Einsatz für eine bessere „zukünftige Welt" schon heute in der hiesigen Welt.

Fazit

In Beer Schewa endet der erste große politische Bogen im Horizont der frühen biblischen Stadtgründungen. Von der ersten Stadt, die Kain gebaut hat, bis zu Gründung von Beer Schewa durch den Bund zwischen Abraham und Abimelech, bestand dieser Bogen in einer werdenden Mensch-Gott-Beziehung, in der die despotische Macht Gottes nach und nach zurückgedrängt wird. Das ist keine Garantie dafür, dass sie nicht doch – wie in der Geschichte von Sodom und Gomorrha – vernichtend zurückschlägt. Aber die *Tora* lässt Gott dahingehend erscheinen, dass er selbst die despotische Herrschaft hinter sich lassen will, um zu einer politischen Wirkmacht zu werden. Das gelingt nur, wenn die Menschen einen Freiraum der Autonomie gewinnen. Dieser Freiraum ist die Bedingung für Gott, politisch zu werden. In ihm kämpft Gott um seinen politischen Anteil am Geschehen – und *erwirbt* Himmel und Erde immer wieder neu.

Das erste Buch *Mose* spielt die verschiedenen Möglichkeiten durch, wenn es keine Autonomie gibt, wie in der Darstellung von Babylon – und keinen Anteil Gottes wie in Sodom. Die jeweiligen Folgen lassen den Schluss zu, dass Gott politische Gebilde bevorzugt, die innere Verschiedenheit und Anderssein zulassen, die auf dem Recht und Verträgen beruhen und die das Sprechen als Medium der Übereinkünfte verlangen. In der Stadt Beer Schewa steigern sich diese Aspekte zu einem „Bund" – von zwei Ungleichen geschlossen, die aber in dem Bund auf Augenhöhe, das heißt zu einer Gleichheit gelangen. Das emanzipatorische Erreichen von Gleichheit durch die Anerkennung und Würdigung der Verschiedenheit ist das *heiligende* Erleben des Bundes. Es ist die höchste Stufe, die politisch handelnde Menschen erreichen können: Einen Bund zu stiften, in dem sich der göttliche Anteil verwirklicht.

Die jüdische Version der *polis* ist der *kahal*, die Gemeinschaft, wie Daniel J. Elazar dargelegt hat, wobei darin Gott immer auch seinen Anteil hat. Der *kahal* weist seit den Tagen der Antike eine lange Tradition der Gemeindedemokratie auf. Es waren kleine, überschaubare Gemeinden, in denen alle jüdischen Männer gleichberechtigt zum *Minjan*, zum Quorum gezählt wurden. Die Ausweitung des *kahals* auf ein größeres Gebilde führt in der jüdisch-politischen Tradition allerdings nicht wie in der griechischen von der *polis* zum *Staat*. Der politische Anteil Gottes am Geschehen löst sich nicht in einem Staat, nicht in einem Königreich ein. Die Ausweitung des kleinen auf ein größeres führt vielmehr vom *kahal* zu der großen *dezentralen politischen Wirklichkeit* der jüdischen Diaspora. Der Bund zwischen Abimelech und Abraham weist genau in diese Spannung. Er weist auf die politische Notwendigkeit des Judentums in der Diaspora, in der sich jede Form despotischer Herrschaft gemäß den politischen Vorstellungen der jüdischen Tradition in ein allgemeines Wohl wandeln soll. Es ist derselbe Bund, der Juden und Jüdinnen für das Wohl der Stadt als ein mit anderen geteiltes, gemeinsames Wohl beten lässt. Das beschränkt sich keineswegs nur auf die Hoffnung einer Minderheit, von den Mächtigen geschont zu werden. Es ist vielmehr das Gebot, gleichermaßen Verantwortung mit den Anderen zu tragen. Das ist der politische Beitrag der jüdischen Tradition: die Andersheit in einem Bund zu vereinbaren und damit zugleich die Bedingung für politische Gestaltung zu legen.

Bundestheologie aus der Wüste – und aus den Steppen

Ist die Europäische Union ein Bund?

In einer Ausgabe der von mir herausgegebenen Reihe *Machloket/Streitschriften* stritten der in den USA lebende deutsch-jüdische Publizist Hannes Stein und ich über die Frage, ob die Europäische Union ein „Bund" im biblischen Sinne sei.[1] Wären die 27 Mitgliedstaaten vergleichbar mit den zwölf Stämmen der Kinder Israel, mit denen Gott am Berg Sinai einen Bund geschlossen hat? Im biblischen Narrativ bedeutete dieser Bund die Überwindung einer Stammesherrschaft und die Gründung der israelitischen Nation, zusammengehalten von einer gemeinsamen Rechtstradition, der *Tora*. Können wir einen ähnlichen Gestus in Europa in der Überwindung der Nationalstaaterei durch gemeinsame europäische Verträge sehen? Tatsächlich stifteten die europäischen Verträge einen neuen *transnationalen* Verband – einen Verband, der mithilfe des Rechts alle europäischen Bevölkerungen in ein Verhältnis notwendiger Solidarität zueinander setzt. Ähnlich kann man auch den transnationalen jüdischen Zusammenhalt durch die jüdisch-halachische Rechtstradition verstehen. Er hält über alle Grenzen hinweg die Juden und Jüdinnen in der Diaspora zusammen.

Wäre die EU also in diesem Sinne eine *Bundesgesellschaft*? Als Hannes Stein und ich hierüber stritten, war die Griechenland-Krise auf ihrem Höhepunkt. Das Phantasma der „nationalen Souveränität" zog in Form von wiedererwachenden Nationalismen – ob in Frankreich, ob in Ungarn oder Polen, ob in Deutschland – seine neuen Kreise. Großbritannien war auf dem Weg in den Brexit.

Stein verneinte die Frage, ob die Europäische Union eine Bundesgesellschaft, eine *covenantal society* bilde. Die Europäer seien nach wie vor zu sehr in nationalstaatlichem Denken verfangen, eine echte Bundessolidarität existiere nicht. Gegen Hannes Stein wendete ich ein, dass sich ein Bund erst im Rückblick als solcher erweise. Die Bundeswirklichkeit sei ein Prozess. Auch in Europa werde erst im Rückblick konstatiert werden können, ob ein Bund Wirklichkeit sei – ob er wirkt und Realität hervorbringt. Vor dem großen Bundesschluss am Sinai hatten ein „König" und ein „Migrant" aus dem mesopotamischen Zweistromland in einem unbedeutenden Wüstenort einen Bund geschlossen. In Beer Schewa kamen Abimelech und Abraham zusammen und schlossen einen Bund über das zur Verfügung stehende Wasser. In der *Tora* ist dies der erste, konkrete, zwischen Menschen geschlossene Bund. Er hielt in dieser Form allerdings nur eine Generation. Schon Abrahams Sohn Isaak musste erneut die Bestimmungen des Bundes, die Wasserrechte einfordern und wurde von Abimelech an den Rand gedrängt. (*Gen.* 26, 15–23) Die Bundeswirklichkeit wandelte sich hier zu einer Krisenwirklichkeit, die aber gelöst wurde, indem die Land- und Wasserrechte neu und für Isaak besser bestimmt wurden. Die vormalige Existenz des Bundes setzte hier weiterhin den Maßstab. Und das bis heute. Irgendwann muss der Beerschewa-Bund über die Wassernutzung allein schon aus ökologischer Notwendigkeit zwischen Israelis und Palästinensern, Jordaniern und Ägyptern wiederhergestellt werden. Ökologische Projekte wie das „Arava Institute for Environmental Studies"[2] sehen darin die eigentliche Herausforderung beziehungsweise Lösung des Nahost-Konflikts.

Als sich Stein und ich über die Existenz einer *europäischen Bundeswirklichkeit* stritten, hatten wir beide vor allem den in der *Tora* von Gott am Berg Sinai mit dem Volk Israel geschlossenen Bund vor Augen. Das ist der Bund, der im zweiten Buch *Mose*, dem Buch *Exodus/Schemot*[3] *feierlich mit der Proklamation der Zehn Gebote und der Gabe der Tora* verkündet wird. Über ihn ist in der politischen Philosophie viel geschrieben worden. Er motivierte im 17. und 18. Jahrhundert das Denken über den „Gesellschaftsvertrag". Ob Thomas Hobbes,[4] John Locke oder Montesquieu – sie alle schrieben mit dem biblischen Narrativ vom Sieg über den Pharao (= der englische König) und die Gabe der *Tora* am Sinai (= die Verfassung), die Grundlagen des Rechtsstaates, der Demokratie und des republikanischen Denkens.[5] Das Buch *Exodus* bildete, wie Michael Walzer in *Exodus und Revolution* schrieb, die geistige Vorlage für die revolutionären Umbrüche in Europa und Amerika ab dem 16. Jahrhundert.[6] Ob der Genfer Bund, der Mayflower Vertrag, der Schottische Nationale Bund oder die amerikanischen Verfassungen der 1780er Jahre – sie alle waren inspiriert von dem Bund, den Gott im Buch *Exodus* am Berg Sinai mit dem Volk Israel geschlossen hatte, und sie alle verstanden ihn als Gesellschaftsvertrag.[7]

Stein und ich orientierten uns wie gesagt am zweiten Buch *Mose* – dem Buch *Exodus*. Dort wurde der Bund mit dem Donner und den Blitzen Gottes – einem regelrechten Feuerwerk – begangen. Dieser Bund markierte den Anbeginn eines neuen Zeitalters. Aber darin lag auch das Missverständnis zwischen Hannes Stein und mir, beziehungsweise über die europäische Bundeswirklichkeit. Europa ist nicht mehr am Anfang. Stein und ich hätten das vierte Buch *Mose* – das Buch *Numeri*/hebr. *Bamidbar* = „In der Wüste" – hinzuziehen sollen. Dieses erzählt nicht mehr von einem triumphalen Anfang – sondern von dem langen Weg, der 40-jährigen Wanderschaft durch sämtliche denkbare Krisen. Es beschreibt die israelitische Nation mit ihrem eigentlich egalitären Menschenbild, in der alle, einschließlich der Frauen im Prinzip gleich sind und als priesterlich gelten. Aber es beschreibt diese Nation von ihren inhärenten Konflikten her. Es sind tiefe politische Krisen, die die Erzählstruktur des vierten Buch *Mose* ausmachen. Regelmäßig steht der Zusammenhalt der Nation auf dem Spiel, droht die Nation an ihren inneren Konfliktdynamiken auseinanderzubrechen. Das zweite Buch führte zum Berg Sinai und zum feierlichen Bundesschluss. Es steht am Anfang eines langen Prozesses, in dem der Bund aber erst noch Realität werden musste. Das vierte Buch führt in die Wüste und in die Steppen. Eine politische Krise folgte der nächsten. Erst nachdem die Krisen ausgestanden sind, konstatiert Moses *rückblickend* den zweiten Bund, den das Volk nunmehr in den Steppen von Moab geschlossen hat, einen *zusätzlichen* Bund neben dem ersten am Sinai.

Ich hätte in der Diskussion mit Hannes Stein diesen zweiten Bund, der in der *Tora* erst rückblickend, auf die Bewältigung der Krisen erfolgt, thematisieren sollen – den Bund, der sich erst im Rückblick als solcher erweist. Das tue ich nunmehr in diesem Aufsatz. Es ist dieser zweite Bund, mit dem sich die Frage nach der Bundeswirklichkeit der EU stellen lässt, beziehungsweise eine Ahnung davon möglich wird, dass die vielen heutigen politischen Krisen möglicherweise der Beweis für eine lebendige europäische Bundeswirklichkeit sind.

Emanzipation eines Weiblichen, eines Politischen

Die Stadt, die Polis, ist weiblich. Nicht nur grammatikalisch. Eventuell auch in ihrem politischen Sinn. Dieser Gedanke kam mir in der jordanischen Stadt Madaba mit ihren vielen Mosaiken. In einem antiken Privathaus sind in den Mosaiken einige Städte der Region als Frauen dargestellt. In der Kulturgeschichte wurden Ideale und politischen Botschaften oft in Frauengestalt präsentiert – etwa die „Gerechtigkeit" über dem Eingang der Gerichte als Göttin *Justitia* mit einem um die Augen gebundenen Tuch – oder *Ecclesia* und *Synagoga* als Frauen-Statuen links und rechts vom Portal der Kathedrale, wobei hier die Frau mit dem Tuch vor den Augen die Synagoge darstellt, symbolisch für das angeblich blinde jüdische Volk, gegenüber der Ecclesia als junger strahlender Siegerin – oder die Französische Revolution auf dem Gemälde von Delacroix, die den Freiheitssturm der Völker anführt. Wir alle kennen solche Statuen und Gemälde. Es sind Überhöhungen mit durchaus politischen Gehalten in perfekter Frauengestalt.

Eine vergleichbare Abstraktion zu einem Weiblichen findet sich auch in den Prophetenbüchern und dem rabbinischen Schrifttum. Darin ist Israel die Frau – die Geliebte Gottes. Die Kulturwissenschaftlerin Tamara Or hat unter der Überschrift *Ist Israel weiblich? Die Grundlehre des Judentums in der Konstruktion der Geschlechter* den Gender-Horizont für eine politische Theologie des Judentums eröffnet.[8] So heißt es z.B. beim Propheten Jesaja: „Wie sich der Jüngling mit der Jungfrau vermählt, vermählen sich deine Kinder mit dir; wir sich der Bräutigam mit seiner Braut freut, freut sich mit dir dein Gott!" (*Jes.* 62, 4–5). Am auffälligsten beschreibt der Prophet Hosea die Beziehung Gottes zu Israel als die eines Mannes zu seiner Frau. Bei ihm ist es vor allem die Untreue Israels, die er in seinen prophetischen Reden und Handlungen als einen Ehebruch darstellt. Gott wird entsprechend zornig und verstößt seine Frau. Die Folgen für Israel sind Verwüstung, Vertreibung und Exil. Doch am Ende verzeiht Gott der Verstoßenen. Er führt sie in die Wüste, in der er wie ein frisch Verliebter erneut um sie wirbt: „Darum werde ich [Gott] sie [Volk Israel] bereden, sie in die Wüste führen und ihr zu Herzen reden." (*Hos.* 2, 17) Er wird der Geliebten die einstigen Weinberge zurückgeben und das Tal der Betrübnis in „Tore der Hoffnung" verwandeln. Sie wird wieder Gesang anstimmen, wie einst, „als sie aus dem Lande Ägypten heraufzog".

Indes verknüpft sich Hoseas Vision von der Versöhnung Gottes mit einer erstaunlich emanzipatorischen Sehnsucht. Die Frau soll Gott fortan nicht mehr als „mein Herr" anreden – sondern als ihren „Mann", ihren *ischi*:

> „An jenem Tage, spricht der Ewige, wirst du ‚mein Mann!' *(ischi)* rufen und mich nicht mehr ‚mein Herr' *(ba'ali)* nennen. Ich werde die Namen der *ba'alim* aus ihrem Munde entfernen, dass sie nicht mehr mit ihrem Namen erwähnt werden." (*Hos.* 2, 19–20)

Merkwürdigerweise wird auch im modernen Hebräisch der Ehemann als *ba'al* bezeichnet, was ihn zumindest sprachlich zum „Herrn" über die Frau macht. Doch bei Hosea soll, feministisch interpretiert, die Frau Gott nicht mehr als einen Herrn *über sich* sehen, wie in den anderen Religionen mit ihren *ba'alim/* ihren „Herren". Sie soll auf Augenhöhe zu ihrem Mann sprechen. Die Aussage spielt hier auf die ursprüngliche Erschaffung des Menschen im Paradies als *isch* und *ischa*, als „Mann" und „Frau", an.[9] Aber sie spielt auch auf ein theologisches Paradox in der hebräischen Sprache an. Bis heute. Wenn der Mann über

seine Frau spricht, sagt er in Hebräisch: *ischti/*„meine Frau".
Hingegen bezeichnet die Frau auch im modernen Iwrit ihren
Ehemann als *ba'ali/*„mein Herr". Das ist eigenartig. Dem
Verhältnis der Ehefrau zum Mann ist danach ein götzendiene-
rischer Aspekt der Unterwerfung geblieben – zumindest
sprachlich. Umso bemerkenswerter ist, dass der Prophet Hosea
seine Vision von der Liebesbeziehung zwischen Gott und Israel
mit der Emanzipation der Frau, der Partnerin Gottes verbindet.
Die Stelle lässt sich durchaus feministisch lesen, wonach Gott
Ebenbürtigkeit zwischen Mann und Frau will – der Mann, der
seine Frau *ischti* (meine Frau) nennt und ebenso die Frau ihren
Mann *ischi* (mein Mann).

Die zitierte Stelle, in der Gott seine verstoßene Frau Israel
in die Wüste führt, um dort erneut um sie zu werben, gehört
bezeichnenderweise zur *Haftara*, zur Prophetenlesung, die im
synagogalen Jahreszyklus der wöchentlichen *Tora*lesungen parallel zum ersten Abschnitt des vierten Buches *Mose*, dem Buch
Bamidbar/„In der Wüste" gelesen wird.[10] Sie gibt damit dem
Buch einen hintergründigen Tenor. Israel und Gott begegnen
sich als ein Paar in der Wüste, um dort ihren Bund zu erneuern.
Offenbar sind sie erfolgreich. Denn im fünften Buch *Mose*
bestätigt die Prophetenlesung mit Jesaja, dass die beiden wieder
ein Paar sind.[11]

Propheten wie Hosea und Jesaja sehen die Partnerschaft
zwischen Gott und Israel wie eine Ehe – einen Ehebund. Der
Bundesschluss gleicht einer Vermählung – mit einer *Ketuba*,
einem Ehevertrag. In dieser Konstellation ist die Ketuba die
Tora. Gott will laut Hosea den Ehe-Bund noch einmal schließen. Es soll ein Bund von durchaus politischer Qualität werden
– in ihm sollen „Gerechtigkeit und Recht" obwalten, zusammen
mit „Gnade und Erbarmen". Es ist ein Bund mit einem Weiblichen als einem Politischen. Gott sagt im Munde Hoseas:

> „Und ich verlobe dich mir auf ewig, ich verlobe dich mir
> durch Gerechtigkeit und Recht, durch Gnade und Erbar-
> men. Ich verlobe dich mir durch Treue, und du wirst den
> Ewigen erkennen!" (*Hos.* 2, 21–22)

Gerade die letzten Worte „und du wirst den Ewigen erkennen" unterstreichen zugleich das Geschlechtliche in dem Bild von der Israel-Gott-Beziehung, ist doch das hebräische Wort für „erkennen" *(jada)* dasselbe wie der Liebesakt, aber auch der biblische Begriff für eine intime, verlässliche Paarbeziehung mit Rechtsgeltung.

Der erneuerte Bund erscheint hier mit einem emanzipatorischen Hinweis. Emanzipation ist eigentlich ein Begriff aus der Rechtsgeschichte. Emanzipation bedeutet, gleiche Rechte zu erlangen. Der Grad einer Emanzipation liest sich an den Rechten ab, die einer vormals untergeordneten Gruppierung zuteilwurden und sie nunmehr rechtlich gleichstellt. Aber wohin würde sich Israel, wenn man es als ein Weibliches denkt, emanzipieren? Emanzipiert es sich zur Gleichstellung *an Gott*, also den männlichen Partner? Verzichtet Gott hier auf das Attribut des „Herrn" – des Herrschaftlichen? Oder emanzipiert sich Israel *zusammen mit Gott*, das heißt in einer Zweier-Beziehung, in der sich Gott mit emanzipiert?

Sicherlich beides.

In jedem Fall versteht sich der von Hosea gedachte Bund Gottes mit Israel als ein Angriff auf die Herrschaft der *ba'alim* in anderen Kulturen. Zugleich birgt er eine innere Dynamik, in der sich Israel gegenüber Gott als dem „Herrn" innerhalb der Beziehung zu ihm emanzipiert. Ich halte diese Emanzipation *zu und mit Gott* für ein entscheidendes Gut der jüdischen Tradition. Die einstigen *ba'alim*, die einstigen Herren, werden durch die Emanzipation des Weiblichen zu Gott überwunden. Das verlangt jedoch eine immerwährende Aktualisierung der Israel-Gott-Beziehung. Das vierte Buch *Mose* beschreibt die Krisen dieser Beziehung. Aber am Ende ist doch der Bund erneuert. Und Israel emanzipiert.

Universalität, Unteilbarkeit
und ein egalitäres Menschenbild

Die Wüste – in Hebräisch *midbar*, genauso geschrieben wie
medaber/„spricht" –, in die Gott seine Geliebte führt, ist zugleich der Ort, den die *Hebräische Bibel* als Ort transzendenter
Universalität zu denken vermag. Sie gehört niemandem, ist kein
zu bewirtschaftendes Land, das durch Eigentumsverhältnisse,
Stammeszugehörigkeit oder kulturell-religiöse Zuordnungen
vorbestimmt wäre. Sie manifestiert vielmehr ein radikal Unbestimmtes. Wer die Sinai-Wüste kennt, weiß: Es ist hier still
bis zum Zerbersten. Jeden Moment könnte etwas aus der ge-
spannten Latenz hervorbrechen. Wer sich eine Zeitlang hierhin
zurückzieht, verlässt bewusst die quirlige Fülle des Lebens für
ein Momentum ungeschiedenen Einsseins.

Die *Tora* wählte diesen Ort für Momente großer Offen-
barungen.

In der rabbinischen Literatur gibt es einen *Midrasch* mit der
Frage, warum die *Tora* in der Wüste und nicht im Land Israel
gegeben wurde. Die Antwort weist geradezu auf einen universellen Maßstab:

> „Warum wurde die Tora nicht im Land Israel gegeben? Um
> den Völkern der Welt keine Ausflucht zu ermöglichen, in-
> dem sie sagen: Da die Tora in ihrem Land gegeben wurde,
> haben wir sie nicht auf uns genommen. Eine andere Aus-
> legung: Um keinen Streit unter den Stämmen zu wecken,
> damit nicht der eine sagt: In meinem Land wurde die Tora
> gegeben, und der andere sagt: In meinem Land wurde die
> Tora gegeben, und wieder ein anderer sagt: In meinem Land
> wurde die Tora gegeben. Deshalb wurde die Tora in der
> Wüste gegeben, allgemein zugänglich und öffentlich, an
> einem herrenlosen Ort." (*Mechilta de-Rabbi Jischmael* [12] zu
> *Ex.* 19, 1)

Es ist eine faszinierende Antwort, die besagt, dass die *Tora* nicht
an ein bestimmtes Land gebunden ist, nicht an einen bestimmten

Ort, auch nicht an einen bestimmten Stamm, ja nicht einmal an ein bestimmtes Volk. Letztlich könnte jedes Volk die *Tora* annehmen. Sie ist universell, allgemein zugänglich und öffentlich.

Die Begründung, dass kein Streit unter den Stämmen entstehen soll, keiner von ihnen behaupten darf: In meinem Land wurde die *Tora* gegeben und nicht in deinem!, erinnert noch an eine andere Stelle in der rabbinischen Literatur. Sie beschäftigt sich mit der Frage, warum der Mensch „einzig" geschaffen wurde. Diese Stelle erweitert den universellen Maßstab um das Menschheitliche.

„Der Mensch wurde deshalb einzig erschaffen, […] wegen des Friedens unter den Geschöpfen, damit nämlich nicht ein Mensch zu seinem Nächsten sage: Mein Ahn war größer als dein Ahn. Ferner auch, damit nicht die Andersgläubigen sagen, es gebe mehrere Autoritäten im Himmel. Und endlich auch, um die Größe des Heiligen, er ist gesegnet, zu verkünden; denn wenn ein Mensch mehrere Münzen mit einem Stempel prägt, so gleichen sie alle einander, der König der Könige aber, der Heilige, er ist gesegnet, prägt jeden Menschen mit dem Stempel des Urmenschen, und doch gleich nicht einer dem anderen." (*M Sanhedrin* 4, 5)

Auch hier klingt Universalität an. Niemandem steht es zu, sich für höherwertig gegenüber dem anderen Menschen zu halten. Alle leiten sich von einem einzigen unteilbaren Urmenschen ab, der nicht in verschiedene Autoritäten, gespiegelt in verschiedene Gottheiten, aufteilbar ist. Die Stelle lässt sich auch als rabbinisches Verständnis von einer Unteilbarkeit der Menschenwürde interpretieren. Das Gleichnis der Münzprägung betont ein von allen geteiltes Gleiches, das zugleich in jedem Einzelnen verschieden aufscheint. Anders gesagt: Im Einssein Gottes ist zugleich die Vielheit der Menschen angelegt. In dem einen Stempel des himmlischen Königs wird jeder einzelne Mensch ein *für sich eigener*. Diese grundsätzliche Gleichheit aller Menschen, die zugleich ihre Verschiedenheit begründet, wird in der talmudischen Diskussion radikal inklusiv aufgefasst.

Auch die Frevler, auch die Gottlosen, auch die Verbrecher sind im Menschsein einbegriffen:

„Deshalb, etc.' – Der Mensch wurde einzig [als ein Exemplar] erschaffen, und zwar deshalb, damit die Andersgläubigen nicht sagen, es gebe mehrere Autoritäten im Himmel. – Eine andere Erklärung: Wegen der Frommen und wegen der Frevler: damit nämlich die Frommen nicht sagen, sie entstammen einem Frommen, und die Frevler nicht sagen, sie entstammen einem Frevler. – Eine andere Erklärung: Wegen der Familien, damit nämlich die Familien einander nicht befehden; wenn sie sogar jetzt, wo der Urmensch einzig erschaffen wurde, einander befehden, um wieviel mehr wäre dies der Fall, wenn zwei erschaffen worden wären. – Eine andere Erklärung: Wegen der Räuber und Plünderer; wenn es sogar jetzt, wo der Urmensch einzig erschaffen wurde, Raub und Plünderung gibt, um wieviel mehr wäre dies der Fall, wenn zwei erschaffen worden wären. ‚Um die Größe, etc. zu verkünden'. Unsere Rabbiner lehrten: Um die Größe des Königs der Könige, des Heiligen, er ist gesegnet, zu verkünden; wenn ein Mensch mehrere Münzen mit einem Stempel prägt, so gleichen sie alle einander, aber der Heilige, er ist gesegnet, prägt jeden Menschen mit dem Stempel des Urmenschen, und doch gleicht nicht einer dem anderen." (*BT Sanhedrin* 38a–b)

Kein Mensch, egal wie sein Verhältnis zu Gott beschaffen ist, fällt aus der Unteilbarkeit des Menschseins heraus. Es gibt hier kein *Bailout*.

Der erste und der zweite Bundesschluss

Die Wüste ist im Buch *Exodus* der Ort des großen Bundesschlusses Gottes mit dem Volk Israel. Aber es ist auf dem Weg der 40 Jahre währenden Wanderschaft *nur der erste Bund*. Dies ist allgemein unbekannt. Doch die *Tora* spricht später von einem zweiten Bundesschluss. Es finden zwei Bundesschlüsse statt: *der erste am Sinai – und ein zweiter*, der irgendwann *in den Steppen von Moab* verwirklicht wird. Im fünften Buch *Mose* lesen wir plötzlich von diesem zweiten Bund:

> „Dies sind die Worte des Bundes, den Mose auf den Befehl des Ewigen mit den Kindern Israels *im Lande Moab* schloss, neben dem Bunde *(milwad ha-brit)*, den er mit ihnen am Horeb [= Sinai] geschlossen." (*Deu.* 28, 69)

Im Lande Moab? Tatsächlich wird dieser zweite Bund bereits im vierten Buch *Bamidbar/*„In der Wüste"[13] angedeutet:

> „Dies sind die Gebote und die Rechtsvorschriften, die der Ewige den Kindern Israels durch Mose *in den Steppen Moabs, am Jordan, Jericho gegenüber*, befohlen hat." (*Num.* 36, 13)

Offenbar geht es um neue Gebote und Rechtsvorschriften, das heißt die Grundlage jenes zweiten, in den Steppen Moabs geschlossenen Bundes, von dem aber erst explizit im fünften Buch *Mose* die Rede sein wird.

Wie ist das zu verstehen? Die wissenschaftliche Antwort könnte lauten, dass es sich hier um eine literarische Zusammenfügung zweier Traditionen handelt – einer mehr ägyptisch orientierten Tradition, die den Bundesschluss, unmittelbar vom westlich gelegenen Ägypten her kommend, auf die Teilung des Schilfmeeres folgen lassen will – und demgegenüber eine mehr assyrisch-babylonisch orientierte Tradition, bei der die Israeliten von Osten her kommend am Jordan stehen und den Bund vor dessen Überquerung schließen. Das mag religionshistorisch so erklärlich sein. Aber innerhalb der religionspolitischen Logik der *Tora* ist das keine Antwort. Vielmehr müssen wir nach dem theologischen Zusammenhang der zwei Bundesschlüsse fragen. In welchem Verhältnis stehen sie zueinander? Handelt es sich vielleicht um eine Entwicklung?[14] Der zweite Bund als eine Korrektur des ersten?

Schauen wir uns die Genese der beiden Bundesschlüsse genauer an.

Der erste Bundesschluss am Berg Sinai/Horeb wird im Buch *Exodus* von einer Generation geschlossen, die noch persönlich die Sklaverei erlebt hatte. Es ist der Bund, der versichert, dass Freiheit machbar ist. Nicht nur besiegelt er die Revolution gegen eine alte Herrschaft (das pharaonische System), er zementiert auch den Gesellschaftsvertrag, der eine neue, freie Gesellschaft begründet, deren Freiheit sich in Form von Rechten und Pflichten konkretisiert. Das ist der Bund, den Michael Walzer, Menahem Loberbaum, Noam Zion und andere politikwissenschaftliche Judaisten im Blick haben, ohne den die politische Ideengeschichte des Westens nicht zu verstehen ist.[15] In ihm liegt der volle menschheitliche Optimismus. Unterdrückung ist danach kein Naturgesetz. Menschen sind zu ihrer Freiheit fähig. Der Garant hierfür ist ihre Gott-Mensch-Beziehung, ausgedrückt in Gesetzen, in einer Gesetzeslogik („Wenn ihr die Gesetze befolgt, wird…"), die vom Sklavenhaus ausgehend zur Freiheit emanzipiert. Freiheit ausgedrückt als Bestätigung der Heiligkeit des Lebens, als Werdung eines „heiligen Volkes".

> „Wenn ihr nun auf meine Stimme höret und meinen Bund haltet, so sollt ihr mir ein Kleinod unter allen Völkern sein; denn mein ist die ganze Erde. Ihr sollt mir ein Reich von Priestern, ein heiliges Volk sein." (*Ex.* 19, 5–6)

Dieser Bund steht im Zeichen eines menschheitlichen Aufbruchs, der unmittelbar von Gott her seine Kraft und seine Legitimation erhält.

> „Und der Ewige sprach zu Mose: Schreibe dir diese Worte auf; denn auf Grund dieser Worte schließe ich mit dir und mit Israel einen Bund." (*Ex.* 34, 27)

Interessanterweise weiß die *Tora* aber auch, dass dieser von Gott ausgehende Bund der Legitimation der Menschen bedarf, um erst durch sie Geltung zu erlangen:

> „Und Mose kam und rief die Ältesten des Volkes und legte ihnen alles vor, was ihm der Ewige aufgetragen hatte. Da antwortete das ganze Volk einmütig und sprach: Alles, was der Ewige geredet, sollen wir tun! Und Mose überbrachte dem Ewigen die Worte des Volkes." (*Ex.* 19, 5–8) Sowie:

„Darauf nahm er [Moses] das Buch des Bundes und las es dem Volke vor; und sie sprachen: Alles, was der Ewige geredet hat, wollen wir tun und darauf hören." (*Ex.* 24, 7)

Doch in 40 Jahren Wanderschaft kommt es zu vielen Krisen innerhalb der verschiedenen Bevölkerungsgruppen – und einer Reihe von Rechtsreformen. Am Ende des vierten Buch *Mose* wird konstatiert:

„Dies sind die Gebote und die Rechtsvorschriften, die der Ewige den Kindern Israels durch Mose *in den Steppen Moabs, am Jordan, Jericho gegenüber*, befohlen hat." (*Num.* 36, 13)

Die *Tora* selbst bezeichnet jedoch kein konkretes Ereignis, bei dem ein solcher Bund feierlich verkündet worden wäre. Ich möchte diesen zweiten Bund darum als einen Prozess verstehen – bei dem man erst rückblickend erkennt, dass der Bund existiert, ohne dass er proklamiert worden wäre. Es ist der Bund, der in der Bewältigung von Krisen Wirklichkeit wird – in einer erfolgreichen Verteidigung der Freiheit, die in jedem Moment auf dem Spiel steht, ebenso wie der Zusammenhalt. Es ist der Bund, der durch gesellschaftliche Anstrengungen und Lernprozesse unmerklich Wirklichkeit wird. Dieser Bund vollzieht sich allmählich und wird erst rückblickend erkannt. Dementsprechend erkennt ihn Moses ebenfalls erst im fünften Buch *rückblickend* auf die Ereignisse im vierten Buch *Mose*. Nach der Vorstellung der *Tora* entstand er nicht ohne die Mitwirkung Gottes. Ohne die Mensch-Gott-Beziehung hätte er sich niemals bewahrheitet, doch hier liegt die Bewahrheitung vor allem im mühsamen Gewahrwerden und Ringen der Menschen, an denen es liegt, die Bundeswirklichkeit Gottes zu erhalten.

In der jüdischen Tradition ist das vierte Buch *Mose* als ein Ganzes unterbelichtet. Zwar sind viele der Geschichten – etwa der zwölf Kundschafter oder des Aufstandes der Rotte Korach oder der Eselin des heidnischen Propheten Bileam, die den Gottesengel sieht – allgemein bekannt. Trotzdem wird dem

Buch ein eigener Zusammenhang oft abgesprochen; man sieht
es mehr als eine Fortsetzung, wenn nicht ein Anhängsel der
vorangegangenen Bücher *Exodus* und *Levitikus* mit Geschichten und Gesetzesbestimmungen, die dort keinen Platz mehr
gefunden haben. William W. Hallo schreibt in seiner verglei-
chenden Analyse, dass *Numeri/Bamidar* auf den ersten Blick als
„gar kein wirkliches ‚Buch'" erscheint.[16]

An dieser Stelle ist eine Erwägung zur Komposition
der *Tora* hilfreich. Man kann die fünf Bücher *Mose* linear lesen
– beginnend mit der Erschaffung der Welt im Buch *Genesis* und
endend mit Moses Tod im Buch *Deuteronomium*, als das Volk
Israel am Jordan steht, bevor es diesen überquert, um das versprochene Land zu betreten. Man kann aber auch feststellen,
dass die *Tora* eine Mitte hat, von der aus die Themen wie Kreise um sie liegen.[17] Dieses Gestaltungsprinzip einer Mitte, um
die der Beginn und das Ende der Geschichte arrangiert sind,
kommt auch in vielen Einzelgeschichten vor und ist ein be-
kanntes Kompositionsprinzip, mit dem sich viele Perikopen
bibelwissenschaftlich erschließen lassen.[18] Das literarische Gestaltungsprinzip einer Mitte, um die sich die Themen nicht nur
innerhalb ausgewählter Text-Passagen gestalten, sondern mit
dem auch verschiedene Versionen derselben Themen mit unterschiedlichen Akzenten um die Mitte kreisen, würde bedeuten,
dass ein bestimmtes Thema nicht abschließend auf den Punkt
gebracht wird, sondern jeweils anders und mit anderen möglichen Schlussfolgerungen präsentiert wird. Dieses Kompositionsprinzip erzeugt eine eigene Spannung zwischen den vielen
sich gegenseitig herausfordernden, scheinbar widersprechenden
Aussagen. In der jüdischen Tradition wurde diese Bandbreite
nicht als Entwertung einiger Aussagen gegenüber anderen aufgefasst. Im Gegenteil, die Vielheit von nicht übereinstimmen-
den Aussagen zu den wiederkehrenden Themen in der *Tora*
machte erst die großen rabbinischen Auslegungsdiskurse im
Talmud und in den *Midraschim* möglich.

Die Mitte liegt im dritten Buch *Mose, Levitikus*. Dort treffen der *Priesterkodex* (Kap. 1–18) und der *Heiligkeitskodex* (Kap.
19–26) aufeinander. Allein diese beiden Kodizes stellen eine

eigene Spannung gegeneinander her – letztlich die Spannung zwischen einem *hierarchischen* und einem *egalitären* Religionsverständnis.[19] Aus dem Priesterkodex spricht ein hierarchischer Duktus, indem er die Position der Priester, ihren Status und ihre kultischen Aufgaben bestimmt. Wir lernen insbesondere anhand der Investitur von Aaron, dem Hohepriester, und seinen Söhnen, wie sich ihr höchster Rang an äußerlichen Insignien, der Robe, dem Brustschild, dem Turban usw. ablesen lässt. Demgegenüber trägt der Heiligkeitskodex eine egalitäre Auffassung. Er beginnt mit den Worten *kedoschim tihju/* „Heilig sollt ihr [alle] werden". Er fasst Israel als ein „Volk von Priestern" auf und sieht gerade auch die vielen sozial-ethischen Bestimmungen als Kriterien für „Heiligkeit", etwa:

> „Du sollst deinen Nächsten nicht bedrücken und nicht berauben, behalte nicht den Arbeitslohn des Mietlings bei dir bis an den Morgen. Fluche nicht einem Tauben und vor einem Blinden lege keinen Anstoß, und fürchte dich vor deinem Gott. Ich bin der Ewige. Ihr sollt keine Ungerechtigkeit tun bei Gericht; du sollst nicht Nachsicht haben mit dem Geringen und nicht ehren den Vornehmen, mit Gerechtigkeit sollst du deinen Nächsten richten. Gehe nicht als Verleumder umher unter deinem Volke, stehe nicht still bei dem Blute [der Gefahr] deines Nächsten. Ich bin der Ewige." (*Lev.* 19, 13–16)

Das egalitäre Menschenbild wird im Heiligkeitskodex auf den Punkt gebracht in der Forderung: „Liebe deinen Nächsten wie dich selbst." (*Lev.* 19, 18) Der Ort des höchsten Grades ist hier weniger an äußerlichen Insignien abzulesen, sondern an einer persönlichen Lauterkeit, der Reinheit des Herzens.

Wenn wir nun von der Mitte der *Tora* ausgehen und ihre Komposition in Kreisen verstehen, liegt um das mittlere dritte Buch mit seinem hierarchisch angelegten Priester- und seinem eher egalitär gedachten Heiligkeitskodex ein weiterer Kreis. Dieser setzt sich aus dem zweiten Buch *Mose* und dem vierten Buch *Mose* zusammen. Sie liegen in demselben Kreis, jedoch einander gegenüber. Wenn wir die *Tora* von der Mitte her erschließen, müsste die zwischen dem Priester- und dem Heiligkeitskodex angelegte Spannung, also zwischen der hierarchischen und der egalitären Anschauung, weiter auf das Verhältnis zwischen dem zweiten Buch *Mose* und dem vierten Buch *Mose* ausstrahlen. Tatsächlich lässt sich die Spannung bestätigen. Das Ringen zwischen hierarchischen und egalitären Kräften ist sicherlich elementar und konstitutiv für die Religion Israels und erklärt die immanente politische Dimension der jüdischen Tradition. Das zweite Buch enthält zwar im ersten Teil den Auszug aus der Sklaverei und den Bundesschluss am Sinai – legt aber dann fast die ganze Aufmerksamkeit auf die zeremonielle Einkleidung und Einführung der Priester aus der Familie Aarons (*Ex.* 28–29), sowie den Bau des Heiligtums. (*Ex.* 25–40) Demgegenüber wird im vierten Buch *Mose* relativ am Anfang der Stamm der Leviten zusätzlich für kultische Aufgaben berufen (*Num.* 3), die aber zugleich einer egalitären Bundesgesellschaft mit der Tendenz zu gleichen Rechten für alle den Weg ebnen, wie ich unten zeigen werde.

Vergleichen wir die beiden Bücher noch weiter: Im zweiten Buch *Mose* gibt es abgesehen von dem anfänglichen Gemurre wegen des Wassermangels in der Wüste nur eine einzige große Krise – aber diese ist zugleich fundamental: Monotheismus oder Götzendienst? Der Tanz um das Goldene Kalb beschreibt das Szenario. (*Ex.* 32) Ein Teil des Volkes verfällt dem Wahn und berauscht sich an seiner Katastrophe. Doch Moses gelingt es, den Zorn Gottes zu mildern und ihn von der Fortsetzung des Projekts „Exodus" zu überzeugen. Moses stellt die Gesetzestafeln ein zweites Mal her. (*Ex.* 34) Das Volk bereut. Damit wendet sich das negative Extrem in sein positives Gegenteil. Die ursprüngliche Aufbruchstimmung, die sich in ekstatischen Götzendienst verkehrte, wird wiederhergestellt – nunmehr durch den Bau eines *Mischkan*, eines portablen Heiligtums in der Wüste. Bezalel und andere Künstler stellen Entwürfe her. Alle machen begeistert mit. Sie spenden nach Vermögen Silber, Gold und andere Werte. Die Männer bauen das Gerüst, die Frauen weben und nähen die Teppiche und Vorhänge. Fast ist es dieselbe Ekstase, mit der sie ums Kalb getanzt waren. Aber hier gilt der Jubel der Herstellung eines Ortes, in dem sich die kultisch wiederkehrende Begegnung mit Gott konkretisieren soll.

Von solcher Begeisterung ist im vierten Buch, *Bamidbar/* „In der Wüste", keine Rede mehr. Immer wieder kommt es zu Aufruhr und Rebellion. Die Abschnitte stolpern von der einen Krise zur nächsten. Die ganz große Krise offenbart sich in der plötzlichen Mutlosigkeit des Volkes. Sie ist das Gegenstück zum Tanz um das Goldene Kalb. Sie bedroht das Projekt des Auszugs aus der Sklaverei und die Ankunft in dem versprochenen Land im Ganzen. Als zwölf Kundschafter geschickt werden, um das versprochene Land in seiner Beschaffenheit zu erkunden und darüber zu berichten, glaubt das Volk nicht mehr an die Machbarkeit. Es traut sich nicht zu, das Land in Besitz zu nehmen und will nach Ägypten umkehren. In seinem Zorn, übrigens erst jetzt in der Wüste Paran (*Num.* 12, 16), verfügt Gott, dass diese Generation von wenigen Ausnahmen abgesehen das versprochene Land nicht erreichen wird – dass vielmehr 40 Jahre folgen werden, in denen diese Generation in der Wüste untergegangen und eine neue herangewachsen sein wird.

> „Und eure Söhne werden vierzig Jahre in der Wüste als Hirten umherwandern und euren Abfall büßen, bis alle eure Leiber in der Wüste gefallen sind." (*Num.* 14, 33)

Trotzdem: Das vierte Buch mag ein Buch der Krisen sein. Dennoch mündet es in den Erfolg. Im Zuge dessen kulminiert es im besagten zweiten Bundesschluss. Ein Bundesschluss, der möglicherweise dem ersten Bundesschluss am Sinai erst fortgesetzte Geltung gibt. Aber er enthält viele Reformen.

Zwei politisch-theologische Thesen

Die genaue Lektüre des vierten Buches *Bamidbar/*„In der Wüste" und der darin enthaltenen politischen Theologie bringt mich zu zwei Thesen:

Erstens ist es ein Buch, das sich im Horizont eines egalitären Menschenbildes versteht. Dabei ist es sich jedoch der Gefahren einer egalitären Anschauung bewusst und spielt die
durch Egalität entstehenden religiösen und politischen Krisen
angesichts einer letztlich doch hierarchisch organisierten Wirklichkeit durch. Das egalitäre Menschenbild leitet sich zwar von
Gott her ab. Aber wie konkretisiert es sich als Recht (= *Tora*)
in einer gesellschaftlichen Wirklichkeit voller Ungleichheit?

Zweitens besteht der Ausgang der Krisen im vierten Buch
nicht in einer Unterwerfung unter den Willen Gottes. Das Buch
Bamidbar nimmt vielmehr eine fast unmerkliche Neubestim-
mung des Verhältnisses zwischen Israel und Gott vor. Dabei
manifestiert sich im jeweiligen Konflikt zwischen den Menschen zugleich ein Konflikt mit Gott. Aber *nicht* Gott hat das
letzte Wort, sondern die Neujustierung der Beziehung zu Gott
und damit auch der *Tora*. Es ist eine faszinierende Auseinandersetzung, in der am Ende der 36 Kapitel des vierten Buches
Mose die israelitische Gesellschaft durch Rechtsreformen und
Konkretisierungen des egalitären Menschenbildes zu einer
Gesellschaft transformiert worden ist, die Gott mit dem Selbst-
bewusstsein einer emanzipierten Partnerin gegenübertritt.

Bamidbar wäre danach ein religiös-politisches Lehrbuch,
das die israelitische Gesellschaft mit ihrem egalitären
Menschenbild unmerklich auf die damit verbundenen Krisen
vorbereitet, um sie im Sinne der Gott-Mensch-Beziehung zu
bewältigen und dabei zugleich mit einem emanzipierten Selbst-
bewusstsein vor den Feinden eben dieses egalitären Menschenbildes feit.

1) Das Problem der Gleichheit

Zur ersten These: Das Thema Gleichheit zieht sich in verschie-
denen Thematisierungen durch das gesamte Buch *Bamidbar*.
Hier einige Beispiele: Das Buch beginnt in den ersten beiden
Kapiteln mit der Zählung aller wehrpflichtigen Männer zur
Festlegung einer Marschordnung. Implizit wird eine allgemei-
ne Wehrpflicht konstatiert, die im Unterschied zu privaten
Söldnerheeren von Königen ein entscheidendes Merkmal für

eine egalitäre Gesellschaftsauffassung ist. Alle (Männer) werden hier gleichermaßen zur militärischen Verteidigung ihrer Gesellschaft verpflichtet. Zugleich wird der Stamm Levi insgesamt mit kultischen Aufgaben betraut. Offensichtlich ging das mit einem tiefgreifenden kultisch-gesellschaftlichen Strukturwandel einher. Wir erfahren:

„Und der Ewige sprach zu Mose: Siehe, ich selbst habe die Leviten mitten aus den Kindern Israels genommen für alle Erstgeborenen, die zuerst bei den Kindern Israels aus dem Mutterschoß kommen; so sollen die Leviten mir gehören." (*Num.* 3, 11–12)[20]

Demnach hoben die Leviten das kultische Vorrecht der männlichen Erstgeborenen auf.[21] An dieser Stelle verstehen wir, dass sich die israelitische Gesellschaft von ihrer kultischen Organisation her aufschlüsselt. Die kultische Organisationseinheit war vormals die Familie, repräsentiert durch ihren „Erstgeborenen". Doch als Institution mit einem kultischen Status wurde die Familie nunmehr entmachtet. Keine Familie war mehr heilig. Indem das Religiös-Kultische als besondere Aufgabe auf die Leviten übertragen wurde, verlor die Familie jedoch nicht nur ihre kultische Bedeutung, sondern auch ein entscheidendes Rechtsinstrument – den Familienkodex. Dazu unten im Zusammenhang der „Levitischen Rechtsräume" mehr. Hier ist zunächst festzustellen, dass ein wichtiger Pfeiler der *innerfamiliären Hierarchie*, nämlich das Erstgeburtsrecht, seine *kultische* Bedeutung verlor. Das muss zwangsläufig zu Konflikten führen. Wer hat jetzt das Sagen, wenn der kultische Bereich neu austariert wird, aber nicht mehr das entscheidende Wort hat. Es sind Konflikte, die alle Gesellschaften kennen, in denen ein egalitärer Maßstab vorherrscht. Wie wird Autorität legitimiert? Die Tora thematisiert das Problem anhand der geschwisterlichen Konkurrenz: Warum sollte in einer Familie, in der alle Mitglieder aktiv an der Befreiung Israels teilgenommen haben, nur Moses (noch dazu der Jüngste) die Rolle des religiösen Führers spielen? Mit dieser Frage erheben sich die beiden älteren Geschwister Aaron und Miriam gegen ihren Bruder: Warum er und nicht genauso auch wir?

> „Hat denn nur mit Mose allein der Ewige geredet? Hat er nicht auch mit uns geredet?" (*Num.* 12, 2)

Auch Korach, der Kehatiter, führt zusammen mit Datan, Abiran, Og und 250 angesehenen Männern, im Namen der Gleichheit einen Aufstand gegen Moses und Aaron:

> „Zuviel für euch! Alle in der Gemeinde sind heilig, und unter ihnen ist der Ewige; warum erhebt ihr euch über die Gemeinde des Ewigen." (*Num.* 16, 3)

Diese zwei Beispiele sind Krisen der Gleichheit – Konflikte, die durch ein egalitäres Menschenbild entstehen in einer Wirklichkeit, in der immer noch hierarchische Ränge existieren. Aaron und Miriam wollen nicht den Vorrang des jüngeren Bruders akzeptieren. Dafür werden sie von Gott bestraft, insbesondere Miriam mit Aussatz. Aarons Strafe besteht in der endgültig besiegelten Unterordnung unter Moses, den er bezeichnenderweise erstmals mit „mein Herr" (*adonai)* anspricht. (*Num.* 12, 11) Das zeigt an, dass das Priesteramt nur eine funktionale Hierarchie aufweist, aber der Hohepriester nicht über Moses dem Gesetzeslehrer steht.

Auch der von Korach, einem Spross einer levitischen Familie, betriebene Aufruhr wird von Gott bestraft, indem sich die Erde auftut und die Rädelsführer verschlingt.

Zugleich gibt es Konflikte der Gleichheit, die das Leitmotiv des egalitären Menschenbildes positiv bestätigen. Nach der Revolte des Volkes in Kapitel 11 gesellt Gott dem überforderten Moses 70 Älteste bei. (*Num.* 11, 16) Auch wenn man sich diese Ältesten als zur israelitischen Elite gehörend denken muss, fällt auf, dass sie nicht wie in den vielen anderen Aufzählungen und Listen des vierten Buches *Mose*, mit Namen oder Titeln genannt, sondern mehr als ein gesellschaftlich neutrales, ja säkulares Beamtengremium eingeführt werden, das

Moses unterstützen soll. Gott nimmt von Moses prophetischer Gabe (heiligem Geist) und überträgt sie auf die Ältesten. Ich kann dies nur als eine weitere Aufteilung von Autorität verstehen. Doch sind es plötzlich nicht nur Eliten-Angehörige, die prophetisch das Wort ergreifen – es sind auch gewöhnliche Leute, die prophetische Begabungen zeigen, wie etwa die beiden Männer Eldad und Medad. (*Num.* 11, 26 ff.) Sie beginnen im Lager zu prophezeien, während Moses mit den 70 Ältesten beim Stiftszelt ist. Das wirft die Frage auf, ob nur hoch angesehene Menschen Propheten sein können, oder jede/r das Potential dazu hat.

> „Zwei Männer aber waren im Lager zurückgeblieben, der eine hieß Eldad und der andere Medad; auch auf ihnen ruhte der Geist, denn sie waren mit aufgezeichnet worden, sie waren nicht zum Zelt hinausgegangen, so weissagten sie denn im Lager." (*Num.* 11, 26)

Moses' Diener Josua ben Nun will das Laien-Prophezeien unterbinden. Moses sagt jedoch:

> „O, wären doch alle vom Volk des Ewigen Propheten, und wollte der Ewige seinen Geist auf sie legen!" (*Num.* 11, 29)

Später unterstreicht der *Talmud*, dass auch die Frauen Prophetinnen gewesen sind. (*BT Megilla* 14a)[22] Das egalitäre Menschenbild stellt aber schon im vierten Buch *Bamidbar/*„In der Wüste" die Frage nach gleichen Frauenrechten. So tritt die Prophetin Miriam für die Rechte ihrer kuschitischen Schwägerin ein. (*Num.* 12, 1 ff.) Darüber unten noch mehr. Die Töchter Zelofchads setzen gegenüber Moses ein erstmaliges Erbrecht der Töchter durch. (*Num.* 27, 1–11; 36) Die Rechtslogik, die aus dem egalitären Menschenbild erfolgt, berührt neben den Frauenrechten auch die Frage nach den Rechten der Anderen. *Bamidbar* betont gleiches Recht für den *esrach*, den „Bürger" und für den *ger*, den dazugekommenen „Fremden", der das Rechtssystem der *Tora* akzeptiert. (*Num.* 15, 13; 29, 30.)

„Für die ganze Gemeinde *(ha-kahal)* sei ein und dasselbe
Gesetz für euch und für den Fremden *(la-ger)*, der bei euch
weilt, ein ewiges Gesetz für alle eure Geschlechter; vor dem
Ewigen sei der Fremde euch gleich. Ein und dieselben Vorschriften und einerlei Recht *(Tora achat u-mischpat echad)*
gelte für euch und den Fremden der bei euch weilt." (*Num.*
15, 15–16)

Prominentes Beispiel eines integrierten „Fremden", der dazu-
gehört, ist Moses' Schwiegervater, der midianitische Priester Jitro, der auch Chobav genannt wird. (*Num.* 10, 29 ff.) Als er dem
vollkommen überraschten Moses eröffnet, in sein Heimatland
zurückkehren zu wollen, bittet ihn Moses inständig, zu bleiben
und ihn weiterhin zu beraten. Im zweiten Buch Mose hatte Jitro seinem Schwiegersohn entscheidend geholfen, das Volk nach
säkularen Gesichtspunkten zu organisieren. (*Ex.* 18, 13 ff.) Es
ist für die Rabbinen nicht klar, ob Jitro zum Judentum überge-
treten war und bei den Israeliten blieb oder ob er doch noch
nach Midian zurückkehrte. Jedenfalls zählen sie ihn zusammen
mit anderen nichtisraelitischen Protagonisten zu einem zusätzlichen 13. Stamm – dem Stamm der „Keniter".[23] Man könnte
diesen Stamm, auf heute übertragen, auch als die „jüdischen
Gojim" bezeichnen – Menschen, bei denen ein religiöser Übertritt aus verschiedenen Gründen keinen Sinn ergibt, nicht möglich ist, die aber trotzdem zum jüdischen Volk mit dazu gehören.
Die Tatsache, dass Jitro, ein midianitischer Priester, von der
Tora verehrt wird, dass Moses Jitros Tochter Zippora, eine Midianiterin (!) geheiratet hatte, stellt die an anderer Stelle in *Bamidbar* geübte Kritik gegen die midianitischen Frauen in ein
ambivalentes Licht. Ich meine, dass sich in der hier einstellen-
den Spannung zugleich auch eine Grenze der Gleichheit auftut.
An den sexuellen Beziehungen zu nichtisraelitischen Frauen,
den Moabiterinnen und Midianiterinnen, zeigt sich die Gleichheit als Problem, wenn die Anderen weder als Proselyten noch
als 13. Stamm dazugehören werden, weil sie nicht dieselben
Werte mit Israel teilen. In Schittim verfielen die Israeliten erneut den *ba'alim* – den Herren-Gottheiten.[24] Dieser kritische

Moment ist mindestens genauso gefährlich wie der Tanz um das Goldene Kalb. Ich lese ihn verknüpft mit einer impliziten Kritik gegen israelitische Männer, die ihr Privileg als freie Männer ausnutzen und die Eherechte der israelitischen Frauen aushöhlen, indem sie auf ausländische Frauen ausweichen. Die *Tora* bezeichnet das als „Unzucht treiben" und erkennt in der Einstellung derjenigen Männer, die ihre sexuellen Beziehungen an keine Heirat knüpfen wollen, ein erneutes Weggleiten vom Monotheismus – beziehungsweise eine Gleichgültigkeit gegenüber dem gesellschaftlichen Zusammenhalt, den die Gesetze der *Tora* verlangen.[25]

Das egalitäre Menschenbild setzt allerdings auch wirtschaftlich den religiös-politischen Zusammenhalt aufs Spiel. Die Stämme Ruben, Gad und der halbe Stamme Menasse weigern sich plötzlich, weiterzuziehen; sie wollen sich in den landwirtschaftlich lukrativen Gebieten östlich des Jordans einrichten.[26] Wer bestimmt, dass man unbedingt bis zum gelobten Land durchhalten muss? Mehr als einmal droht die Solidarität der Bundesgesellschaft in *Bamidbar* auseinanderzubrechen.

Natürlich lässt sich die archaische Stammesgesellschaft der *Tora* nicht mit der heutigen Bundesgesellschaft der Europäischen Union vergleichen. Trotzdem frappiert, dass in beiden Bundeswirklichkeiten ein Prinzip der Gleichheit eine emanzipatorische Rechtsdynamik in Gang setzt, die auf vergleichbaren Feldern neue Entwicklungen mit ihren Konflikten hervorbringt. Das egalitäre Menschenbild postuliert eine Gleichheit aller Bürger und Bürgerinnen jenseits von Clans und Stämmen; es drängt zur rechtlichen Gleichwertigkeit der Frauen; und es öffnet den ausländischen Nicht-Israeliten rechtliche Möglichkeiten, wenn sie dazu gehören wollen, zeigt dabei auch Grenzen auf, wenn dadurch der Zusammenhalt ausgehöhlt wird. Zugleich ruft das egalitäre Menschenbild „Verlierer" auf den Plan, das heißt diejenigen, die kraft ihrer Familienzugehörigkeit oder ihres Status als Erstgeborene oder auch als Ehemänner einen vormals privilegierten Status genossen, nunmehr mit der neuen Situation hadern. Regelmäßig werden in *Bamidbar* die Verantwortungsträger in Frage gestellt. Mit Korach präsentiert die *Tora* einen

ersten „Populisten". Bezeichnenderweise stammt er aus derselben
Familie wie Moses, ist sogar dessen Cousin. (Beider Väter sind
Brüder, Korachs Vater ist allerdings nur der Zweitgeborene neben
Moses' Vater Amram. (*1. Chr.* 6, 3) In der rabbinischen Exegese
will Korach letztlich nur an die Macht. Aber er fordert die Macht
im Namen der Gleichheit. Man ahnt, dass Korach, einmal an der
Macht, schnell alte Hierarchien und elitäre Ausgrenzungsstruk-
turen wiederherstellen wird, um an der Macht zu bleiben. Das
Narrativ über die „Rotte Korach" trägt alle Züge eines populis-
tischen Aufbegehrens. Korach kämpft angeblich um „Gleichheit". Mit den Möglichkeiten, die ihm eine egalitäre Gesellschaft
politisch bietet, schwingt er sich auf, um mithilfe des Volkes – er
soll immerhin 14.000 Anhänger gehabt haben –, vor allem aber
den 250 angesehenen Männern und den Rubenitern Datan,
Abiram und On (Ruben war der Erstgeborene Jakobs) die Macht
zu erlangen – und um im Wege eines *Backlash* zum neuen kultischen Oberhaupt zu werden, das nunmehr über Moses stehen
würde.[27] Der Sinn des Narrativs über den korachitischen Aufstand besteht nach der hier vertretenen politisch-theologischen
Lesart darin, bei den Leserinnen und Lesern ein Bewusstsein für
die Feinde des egalitären Menschenbildes zu schaffen und sie zu
wappnen, wenn die Gleichheit mit den Mitteln der Gleichheit
abgeschafft werden soll.

In Europa, wo die universellen Menschenrechte ebenfalls
auf einem egalitären Menschenbild aufbauen, sind heute Feinde
der Menschenrechte unterwegs, die populistisch versuchen, un-
zufriedene Menschenmengen aufzuwiegeln und sie zu Mehr-
heiten auszubauen, um mit der Demokratie als „Herrschaft des
Volkes" menschenrechtliche Errungenschaften zu untergraben
und überkommene Machtstrukturen wiederherzustellen. Er-
staunlicherweise sind die Konfliktfelder vergleichbar – das
egalitäre Menschenbild, das Hierarchien unter Menschen nur
funktional gelten lässt, der Durchbruch des Wissens um die
grundsätzliche Notwendigkeit gleicher Rechte für Frauen sowie
die grundsätzlich mögliche Integration der Fremden, der Anderen. Die Konfliktkonstellationen, die die europäischen Krisen
hervorbringen, mögen im Kontext unserer Zeit nicht vergleich-

bar sein. Gleichwohl ist auch in Bezug auf die europäische Bundeswirklichkeit festzustellen, dass diese nicht allein von ihrem Anfang her geprägt ist. Auch hier gab es ursprünglich einmal eine feierliche Proklamation, die nicht weniger Pathos barg als der Bundesschluss am Sinai – zum Beispiel die Deklaration der Menschenrechte von 1948. Sie setzt den universellen Maßstab bis heute. Und doch wäre dieser keine Wirklichkeit, wenn nicht Gesellschaften, die die Menschenrechte als lebendiges Rechtssystem konkretisieren, sich auf eine unendliche Krisengeschichte eingelassen hätten, in der eben diese Menschenrechte immer wieder neu zur Diskussion stehen. Erst als Krisenwirklichkeit, in der die Menschen die jeweiligen Krisen verstehen und bewältigen, bewahrheitet sich die Bundeswirklichkeit. Beides – das Pathos des feierlichen Moments zu Beginn und der desillusionierte Rückblick nach vielen bewältigten Krisen –, beides zusammen in untrennbarer Verbindung bildet das Narrativ der Bundeswirklichkeit. Die Krisen sind der Beweis für die Existenz des Bundes. Sie gehören notwendig dazu.

Wie ich in meiner ersten These dargelegt habe, erkennt das Buch *Bamidbar* in dem von Gott mit Israel geschlossenen Bund das Problem der Gleichheit *in ihrer politischen Konfliktdimension*. Das vierte Buch *Mose* erscheint mir gerade heute in den Krisen der Demokratie besonders interessant. Es durchdringt verschiedene Konflikte der Gleichheit, die sich erneut in unserer politischen Gegenwart stellen – Probleme moderner Demokratien mit einem egalitären Menschenbild, das alle Bürger und Bürgerinnen gleichermaßen auf die demokratische Qualität ihrer Gesellschaft verpflichtet, das aber auf eigene Weise auch die Gefahr von Populismus, Verachtung des Rechtsstaates, Chauvinismus gegen Frauen und andere vormals Diskriminierte mit sich bringt. Wie verteidigt man die Menschenwürde aufgrund ihrer Gottesebenbildlichkeit, wenn ihre Feinde ebenfalls die Gottesebenbildlichkeit für sich reklamieren, aber letztlich nur ein Vorrecht der Stärkeren durchsetzen wollen? Indem das vierte Buch *Mose* diese Gefahren als Folgen der Bundeswirklichkeit thematisiert, ist es zugleich auch das politischste Buch der *Tora*. Es hat uns möglicherweise in den Krisen der Gegenwart mehr zu sagen als das zweite Buch, das noch im Zeichen eines idealistischen Aufbruchs und ungeprüfter Begeisterung steht.

2) Stille Kritik gegen Gott

Das führt mich zur zweiten These. Sie erst hebt die Krisenwirklichkeit des Bundes in die Notwendigkeit einer politischen Theologie. Das Buch *Bamidbar* spielt die Krisen der Gleichheit durch. Sie alle provozieren den ursprünglichen Geist des ersten Bundes, den Gott am Sinai mit Israel geschlossen hatte. Auf jede Krise in *Bamidbar* reagiert Gott mit „Zorn". Er sieht mit an, wie im vierten Buch *Mose* in jeder Krisengeschichte sein Werk – der Auszug aus der Sklaverei und die Führung Israels zu dem versprochenen Land – zu scheitern droht. Und doch ist der göttliche Zorn im vierten Buch *Bamidbar*/„In der Wüste" *nicht* der Maßstab, an dem sich der Ausgang der jeweiligen Krisengeschichte orientiert. Gott wird zwar zornig und bringt Bestrafungen über die Verantwortlichen für die jeweilige Krise – wenn Miriam ihren Bruder Moses kritisiert, lässt Gott ihre Haut mit weißem Aussatz befallen, wenn Korach einen kultischen Showdown gegen Moses und Aaron führt, öffnet Gott die Erde, damit sie Korach und seinen Anhang verschlingt, und wenn Israel mit den Moabiterinnen und Midianiterinnen Unzucht treibt, schlägt Gott mit einer furchtbaren Seuche zu. Das zeigt an, was Gott in diesem Moment für falsch und richtig hält. Aber der Ausgang des jeweiligen Konflikts geht dennoch in eine andere Richtung.

Mit Ausgang meine ich auch die jüdische Tradition, das heißt nicht nur die Textstelle selbst, sondern wie die rabbinischen Gelehrten damit umgingen, etwa bei der Gestaltung des jüdischen Gottesdienstes – oder bei den inhaltlichen Lehren des Judentums. Letztlich hat nicht Gott das letzte Wort, sondern die jüdische Tradition.

Sie mag im vierten Buches *Mose* vielleicht nicht lauthals daherkommen, sondern sich mehr im Ausgang der jeweiligen Krise erweisen. Doch liegt in dieser stillen Stimme – und das gehört zu meiner zweiten These – *eine kritische Einstellung des Volkes Israel zu Gott*. Es ist keine Anti-Einstellung! Im Gegenteil, es ist eine konstruktive Einstellung, die Gott korrigiert, seinen Zorn wandelt und gerade deshalb seinen Vorgaben nicht immer folgt. Hierin liegt der Kern der *politischen* Qualität der jüdischen Beziehung zu Gott.

Das vielleicht markanteste Beispiel für diese Einstellung ist der Umgang mit dem heidnischen Propheten Bileam. (*Num.* 22–24) Er wird in *Bamidbar* vom moabitischen König Balak beauftragt, Israel zu verfluchen. Bileam segnet stattdessen Israel. Die *Tora* enthält vier längere Passagen der Segnungen über Israel und Prophezeiungen für seine Zukunft – es sind wunderschöne, psalmenähnliche Aussagen.[28] Gleichwohl kreidet Gott Bileam an, er würde die Moabiterinnen (und Midianiterinnen) dazu bringen, die Männer Israels zu verführen.[29] Deshalb wird er getötet. Scheinbar zu Recht. Aber es ist die Frage, ob der Text der *Tora* verlangt, dass man alles, was im Namen Gottes geschieht, gut finden soll. Gott selbst tritt in dem Narrativ widersprüchlich, ja sogar willkürlich auf. In einem ersten Traum erscheint er Bileam und verbietet ihm, mitzuziehen, um Israel zu verfluchen (*Num.* 22, 12), in einem zweiten Traum verlangt er das Gegenteil von ihm (*Num.* 22, 20). Eine moralisch nachvollziehbare Vorgabe ist hier nicht zu erkennen – eher das Beharren auf ein göttliches Primat der Willkür, je nach *gusto* zu entscheiden. Das hat dazu geführt, dass in den jüdischen Kommentaren zum Buch *Bamidbar* nicht nur das Verhalten Israels, sondern zur allgemeinen Verwunderung auch das Verhalten Gottes „alles andere als schmeichelhaft" dargestellt worden ist.[30] In dem unter liberalen Juden beliebten *Tora*-Kommentar von Gunter Plaut schreibt William W. Hallo, wie „eigenartig unerbaulich" die Darstellung ausfällt. Was jedoch überhaupt nicht erkannt wird, ist die besondere und neue Konstellation zwischen Gott und dem Volk Israel, die sich *politisch* im vierten Buch *Mose* auftut. Gerade ihr Krisenverhältnis ist der „erbauliche" Anteil – aus dem jedoch nicht eine „Verkündigung aus einem Guss", in der Gut und Böse klar unterschieden sind, hervorgeht, sondern ein mühsam zu erringender und am Ende errungener, gemeinsamer Weg. Das vierte Buch *Mose* erlaubt einen kritischen Blick auf Gott als Bundespartner und ebnet ein neues Verhältnis für beide Seiten.

Es ist weniger ein Verhältnis unbedingten Glaubens als ein politisches Verhältnis, in dem Israel eigene Positionen geltend macht – und sie gegenüber Gott durchsetzt. Tatsächlich hat die jüdische Tradition Bileam *nicht* aus der Erinnerung gelöscht. Ganz im Gegenteil. Jeder jüdische Morgengottesdienst beginnt mit den Worten aus Bileams Segnung:

> *Ma towu* – „Wie schön sind deine Zelte, Jakob, sind deine Stätten, Israel! (*Num.* 24, 5)

Ehre, wem Ehre gebührt. Die jüdische Tradition ehrt jeden Tag Bileam, dem Zorn Gottes zum Trotz.

Ein weiteres Beispiel ist die Einstellung des Judentums zu den Moabiterinnen und Midianiterinnen. Ausgerechnet eine Moabiterin, nämlich Ruth, wird zur Vorfahrin von König David und damit zur Begründerin der messianischen Genealogie. Auch wenn Moabiterinnen, sofern sie sich nicht der Religion Israels anschließen, von der *Tora* her kritisch zu sehen sind, wurde zumindest eine Moabiterin, eben jene Ruth, zur Ahnin des messianischen Reiches.[31] Das geschieht zwar erst im Buch *Ruth*, das aber umso intensiver eine kritische Spannung zu den Moabiterinnen im vierten Buch *Bamidbar* herstellt, welche die israelitischen Männer zur Unzucht verführt haben sollen. Das Buch *Ruth* wird jedes Jahr an *Schawuot*, dem Wochenfest, gelesen, das die Gabe der *Tora* am Sinai feiert. So kommt der Moabiterin Ruth ein überaus prominenter Platz in der jüdischen Tradition zu. Die Rabbinen wussten genau, was sie taten. Es ist kein Zufall, dass im *Talmud* das Thema Demokratie im rabbinischen Lehrhaus mit der Frage einhergeht, ob an dieser Demokratie auch Angehörige anderer Völker teilhaben können. Eine Schlüsselgeschichte hierzu erklärt explizit, dass trotz des göttlichen *Tora*-Verbotes eines Umgangs mit Moabitern und Ammonitern (*Deu.* 23, 4–7) einem ammonitischen Proselyten das Studium im rabbinischen Lehrhaus erlaubt wird. Rabbi Jehoschua erwidert in dieser Geschichte allen denjenigen, die mit der *Tora* gegen die Erlaubnis argumentieren, dass die Ammoniter genau wie die Juden in ihrer Exilgeschichte vermischt worden wären und es weder ein reines Israel noch ein reines Volk der Ammoniter mehr gebe. (*BT Brachot* 28a)[32]

Hier sind wir an der heißesten Stelle einer politischen Theologie des Judentums, wie ich sie aus *Bamidbar* ableite. Es geht um eine Beziehung Israels zu Gott als einer emanzipierten Beziehung – das heißt einer Beziehung, die auch *Widerstand gegenüber Gott* ausübt, dabei aber *keinen Abbruch* anstrebt, sich vielmehr *mit Gott*, das heißt als Zweier-Beziehung, weiterentwickelt. Das ist der zweite Bundesschluss, der sich als Prozess verwirklicht.

Ein weiteres Beispiel eines anderen Ausgangs ist das Ende des Aufruhrs von Korach und seinen Anhängern. Auch hier erzürnt Gott, unterstützt Moses und Aaron, indem er die Aufwiegler in den aufreißenden Abgrund der Erde stürzen lässt. Es fällt bereits im Text auf, dass Gott selbst das Andenken Korachs nicht ganz untergehen lassen will, fast als reue ihn seine Härte. Deshalb sollen die Kupferpfannen, mit denen Korach Gott opferte, in den Altarüberzug eingeschmolzen werden und zu seinem ewigen Andenken dienen. (*Num.* 17, 1–5)[33] Aber nicht nur deshalb ist die Erinnerung an Korach – wie Bileam im Morgengottesdienst und Ruth in der allgemeinen davidisch-messianischen Theologie – in die tägliche Kultpraxis Israels aufgenommen. Auch die Israeliten hielten der Familie von Korach die Treue. (*Num.* 26, 11) Korachs Nachfahren wurden zu großen Psalmisten. Das Buch der *Psalmen/Tehillim* enthält zehn geradezu psychotherapeutische Korach-Psalmen, die – etwa Psalm 88 – von existentiellen Menschen-Krisen und der Erfahrung des Abgrundes zeugen.[34]

Korach und seine Nachfahren wurden nicht ausgeschlossen, sondern in den biblischen Kanon aufgenommen! Und auch im Falle von Miriam hält sich das Volk in *Bamidbar* nicht an Miriams Degradierung durch Gott. Sie muss zunächst als Aussätzige das Lager verlassen. Verschämt lässt Gott auch hier Selbstkritik durchblicken: Er habe ihr wie ein „Vater ins Gesicht gespuckt" und sie beschämt. (*Num.* 12, 14) Das Volk lässt sich das jedoch nicht bieten. Im vorletzten Satz des Narrativs heißt es: „Das Volk zog nicht eher weiter, als bis Miriam wieder aufgenommen war." (*Num.* 12, 15)[35]

Meine These, um sie zu wiederholen, ist, dass die Bundeswirklichkeit zwischen Gott und Israel in *Bamidbar* gerade auch
in den Momenten des Widerstands lebt. Michael Walzer hat
in seinem späteren Werk *Politics in the Shadow of God* – anders
noch als in seinem bahnbrechenden Buch *Exodus und Revolution* – eine letztlich „antipolitische" Einstellung der *Hebräischen
Bibel* behauptet. Große Maximen wie Freiheit und Gleichheit
hätten zwar eine politische Wirkmacht, seien aber nicht an sich
politisch. Sie wären erst dann politisch, wenn Menschen, die
mit der Macht beauftragt sind, in einem eigenen politischen
Bereich, um die richtige Politik, wie regiert werden soll, streiten
und entscheiden.[36] So gesehen enttäuscht die *Hebräische Bibel*
als ein Traktat der politischen Philosophie. Aber Walzer möchte ich entgegnen, dass das Politische der *Tora* weniger den politischen Alltagsstreit unter Menschen betrifft als vielmehr die
politische Beziehung zwischen Israel und Gott. Es geht um das
Politische in der Mensch-Gott-Beziehung. Vor allem das vierte Buch *Mose*, *Bamidbar*/„In der Wüste" zeigt an, dass die Beziehung zwischen Israel und Gott gerade auch im Streit besteht,
dass sich das Volk Israel als eine politisch-religiöse Nation ihren
eigenen Bereich der Gestaltung *gegenüber* und *mit* Gott erringt.
Der Bund wird neu austariert. Im stillen Ringen mit Gott wird
die neue politische Bundeswirklichkeit erkennbar, in der sich
Israel emanzipiert. Das Politische, auf das das vierte Buch *Mose*
fokussiert, liegt danach in der Konfliktbeziehung der Menschen
mit Gott. Es ist eine *politische* Beziehung mit Gott, die zugleich
in ihren Konsequenzen eine politische, eine real emanzipierende Wirkmacht unter den Menschen entfaltet. Darin sehe ich
die eigenständige Leistung des vierten Buches *Mose* gegenüber
dem zweiten und dem dritten Buch.

Was nun den im vierten Buch *Mose* dargestellten Widerstand betrifft, ist es ein Widerstand, der zunächst aus den Konflikten der Gleichheit entsteht, die aber das Volk Israel mit
seinem stillen Widerstand gegen Gott auflöst. Das heißt: Es
gibt eine Krise zwischen Menschen aufgrund der von Gott
vorgegebenen Maximen. Ob Miriam, ob Korach – unter der
Maxime der Gleichheit beanspruchen sie gleiche Geltungs-

macht wie Moses. Gott zürnt, verurteilt die Konflikttreiber und bestraft sie. Aber das Volk belässt es nicht bei der Strafe. Es sieht das Problem und hält doch auch zu den Konflikttreibern. Es findet Wege, die Verurteilten wieder einzubeziehen und zu reintegrieren. Dies vollzieht sich unmerklich als stille Stimme in den Konfliktszenarien. So manifestiert sich die allmähliche Politisierung der Beziehung vonseiten der Menschen zu Gott. Sie nehmen seine Vorgaben und Strafen nicht einfach hin. Sie ändern den Verlauf und emanzipieren sich. Nur indem sich die Menschen emanzipieren, können sie mit Gott die Bundeswirklichkeit aktualisieren – kann Gott weiterhin eine Geltung in der Beziehung haben und Wirkmacht entfalten.

Frauenrechte

Es würde den Rahmen dieses Aufsatzes sprengen, die vielen Geschichten und Themen des Buches *Bamidbar* mit allen Einzeldetails im Lichte meiner zwei Thesen aufzuschlüsseln. Gleichwohl will ich auf zwei Bevölkerungsgruppen noch einmal eingehen, an denen sich die Stoßrichtung der egalisierenden Reformen erkennen lässt – Leviten und Frauen.[37] Das Buch beginnt und endet mit diesen beiden Gruppen; in beiden verkörpert sich der fundamentale Strukturwandel.

Am besten erkennt man die Stoßrichtung des vierten Buches *Mose/Bamidbar* von seinem Ende her. Es schließt bezeichnenderweise mit der rechtlichen Stellung der Töchter Zelophechad – Machlah, Noah, Choglah, Milkah und Thirzah aus dem Stamm Menasse. Für mich heißt die Tatsache, dass *Bamidbar* mit dem Anliegen der Frauen endet, dass das Buch an seinem Ziel angelangt ist. Die fünf Töchter waren bereits einige Kapitel zuvor prominent aufgetreten, indem sie verlangten, das Land ihres Vaters zu erben, da er keine Söhne hat.

> „Warum soll der Name unseres Vaters aus seiner Familie schwinden, weil er keinen Sohn hat? Gib uns einen Besitzanteil unter den Brüdern unseres Vaters!" (*Num.* 27, 4)

Der Fall wird von Moses mit Gott beraten. Gott entscheidet:

> „Die Töchter Zelophechads haben recht; du sollst ihnen
> Erbbesitz unter den Brüdern ihres Vaters geben und das
> Erbe ihres Vaters auf sie übergehen lassen. Und zu den
> Kindern Israel sollst du sprechen: Wenn jemand stirbt und
> keinen Sohn hat, so sollt ihr sein Erbe auf seine Tochter
> übergehen lassen." (*Num.* 27, 7–8)

Das vierte Buch *Mose* endet mit der erneut erfolgreich vorge-
brachten Forderung. Das Recht wird reformiert, Töchter dürfen
fortan Land erben, sofern es keine Söhne gibt. Allerdings
kommt es hier, am Ende von *Bamidbar* zu einer Modifikation
durch den Einwand der Stammesführer. (*Num.* 36:1–8) Das
Land soll weiterhin an die Stämme gebunden bleiben. Erbberechtigte Töchter dürfen darum nur innerhalb ihres Stammes
heiraten, denn sonst würde in der patrilinearen Erbfolge das
Landeigentum in der nächsten Generation das Landeigentum
an einen anderen Stamm übergehen. Hier trifft sich reale Frau-
enemanzipation mit der real existierenden Stammesgesellschaft.
Beide werden aufeinander abgestimmt. Das erscheint mir die
Stoßrichtung des vierten Buches *Mose* auszumachen – Emanzipation, Reformen, Neuaushandlungen der Bundeswirklichkeit
im Rahmen einer sich allmählich wandelnden gesellschaftlichen Realität.

Wie weit das neue Erbrecht der Frauen auf die soziale Realität der Frauen ausstrahlte, zeigt die dazugehörige rabbinische
Debatte im *Talmud*. Dort wird festgestellt, dass erbberechtigte
Töchter rechtlich *wie Söhne* zu behandeln seien, dementsprechend auch den doppelten Anteil des Erstgeborenen erhalten.[38]

Ein anderes Beispiel, bei dem Frauen (fast) den gleichen
Rechtsstatus wie Männer erhalten, ist ihr Recht, ein Gelübde
abzulegen. (*Num.* 30) Frauen können Gelübde ablegen – und
Gott nimmt dieses Gelübde genauso wie das der Männer an.
Aber auch hier vereinbart die *Tora* das Recht mit der gesell-
schaftlichen Realität. Der Vater – oder der Ehemann darf das
Gelübde der Frau aufheben. Allerdings hat er hierfür nur einen

Tag lang Zeit. Ansonsten gilt das Gelübde der Frau. Zur Möglichkeit, eigene Gelübde ablegen zu können, gehört auch das Nasiräer-Gelübde. Nasiräer sind Laien-Priester – das Nasirat war eine Einrichtung für alle, die nicht dem Stamm Levi angehören, trotzdem aber eine Zeitlang durch Enthaltsamkeit „priesterlich" leben wollten. Explizit bietet die *Tora* auch den Frauen diese Möglichkeit an.

> „Und der Ewige sprach zu Mose: Sprich zu den Kindern Israels und sage ihnen: Wenn ein Mann *oder eine Frau* ein Nasiräergelübde tut, dem Ewigen zu Ehren enthaltsam zu sein." (*Num.* 6, 1–2)

Ich meine, dass es sich hierbei um eine Reform handelt, in der „oder eine Frau" nachträglich in die Bestimmung eingefügt wurde.[39] Das ist daran zu erkennen, dass sich die weitere Passage mit all ihren Bestimmungen inhaltlich an einen männlichen Adressaten richtet, wobei durch die einleitende Komposition nunmehr auch Frauen als potentielle Nasiräerinnen mitzudenken sind.

Auch bei Miriams Konflikt mit Moses geht es um Frauenrechte, obwohl dies erst in der rabbinischen Exegese deutlich wird. Die Geschichte beginnt mit den Worten:

> „Miriam und Aaron redeten über Mose wegen der kuschitischen Frau, die er genommen hatte; denn er hatte eine kuschitische Frau genommen." (*Num.* 12, 1)

Wir denken bei den Worten „wegen der kuschitischen Frau" an Rassismus. Aber in der Antike war „schwarzhäutig" gleichbedeutend mit „schön".[40] Die Rabbinen lasen Miriams Verhalten gerade *nicht* rassistisch *gegen* die Kuschiterin gerichtet, sondern als Ausdruck einer besonderen Frauensolidarität Miriams mit ihrer schönen Schwägerin. Für die Rabbinen handelte es sich bei der Kuschiterin um Zippora, der midianitischen Ehefrau von Moses, was der Geschichte noch eine weitere markante Note verlieh. Der Meinung der Rabbinen zufolge habe

Miriam ihren Bruder kritisiert, weil er die sexuellen Rechte seiner Ehefrau missachte. Im *Midrasch Sifre* zum vierten Buch *Mose* heißt es hierzu:

> „Und Miriam und Aaron redeten über Mose [wegen der kuschitischen Frau].“ – Woher [konnte] Miriam wissen, dass Mose sich vom ‚Fruchtbarsein und sich Mehren‘ [Geschlechtsverkehr] enthielt? Allein sie sah, dass Zippora keinerlei Frauenschmuck anlegte. Sie sagte zu ihr: Was hast du, dass du keinerlei Frauenschmuck anlegst? Sie [Zippora] antwortete ihr: Deinem Bruder [Moses] liegt nichts an der Sache. Dadurch wusste Miriam [es] und sprach mit ihrem Bruder [darüber] und die beiden redeten über ihn. [...] Als Zippora [von der Erwählung der 70 Ältesten, die Moses begleiteten] gehört hatte, sagte sie: Wehe den Frauen dieser [Männer]! Dadurch wusste Miriam [es] und sprach mit ihrem Bruder [darüber] und die beiden redeten über ihn. [...] ‚Wegen der kuschitischen Frau‘ – Die Schrift zeigt [damit] an, dass jeder, der sie sah, ihre Schönheit pries. [...]“ (*Sifre* zu *Num.* 12, 1)[41]

Miriams Kritik an Moses lässt sich verschieden interpretieren.[42] Einmal könnte sie sich auch gegen die sexuellen Eskapaden der israelitischen Männer mit den moabitischen und midianitischen Frauen richten. In diesem Kontext würde sich Miriam der Vorstellung widersetzen, wonach der weibliche Körper, hier der midianitischen Ehefrau von Moses, vor allem zur Sünde verleite und deshalb Keuschheit das anzustrebende Ideal sei. Moses hatte im zweiten Buch *Exodus* vor der Offenbarung am Berg Sinai die israelitischen Männer aufgefordert, sich drei Tage lang ihrer Frauen zu enthalten. Ein von Gott ausgesprochenes Gebot zu solcher Enthaltsamkeit wird man jedoch vergeblich suchen.[43] Es war allein Moses, der sexuelle Enthaltsamkeit vor der Offenbarung verlangte. Offensichtlich regte sich hiergegen nicht nur Miriams, sondern auch rabbinischer Widerstand. Die Rabbinen verstehen Miriams Protest gegen Moses als eine Kritik gegen dessen Sexualmoral. Sicherlich ist von der rabbinischen Interpretation der Geschichte auch eine Verbindung zu den talmudischen Bestimmungen zu ziehen, wonach die Ehefrau ein Recht auf die Befriedigung ihrer sexuellen Bedürfnisse hat, was als Ehepflicht dem Mann obliegt.[44]

Die Tendenz der Emanzipation eines Weiblichen durchzieht letztlich das gesamte vierte Buch *Mose*, wenngleich in sehr unterschiedlichen Szenarien. Die emanzipatorische Stoßrichtung reflektiert dabei auch durchgängig das hintergründige Bild von Israel als die Ehefrau Gottes. Schon bei Hosea hatten wir gesehen, dass das Verhältnis eine durchaus geschlechtliche Note birgt. Dies lässt sich insbesondere auch metaphysisch in den Bestimmungen über die mutmaßliche Ehebrecherin erkennen. (*Num.* 5, 11–31) Der Abschnitt verbietet, dass der Ehemann das Recht in die eigene Hand nimmt. Er darf seine Frau nur zum Tempel bringen, wo ein Ritual vollzogen wird. Es wird in diesem Ritual keine Strafe vollführt. Vielmehr liegt es im Anschluss allein bei Gott, ob nach dem Ritual die Frau Symptome der Schuld (Anschwellen ihrer Hüfte) zeigt – oder nicht. Im *Talmud* hat Rabban Jochanan ben Sakai das Ritual für abgeschafft erklärt. Das mit Tinte und Erde gemischte „bittere Wasser", das die Frau während des Rituals trinken muss, habe keine Wirkung. Jochanan ben Sakai zufolge lag dies an der mannigfaltigen Untreue der israelitischen Männer. Nur wenn die Männer selber rein von Sünde wären, würde das Ritual wirken können. Bezogen auf die Gott-Israel-Metaphorik könnte sich darin auch eine Kritik gegen Gott verbergen. War nicht auch Gott seiner Geliebten Israel untreu geworden? Jedenfalls ist in *Bamidbar* festzustellen, dass zumindest metaphorisch gesehen das Volk Israel die Beziehung zu Gott unmerklich neu verhandelt.[45]

Darum geht es in der politischen Beziehung zwischen Israel und Gott. Es ist eine Bundeswirklichkeit, in der die Bedingungen aufgrund der Krisen in der Realität immer wieder neu ausgehandelt werden. Das Grundmuster bildet die Spannung *mit* Gott, bisweilen sogar gegen Gott, die aber *nicht zu einem Bruch* führt, sondern auch ihm hilft, in der Beziehung zu bleiben. Dieses Grundmuster bestimmt das Buch *Bamidbar*, das vierte Buch *Mose*. Es ist ein Buch, das von der politischen Dynamik der Mensch-Gott-Beziehung handelt, und das die Emanzipation der Menschen, aber auch Gottes will.

Levitische Rechtsräume

Die andere Gruppe, in der sich die Stoßrichtung des Buches *Bamidbar* manifestiert, sind die Leviten. Ihnen werden in einem der letzten Kapitel, kurz vor Ende des Buches sechs eigene Städte, sogenannte Leviten-Städte, zugeteilt. Das Thema taucht nicht erst hier auf. Im zweiten Buch *Mose*, *Exodus* (Kap. 35) wird bereits die Einrichtung eines solchen Rechtsraumes angekündigt, ohne jedoch ihre Betreiber zu erwähnen. Im fünften Buch *Mose*, *Deuteronomium*, wird ebenfalls darauf Bezug genommen, hier ist es Moses, der die Städte auswählen soll. Explizit wird auf die Gesetze beim Auszug aus Ägypten verwiesen, also auf den Kodex des ersten Bundes am Sinai. (*Deu.* 4, 41–43; auch 19, 1–13) Doch erst mit der Beauftragung von Zuständigen, den Leviten, die die Einrichtung betreiben werden, kann aus einem Appell eine konkrete Wirklichkeit werden.

Die Leviten-Städte sind Städte, die den Primat des Rechts gewährleisten sollen. Diese Institution hat in der Literatur des Alten Orients keine Parallele, was den ganz eigenen politischen Standpunkt des Buches *Bamidbar* unterstreicht.[46] Mit der Einrichtung von Leviten-Städten will die *Tora* Totschlägern, die nicht vorsätzlich den Tod eines Menschen herbeigeführt haben, ermöglichen, der Blutrache zu entgehen. Sie können in eine solche Stadt flüchten. In der Geschichte des Rechts muss es großer Anstrengungen bedurft haben, ein neutrales Recht gegen die Vorrechte der Familien durchzusetzen. Blutrache ist das vermeintliche Recht der Familie. Sie geschieht nicht durch den Urteilsspruch eines neutralen Gerichts, sondern durch das „Vorrecht" der nächsten Angehörigen – den Familienkodex. Dieser wird im Buch *Bamidbar* systematisch, auch durch die Berufung der Leviten, zurückgedrängt, wie wir schon bei der kultischen Entmachtung der Erstgeborenen gesehen haben.

Die eigentliche Entscheidung, ob ein Täter als Mörder zu behandeln ist oder in eine Leviten-Stadt flüchten soll, wird bezeichnenderweise im Zuge der Reform „der Gemeinde" auferlegt (und nicht der Familie und auch nicht den Priestern).

> „So soll die Gemeinde *(ha-eda)* zwischen dem Totschläger und dem Bluträcher nach diesen Rechtsvorschriften entscheiden. Und die Gemeinde soll den Totschläger vor dem Bluträcher retten, und die Gemeinde soll ihn wieder in die Zufluchtsstadt zurückbringen lassen, in die er geflohen war; dort soll er bleiben." (*Num.* 35, 24–25)

Dass es solcher Asylstädte bedurfte, zeigt, wie virulent das vermeintliche Recht auf Blutrache außerhalb dieser gewirkt haben muss.[47] Die Verschiebung von der Familie zur Gemeinde – wenn man so will: die Verallgemeinerung und Neutralisierung des Rechts – ist dabei im vierten Buch *Mose* verknüpft mit der Schaffung einer neuen Klasse: der Leviten. Hier bilden sie das Instrument zur Schaffung eines neuen Rechtsraums, eben der Leviten-Städte. Sie erscheinen als Städte des Rechts, die zunächst als Zufluchtsorte fungieren, aber langfristig auf die ganze Gesellschaft ausstrahlen und zur Überwindung des bluträcherischen Familienkodex führen sollen.

Die Hervorhebung der Leviten in *Bamidbar* birgt jedoch noch weitere Konsequenzen. Indem den Erstgeborenen der kultische Status genommen wird, wird der Kult selbst rationalisiert und professionalisiert, dem Alltag entzogen – und dabei zugleich *ein vom Kult befreiter säkularer Bereich* geschaffen.[48] Das besagt das Ritual der „Auslösung der Erstgeborenen"/*pidjon ha-ben*. Sie sind im Prinzip „befreit", denn durch die Professionalisierung des Kults entsteht ein *säkularer Bereich*, in dem die Menschen eigene Verantwortung für ihre Welt tragen. Auf diese Weise wird beispielsweise eine weltliche Vorstellung von Eigentum möglich, vor allem Eigentum am Land und seiner Bewirtschaftung. Ausdrücklich erhält der Stamm der Leviten, den Gott „für sich genommen" hat, kein Land bei der Aufteilung Kanaans, verbleibt ganz im kultischen Bereich – im Unterschied zu den anderen Stämmen. So wird, indem die Rolle der Leviten festgelegt wird, implizit zugleich ein säkular-wirtschaftlicher Bereich eröffnet, in dem für alle anderen die Bewirtschaftung des Landes nach säkular-ökonomischen Gesichtspunkten denkbar und möglich wird.

Aber war die Heraushebung des Stammes Levis eine Erhöhung? Oder bedeutet sie nicht vielmehr eine Einschränkung? Wird hier nicht eher ein unruhiges, aggressives, aufrührerisches, religiös-politisch gefährliches Potential, das zu Gewalt und Willkür führen könnte, durch die Heraushebung unter Kontrolle gebracht? War es überhaupt eine Auszeichnung, die Hilfsarbeiten im Tempeldienst zu verrichten? Oder war es nicht auch eine Art der Strafe?

In der *Tora* geht dem Stamm Levi eine ambivalente Geschichte voraus – und diese Ambivalenz ist möglicherweise der Schlüssel zu seiner neuen kultischen Funktion. Im ersten Buch *Mose* ist Levi einer der zwölf Söhne Jakobs. Wegen seines gewalttätigen Charakters verflucht ihn Jakob auf seinem Sterbebett.[49] Ausgerechnet seine Nachfahren erhalten drei Bücher später als Stamm Levi eine Heraushebung, indem sie für die kultischen Aufgaben zuständig werden.

„Und der Ewige sprach zu Mose: Doch den Stamm Levi sollst du unter den Kindern Israels nicht mustern und ihre Zahl unter ihnen nicht aufnehmen. Du sollst die Leviten über die Wohnung des Gesetzes, über alle ihre Geräte und über alles setzen, was zu ihr gehört; sie sollen die Wohnung und alle ihre Geräte tragen, sie sollen die Diener für sie sein und rings um die Wohnung lagern." (*Num.* 1, 48–50)

Steht somit der Stamm Levi mit diesem Auftrag über den anderen Stämmen? Oder wird er mit seinen neuen Aufgaben – wie die Psalmen-Dichtungen der Nachfahren von Korach – nur unter die Kontrolle des Tempels gebracht?

Das Kapitel 18 wirft diesbezüglich verschiedene Erwägungen auf. Gehen wir noch einmal an den Anfang des Buches *Bamidbar*, wo die wehrfähigen Männer gemustert werden. Sie

stehen mit ihren Stämmen um das Heiligtum – drei Stämme
zu jeder Himmelsrichtung. Unabhängig von ihrer tatsächlichen
militärischen oder politischen Stärke stellt das Buch *Bamidbar*
klar, dass die Stämme gemäß dem impliziten Gleichheitsprinzip als grundsätzlich gleichwertig gesehen werden. So wird z.B.
betont, dass ihre Spenden für das Heiligtum je Stamm jeweils
exakt denselben Wert haben. (*Num. 7, 12 ff.*)

Auch bei der Musterung der wehrfähigen Männer für die
Marschordnung meint man in den ausführlichen Listen von
Namen ein Gleichheitsprinzip zu erkennen. Die Männer ord-
nen sich je nach Stammeszugehörigkeit, die hier mehr wie eine
Schablone erscheint, um das Heiligtum und bilden auf diese
Weise einen äußeren Kreis. Dieser umschließt wiederum einen
inneren Kreis, gebildet von den Leviten. Durch ihren jeweiligen Standort sind die Leviten dem unmittelbar im äußeren
Kreis neben ihnen stehenden Stamm zugeteilt. Aber für wen
arbeiten sie? Im 18. Kapitel des Buches *Bamidbar* wird erneut
auf die Hervorhebung der Leviten eingegangen, hier jedoch
mit der Frage, was ihre Berufung für die Priesterelite, die Söhne Aarons, bedeutet. Gleich zu Anfang dieses Kapitels spricht
Gott zu Aaron über eine „Verschuldung eures Priestertums"
(avon kehunatechem), ohne weiter auszuführen, was es damit
auf sich hat. (*Num.* 18,1) Zugleich kündigt Gott an, dass fortan der Stamm Levi beim Heiligtum mitarbeitet. Das Innerste
des Heiligtums dürfen nach wie vor ausschließlich die Priester
(kohanim) betreten und am Altar mit den heiligen Gerätschaften umgehen. Auf den ersten Blick erhalten die Leviten nur
die Aufgaben von Dienern und Wächtern. Sie sollen dafür
sorgen, dass sich keine „Unberufenen" aus dem gemeinen Volk
dem Heiligtum nähern und die heiligen Gerätschaften berühren. Auch sollen sie den geordneten Transport des Heiligtums
während der Wüstenwanderung gewährleisten. Formal gesehen stehen die Leviten unter den *kohanim*, den Priestern. Letz-
tere erhalten auch immer noch den Löwenanteil der Opfer-
abgaben und Hebopfer. Trotzdem bekommen jetzt auch die
Leviten einen Teil, vor allem bei den zu entrichtenden „Zehnten". (*Num.* 18, 26)

Nach den Gesetzen der Tora werden die Leviten nicht wie die Priester „geweiht" – sie werden nur „gereinigt". (*Num.* 8,6) Das verbindet sie wiederum mit dem Volk, das sich ebenfalls vor Eintreten in den Tempel rituell reinigen muss. Sind die Leviten so etwas wie ein „mittleres Management" zwischen Priestern und der allgemeinen Bevölkerung? Sollen sie vor allem Distanz der Bevölkerung zu den Priestern herstellen, wie die Rabbinen meinten? Oder nehmen sie eine vermittelnde Position ein und stehen mehr auf der Seite des Volkes?

Ich gebe zu, dass ich eine streitbare Lesart vertrete. Aber der Sinn der Leviten könnte auch eine *priesterliche Vertretung des Volkes gegenüber den kohanim* sein. Indem jeder Stamm „seine" Leviten hat, hat er auch seine Ansprechpartner gegenüber den *kohanim*, der Elite. Leviten lebten überall in Israel. Die Einrichtung von mindestens sechs Asyl-Städten zeigt an, dass die *Tora* den Ort der Leviten gerade nicht allein auf ein einziges Heiligtum und später den Tempel in Jerusalem beschränken will. Leviten – so könnte man die Institution der Asyl-Städte weiterdenken – wirkten maßgeblich an der Entwicklung eines Stadtwesens mit. Die Existenz der Leviten-Städte musste sich nicht nur an einem zentralistischen Tempelkult in Jerusalem orientieren, sondern konnte, wenn es so war, überall im Land einem säkularen Recht religiös legitimierte Geltung in einem kultisch verstandenen Kontext geben. Vielleicht steckt das auch hinter dem göttlichen Ausspruch an Jeremia:

> „denn ich will dich heute *zur festen Stadt*, zur eisernen Säule, zur ehernen Mauer machen im ganzen Lande, wider die Könige Judas, wider ihre Fürsten, wider ihre Priester, wider das Volk im Lande." (*Jer.* 1, 18)

Das lässt sich durchaus als eine levitische Stadt denken – als eine Stadt des Rechts, das von religiöser Qualität ist, aber sich politisch in einem Gemeinwesen, in einer Bundeswirklichkeit mit Gott, und nicht theokratisch in einem hierarchisch organisierten Tempelstaat unter Gottes Befehl versteht.

Der Mensch, den Gott zum Garanten der Stadt – ja zur Stadt selbst – macht: Jeremia, ein Mann von priesterlicher Abkunft, der jedoch Prophet geworden ist, der das Exil erleben wird und die Bevölkerung aufruft, für das „Wohl der Stadt" zu beten,[50] vertritt hier sicherlich das levitische Ideal der Stadt – der Stadt als Rechtsraum für die Geflüchteten. An dieser Stelle distanziert er sich klar von den Priestern.

Dass die Leviten in der *Tora* von den „Zehnten" erhalten sollen, setzt sie sozial gesehen nicht über das Volk. Das scheinbare Privileg der Zehnten folgt vielmehr dem egalitären Menschenbild, durch das auch gesellschaftlich Schlechtergestellte profitieren. So schaffen die Bestimmungen der *Tora* über die Zehnten einen Ausgleich mit Bevölkerungsgruppen, die durch die patriarchalische Stammesgesellschaft kein Eigentum am Land haben konnten. Das sind die Witwen und Waisen, sprich Frauen und Kinder, die keinen männlichen Ernährer haben – es sind die Fremden *(gerim)*, die dazugekommen sind und keinem Stamm angehören, deshalb kein Land haben – und es sind nunmehr auch die Leviten, die unter den Kindern Israel leben und ebenfalls keinen Anteil am Land erhalten haben. (*Deu.* 14, 27– 29) Das heißt, dass die Leviten sozial gesehen an einem System der Umverteilung für die Benachteiligten der israelitischen Gesellschaft teilhatten.

Es wäre reizvoll, heutige Träger und Trägerinnen des Namens „Levi" (und seiner Varianten) danach zu befragen, was ihnen ihr Name im Verhältnis zum Namen „Kohen" sowie zu anderen jüdischen Namen bedeutet. Traditionell wird in orthodoxen Synagogen bei der *Tora*-Lesung etwas von der alten Hierarchie bewahrt. Den ersten Aufruf zur *Tora* soll ein Kohen (ein Abkömmling der Priester) bekommen, den zweiten ein Levi, den dritten ein Israel (normale Bevölkerung). Wo „empfinden" sich die Leviten-Abkömmlinge heute, wenn sich ihnen das alte Modell auftut? Ich meine, dass auch heute das Levitische mehr für die egalitäre israelitische „Priester-Nation", als für die hierarchischen Ränge der Priester im Tempel steht. Das Levitische hat im jüdischen Volk insgesamt eine kultisch-säkulare Dimension bewahrt. Sie schafft einerseits das allgemeine Gefühl für ein Herausgehobensein als erwähltes Volk und ist doch andererseits durch und durch anti-elitär. Ich würde das gern im Sinne einer politischen Theologie weiterdenken. Der Gedanke, dass in der *Tora* ein ganzer Stamm levitische Aufgaben erhält, lässt sich auch erweitern – das jüdische Volk als eine levitisch geprägte Nation, die Rechtsräume unter den Völkern eröffnet, in denen sich Gleichberechtigung und Menschenrechte als Gottes Gesetze konkretisieren können.

Vielleicht bezieht sich die „Schuld des Priesteramtes" auf den Umstand, dass sich die *kohanim* nicht einer Gleichheit vor Gott einfügen mögen (auch wenn die rabbinische Exegese meinte, die Schuld sei entstanden, weil die Distanz zum Volk nicht gewahrt blieb). Vielleicht ruft das elitäre Selbstverständnis der Priester andere Unwillige auf den Plan. Aber damit ist nicht alles über das Problem der Gleichheit gesagt. In Gesellschaften der Gleichheit entsteht bekanntlich ein enormes Gerangel gerade unter denjenigen Verantwortungsträgern, die die Gleichheit garantieren sollen. Es ist der Paradox der Elite in einer egalitären Gesellschaft. Auch Korach, der Kehatiter, der in *Bamidbar* den Grundsatzkonflikt mit Moses provoziert, gehört zur levitischen Elite. Seine Familie, die Kehatiter, genießen in der *Tora* höchstes levitisches Ansehen. Sie sind mit dem Tragen der Bundeslade betraut, erleben also eine unmittelbare physische Nähe zum Heiligtum. Und doch erscheinen die Kehatiter am unzufriedensten. Gott selbst hat ihnen diese besondere Position zugedacht: „Dies ist die Arbeit der Söhne Kehats beim Stiftszelt: die Sorge für das Hochheilige." (*Num.* 4, 4) Der Unmut Korachs ist dennoch spürbar und die Katastrophe bereits in Gottes Worten erahnbar: „Und der Ewige sprach zu Mose und Aaron: Sorget, dass der Stamm der Familien von Kehat nicht aus der Mitte der Leviten verschwindet. Tut das für sie, auf dass sie am Leben bleiben und nicht sterben, wenn sie dem Hochheiligen nahen." (*Num. 4,* 17–19) Später scharen sie sich gegen Moses und Aaron zusammen und sagen:

„Das ist zuviel! Alle in der Gemeinde sind heilig, und unter ihnen ist der Ewige; warum erhebt ihr euch über die Ge-

meinde des Ewigen?" *(Num.* 16, 3) Moses erwidert: „ihr
wollt zuviel, ihr Söhne Levis! Und Moses sprach zu Korach:
Höret doch, ihr Söhne Levis! Ist es euch zu wenig, dass der
Gott Israels euch von der Gemeinde Israels geschieden hat,
so dass ihr zu ihm hintreten dürft, um für die Wohnung des
Ewigen die Diener zu sein und vor der Gemeinde zu stehen,
um für sie den Dienst zu verrichten, dass er dich und alle
deine Brüder, die Söhne Levis, hat herantreten lassen – und
ihr verlangt noch das Priesteramt!?" *(Num.* 16, 8–10)

Wollte auch Korach Priester sein? Offenbar hat er die israelitische Gesellschaft in einem Maße herausgefordert, dass nach
seiner Niederlage Bestimmungen zum Schutz seiner Familie
getroffen werden müssen. Offenbar steht mit seinem Aufruhr
einen Moment lang das Ganze auf dem Spiel. Im Namen der
Gleichheit hat Korach, der Kehatiter, zum Aufstand gegen Moses und Aaron aufgerufen. Er hat eine beträchtliche Anhänger-
schaft, die ebenfalls zur Elite gehört, auch wenn sie keine
Leviten sind. Sie entstammen vor allem einer anderen im Status
gesunkenen Gruppe, dem Stamm der Rubeniter – das heißt den
Nachfahren Rubens, des Erstgeborenen Jakobs. Bei der
Feststellung der Marschordnung zu Beginn des vierten Buches
Bamidbar stehen die Kehatiter beim Stamm der Rubeniter! Offenbar kommt es zu einer gegenseitigen Verständigung. Ihrer
Allianz entnehmen wir, dass die Entmachtung der Erstgeborenen durch die Leviten anhand der Nachfahren des Erstgeborenen unter den zwölf Stämmen Israel, nämlich Ruben, ebenfalls
ein kritisches Moment provoziert. Jedenfalls rotten sich in diesem Narrativ zwei Gruppen zusammen, die aus unterschiedlichen Gründen nicht mit ihrem Status einverstanden sind: eine
kehatitische Fraktion sowie eine rubenitische Fraktion.

War es ein Kampf um Macht neben Moses und Aaron?
Oder um die Wiederherstellung des vormaligen religiösen
Erstgeburtsrechts? Um eine ältere kultisch-politische Werte-
vorstellung? Oder geht es hier rein um die Vorherrschaft
bestimmter Personen, die wie Korach mit Hilfe der neuen
Ordnung eine überwundene Vergangenheit für den eigenen

Vorteil wieder in Kraft setzen wollen und damit demagogisch das Volk täuschen?

Man kann die Geschichten in verschiedene Richtungen interpretieren. Aber eins ist festzustellen. Auch wenn das Buch *Bamidbar* unter seinen vielen Krisen ächzt, ist es doch ein in den Erfolg führendes Buch. Wie Moses, nachdem er die von Gott geschenkten ersten Gesetzestafeln zerstört hatte, diese bei der zweiten Übergabe selbst herstellen musste, wird auch der am Sinai von Gott mit Israel geschlossene Bund ein zweites Mal geschlossen, diesmal jedoch im Wege der konkreten Krisenerfahrungen Israels. Der Strukturwandel gelingt mit Hilfe der Leviten. Das kultische Erstgeburtrecht und der Familienkodex werden überwunden. Die Erstgeborenen erhalten ein neues Maß an *säkularer* Freiheit. Frauen erhalten neue Rechte. Das Politische als ein Weibliches emanzipiert sich innerhalb der Rechtsbeziehung zu Gott. Im fünften Buch *Mose* hat sich auch Moses, der einstige Stotterer, emanzipiert. Jetzt ist *er* derjenige, der spricht – und nicht mehr Gott. In drei großen Reden präsentiert er das neue konstitutionelle Verhältnis der Israeliten zu Gott. Aber darüber in einem anderen Aufsatz mehr.

Für die politische Philosophie des Gesellschaftsvertrags – ob im 17. Jahrhundert oder ob bei der Verabschiedung des Grundgesetzes 1949 – ist der Bundesschluss am Sinai das Narrativ, welches das Ereignis des Gesellschaftsvertrags geistig mit präfiguriert hat. Doch für eine Bundesgesellschaft, die in den Mühen der Steppen über lauter Krisen strauchelt, mit Populisten ringt, Abtrünnigkeit erlebt und Auseinanderbrechen des Zusammenhalts zu befürchten hat, ist der Kampf für die Bundesgesellschaft, wie er im Bundesschluss in den Steppen Moabs zum Ausdruck kommt, vielleicht eine für heute viel treffendere Inspiration. Als Europäerinnen und Europäer machen wir Krisen durch, zu denen uns das vierte Buch *Mose/Bamidbar* eine politische Theologie bietet. Sie besagt, dass die Krisen während der 40-jährigen Wanderschaft von Anbeginn mit der inneren Dynamik jedweder Gesellschaft mit einem egalitären Menschenbild verknüpft sind. Sie gehören einfach dazu. Und indem sie zugleich die Gott-Mensch-Beziehung betreffen, ja sogar herausfordern und erneuern, sind es genau solche Krisen, in denen wir, vom Standpunkt politisch bewusster Bürgerinnen und Bürger, auch den religiösen Anteil unseres Bewusstseins in seiner politischen Dimension weiter entwickeln können. Politische Bundestheologie, wie sie im Buch *Bamidbar* angelegt ist, gibt weniger eine Definition des Bundes vor, als eine Krisenwirklichkeit des Bundes, in deren Bewältigung sich die Mensch-Gott-Beziehung verwirklicht. Zu ihrer Überwindung gehört die Emanzipation des Politischen als eines Weiblichen. Bezeichnenderweise ist Gott an der Krisenwirklichkeit beteiligt, so dass er sich mit emanzipiert und der Bund fortbesteht.

Auf dem Weg zu einer Theologie des Rechtsstaates

„Die Rabbanan lehrten: Wer Weise von Jisrael sieht,
spreche: ‚Gesegnet sei er, der von seiner Weisheit denen,
die ihn fürchten, mitgeteilt hat‘. Wer Weise von den
weltlichen Völkern sieht, spreche: ‚Gesegnet sei er, der
von seiner Weisheit an Menschen aus Fleisch und Blut
gegeben hat‘. Wer Könige von Jisrael sieht, spreche:
‚Gesegnet sei er, der von seiner Herrlichkeit denen, die
ihn fürchten, mitgeteilt hat‘. Wer Könige von den
weltlichen Völkern sieht, spreche: ‚Gesegnet sei er, der
von seiner Herrlichkeit an Menschen aus Fleisch und
Blut gegeben hat‘.“ BT Brachot 58a

Das Erste Gebot: ein Rechtswesen

Aus rabbinisch-talmudischer Sicht steht das Gebot, sich ein
Rechtswesen zu geben, an erster Stelle – und zwar noch vor
dem Gebot, Gott als den einzigen Gott Israels anzuerkennen.
Das besagen die „Sieben Noachidischen Gebote" im *Talmud*.
Sie beginnen mit dem Gebot des Rechtswesens.

„Sieben Gebote wurden den Noachiden auferlegt: ein
Rechtswesen *(dinim)*, [das Verbot der] Gotteslästerung, des
Götzendienstes, der Unzucht, des Blutvergießens, des Rau-
bes und der Tierverstümmelung." (*BT Sanhedrin* 56a)

Mit den „Noachiden" ist die Menschheit insgesamt gemeint.
Die hebräische Bezeichnung *bnej Noach* – „Kinder Noahs" oder
Noachiden – geht auf die biblische Geschichte der Sintflut
zurück, die allein Noah zusammen mit seiner Familie überlebt.
(*Gen.* 6, 9 ff.) Am Ende schließt Gott einen Bund. Nach dem
rabbinischen Verständnis beschränkt sich dieser Bund nicht nur
auf die göttliche Zusage, die Schöpfung nicht mehr zu vernichten. Der Noachidische Bund enthält rabbinisch gelesen
auch einen Rechtsmaßstab speziell für die Menschen – einen

Urkodex. (*Gen.* 9, 1–17) Im *Talmud* wird dieser Rechtsmaßstab zu den „Sieben Nochachidischen Geboten" ausformuliert.

Auch wenn die Noachidischen Gebote meist als die „sieben Gesetze" bezeichnet werden, nenne ich sie hier bewusst „Gebote". Damit will ich ihre Gleichrangigkeit zu den Zehn Geboten behaupten. Das Wort „Gebot" ist ohnehin ein schwieriges für die vielen verschiedenen Bezeichnungen von Gesetzen, die in der *Tora* und im rabbinischen Schrifttum vorkommen – *dinim, mischpatim, chukkim, mischnajot, mizwot, takkanot* ... Die sogenannten Zehn Gebote lauten in Hebräisch *asseret hadibrot*, vielleicht am besten übersetzt als die „Zehn Aussagen". Im heutigen jüdischen Jargon werden alle Gebote und Verbote einheitlich als *Mizwot* bezeichnet, was ebenfalls ein schwer zu übersetzender Begriff ist. Ich möchte ihn als „Verpflichtungen" verstehen. Letztlich kommt es aber auf eine wörtliche Übersetzung nicht an.

Maßgeblich ist vielmehr für den Versuch, zu einer Theologie des Rechtsstaates zu gelangen, die Reihenfolge der Noachidischen Gebote. Sie enthält mit ihrem ersten Gebot eine eigene Aussage. Das „erste Gebot" ist hier *das Gebot an sich*: sich ein Rechtswesen zu geben.

Es geht jedoch nicht nur um die Rangfolge der Gebote („erstes" Gebot vor dem „zweiten" usw.). Dass die Noachidischen Gebote in der *Tora* lange vor den Zehn Geboten geoffenbart sind, bedeutet nicht, so die rabbinische Lesart, dass sie für die Israeliten in den Zehn Geboten aufgegangen sind. Vielmehr geht es um eine Gleichzeitigkeit ihrer Geltung, wobei – so die These dieses Aufsatzes – nach der Erzählstruktur der *Tora* die Noachidischen Gebote die Zehn Gebote bedingen.

Die Sintflut im ersten Buch *Mose* ereignete sich etwa 50 Kapitel vor der Konstituierung der israelitischen Nation am Sinai im zweiten Buch *Mose*. Das bedeutet, dass das erste Noachidische Gebot, sich ein Rechtswesen zu geben, auch für diejenigen gilt, die später die *Tora* mit den Zehn Geboten erhalten werden. Das betonen gerade auch die Rabbinen im *Talmud*. Die Noachidischen Gebote gelten weiterhin für die Juden wie für alle Menschen – auch nach der Offenbarung am Berg Sinai.

Das besagt jedenfalls die rabbinische Interpretation der Ereignisse in Mara.

Mara?

Mara ist in der *Tora* ein Ort auf der Sinai-Halbinsel, den die Israeliten nach der Überquerung des Schilfmeeres erreichen. (*Ex.* 15, 22 ff.) Auf den Jubel, als der Pharao mit seinen Rossen und Reitern untergeht, folgt Ernüchterung. Drei Tage haben die Israeliten nichts zu trinken. In Mara gibt es nur bitteres Wasser. Es kommt zum ersten Konflikt zwischen Gott und seinem Volk. Dieser wird gelöst, indem Moses auf Geheiß Gottes ein Stück Holz ins Wasser wirft, woraufhin es sich in Trinkwasser verwandelt. Im selben Zug heißt es:

> „Dort [in Mara] gab er ihm Gesetz und Recht *(chok u-mischpat)*, und dort prüfte er es." (*Ex.* 15, 25)

Als Ergebnis der ersten Krise gibt Gott den Israeliten „Gesetz und Recht". Doch um welches „Gesetz und Recht" handelt es sich? Die Rabbinen erklären hierzu im *Talmud*:

> „Zehn Gesetze sind den Israeliten in Mara auferlegt worden; sieben, *die die Noachiden bereits auf sich genommen hatten* und diesen hinzugefügt wurden: Ritualgesetze *(chukim)*, das Schabbat-Gesetz und die Ehrung von Vater und Mutter." (*BT Sanhedrin* 56b)

Diese Auslegung macht deutlich, dass nach dem rabbinischen Verständnis die Noachidischen Gebote immer auch für die Kinder Israel gegolten hatten. Damit standen sie von vornherein mit allen anderen Völkern in einem *menschheitlichen* Zusammenhang, der nicht mit der Offenbarung der *Tora* später am Berg Sinai aufgehoben sein wird. In Mara kommen jedoch noch drei weitere Gesetze hinzu – in Hebräisch: *chukim*, die ich eben als „Ritualgesetze" übersetzt habe. Die Rabbinen haben an anderer Stelle *chukim* als diejenigen kultischen Gesetze definiert, deren Sinn nicht mit dem Verstand allein zu erfassen ist.[1] Ein solches *chok/*„Ritualgesetz" könnte das Pessach-Opfer sein, das bereits beim Auszug aus Ägypten vorgeschrieben worden ist. In jedem Fall konstituieren die Ritualgesetze israelitische Identität. Ebenso die beiden anderen, zu den Noachidischen Geboten hinzukommenden Gesetze: der Schabbat und die Ehrung von Vater und Mutter. Letzteres lässt sich als Ehrung der eigenen Herkunft verstehen – der Vorfahren.

Die säkularen Traditionen der Völker

Die rabbinische Wertschätzung für die säkularen Traditionen der anderen Völker geht offensichtlich sehr weit. So soll es vor der Offenbarung der *Tora* bereits 26 Generationen (!) gegeben haben, die auf säkulare Weise den Weg zur *Tora* gingen:

> „Wer auf seinen Wandel aufmerksam ist, lasse ich Gottes Hilfe erblicken (Ps. 50, 23), d.i. wer seinen Weg *(derech)* abschätzt, ist viel wert, denn R. Ismael bar R. Nachman hat gesagt: der weltliche Weg *(derech erez/*wörtl. „Weg der Welt") ist der Tora um 26 Geschlechter vorangegangen, was sich aus Gen. 3, 24 erweisen lässt. ‚zu bewachsen den Weg/ *derech* zum Baum des Lebens'. Unter Weg/*derech* ist nichts anderes als weltlicher Weg, unter Baum des Lebens/*ez ha-chajim* nichts anders als Tora zu verstehen." (*WajikraR* 9, 7 u. 11)

Diese rabbinische Aussage erlaubt eine Lesart, derzufolge sich die säkularen Wege der besagten 26 Generationen am Maßstab der *Tora* messen lassen können – ja, dass ihre Wege hinsichtlich dieses Maßstabs als ebenfalls erfolgversprechend gelten dürfen.[2] Indem sie hier mit dem Maßstab der *Tora* verknüpft sind, erscheinen sie als eine Art Vorgeschichte zur Offenbarung der *Tora*. Sie gehören mit in ihren Kontext. Sie bilden einen mitgedachten Maßstab, der auch noch *nach* der Offenbarung der *Tora* Wertschätzung genießt.

Indem die säkularen Wege vorheriger Generationen auf die *Tora* hin ausgelegt sind, stellt der Midrasch jedoch nicht nur die

Traditionen der Anderen in eine Beziehung zur *Tora*, sondern auch umgekehrt. Die religiöse Rechtstradition der *Tora* ist von vornherein auch in einer möglichen Beziehung zu den säkularen Rechtstraditionen anderer Zivilisationen denkbar. Worauf ich hinaus will, ist, dass das rabbinische Schrifttum an dieser Stelle zeigt, dass es um die Notwendigkeit eines säkularen Rechtssystems als Bedingung für Offenbarung, beziehungsweise als Bedingung für das monotheistische Verhältnis zu Gott weiß.

Tatsächlich lässt sich bereits in der *Tora* die wiederkehrende Reihenfolge nachzeichnen: *erst* ein säkularer Rechtsrahmen, *dann* Offenbarung. Das beste Beispiel ist der Abschnitt im Buch *Exodus*, in dem die Offenbarung der Zehn Gebote beschrieben wird. Der Abschnitt heißt *Jitro*, der Name des Schwiegervaters von Mose. Jitro wird in der *Tora* als ein midianitischer Priester beschrieben – also kein Israelit. Zu ihm war Moses vor dem Pharao geflüchtet, lernte dort Jitros Tochter Zippora kennen und heiratete sie. Jitro ist es, der im 18. Kapitel des Buches *Exodus* seinem Schwiegersohn Moses empfiehlt, ein säkulares Rechtswesen herzustellen.

„Ersiehe aus dem ganzen Volke tüchtige Männer, Gottesfürchtige, Männer der Wahrheit, Korruption hassende, die setze über sie, Obere über Tausend, Ober über Hundert, Obere über Fünfzig und Oberer über Zehn. Dass sie *richten* das Volk alle Zeit, und es soll geschehen: jegliche große Sachen bringen sie vor dich, und jegliche kleine Sache *richten* sie, und erleichtere es dir, dass sie tragen mit dir." (*Ex.* 18, 21–22)

In dieser Szene wird das erste Noachidische Gebot verwirklicht. Ohne dass es bereits eine *Tora* gibt, wird die Verantwortung an Menschen delegiert, die eigenverantwortlich richterliche Entscheidungen treffen müssen, aber als Kollektiv zusammen mit Moses die Verantwortung tragen. Wie die rabbinische Aussage über das erste Noachidische Gebot, sich ein Rechtswesen zu geben, in ihrer herausragenden menschheitlichen Bedeutung nicht zu überschätzen ist, ist es hier die Aussage, dass es ein

Nichtisraelit, ja sogar ein midianitischer Priester ist, dem die Israeliten in der Wüste ein säkulares Rechtswesen zu verdanken haben. Erst auf dieses Kapitel 18 im Buch *Exodus* erfolgt die Bereitmachung des Volkes für die Offenbarung Gottes, die dann in Kapitel 20 mit den Zehn Geboten – als zwei Gesetzestafeln dargestellt wird.

Religiös-säkulares Spannungsfeld

Ich möchte die in *Tora* und *Talmud* nahegelegte Reihenfolge ernstnehmen und den säkularen Rahmen als eine rabbinisch erkannte Bedingung für Offenbarung lesen. An dieser Stelle ist es jedoch zunächst erforderlich, das Attribut „säkular" zu bestimmen. Im Kontext der rabbinischen Gesetzesdiskurse hat es natürlich nichts mit der modernen Säkularisierungsthese zu tun, wonach sich die Gesellschaft immer mehr säkularisieren und im selben Zug die Religion immer weiter auflösen werde. Auch hat „säkular" im rabbinischen Sinn nichts mit der ursprünglichen lateinischen Verwendung zu tun, wonach Kirchengüter zunehmend säkularisiert wurden, das heißt unter die Obhut des Staates fielen. Die rabbinische Tradition bietet vielmehr eine eigene Auffassung von „säkular", die bis heute das jüdisch-religiöse Selbstverständnis der meisten Juden und Jüdinnen, einschließlich der meisten orthodoxen Juden, bestimmt.[3]

Die Kronzeugen-Geschichte des rabbinischen Verständnisses ihrer säkular gewordenen jüdischen Religion ist die Legende vom „Ofen von Achnai". In seinem Buch *Not in the Heavens. The Tradition of Jewish Secular Thought* zitiert David Biale diese Geschichte und beschreibt die Leistung der talmudischen Rabbinen durch die Feststellung, dass sie eine rabbinisch-säkulare Rechtstradition hergestellt haben, deren Ursprung ebenfalls in der *Tora* liegt.[4] In der Geschichte des „Ofen von Achnai" lehnen die Rabbinen per Mehrheitsvotum „Offenbarungsbeweise" ab, die Rabbi Elieser mithilfe von göttlichen Wundern vorbringt. Lakonisch wiederholen sie: „Wir folgen keinen Wundern, wir entscheiden nach der Mehrheit." Hierfür zitieren sie einen Gesetzespassus in der *Tora*, dem zufolge bei Rechtsstreitigkeiten „nach der Mehrheit entschieden" wird. Es ist nicht ganz klar, ob Gott in dieser Geschichte einverstanden ist. Er soll am Ende geschmunzelt und gesagt haben: „Meine Kinder haben mich besiegt, meine Kinder haben mich besiegt."[5] Sie haben ihn offensichtlich mit seinen eigenen Waffen, dem Gesetz und der Mehrheitsentscheidung, geschlagen. Ob das ein positives Ergebnis aus der Sicht Gottes ist, wird nicht eindeutig gesagt. Aber eindeutig ausgesprochen wird die schon in der *Tora* von Gott betonte Tatsache, dass die *Tora* nicht mehr im Himmel, sondern in der Welt ist. *Lo ba-schamajim hi* – „Sie ist nicht mehr im Himmel!" Die Menschen sind für sie verantwortlich.

Das schlichte „in der Welt"-Sein, *weltliche* Wege gehen zu müssen, um dem Göttlichen gerecht zu werden, *weltliche* Instrumentarien wie den Mehrheitsbeschluss auszuüben, um göttliche Gebote zu verwirklichen – weisen in das rabbinische Verständnis von säkular. Säkular ist dabei keineswegs das Gegenteil von religiös. Das Gegenteil von „säkular" ist vielmehr „theokratisch". „Theokratisch" bedeutet, dass allein Gott regiert, seine Gesetze abgeschlossen vorliegen, sie unfehlbar und unhinterfragbar sind, und ihre Ausübung von beauftragten Stellvertretern (z.B. Priestern) als „Gottes Wille" durchzusetzen ist. Dem gegenüber bedeutet „säkular", dass die Gesetze Gottes „in der Welt" von Menschen weiterentwickelt werden, sie deshalb fehlbar geworden sind, der Korrekturen *(takkanot/ tikkun)* bedürfen und den Weg eines unendlichen Aushandlungsprozesses gehen. Der *Talmud*, in dem die Rabbinen in endlosen Gesetzesdebatten die Gesetze deuten, weiterschreiben, bisweilen uminterpretieren, ist ein „säkulares" Werk. Wie sehr sich die Rabbinen dessen bewusst sind, zeigt eindrücklich die Geschichte des Ofens von Achnai.

Mit dieser Auffassung von „säkular" enthalten die *Tora* und mehr noch der *Talmud* von vornherein etwas, das ich an anderer Stelle als „religiös-säkulares Spannungsfeld" bezeichnet habe.[6] Auf diesem Feld wirkt die Spannung zweier Rechtsauffassungen: Auf der einen Seite steht Gott als Gesetzgeber. Auf der anderen Seite stehen die Menschen als Gesetzgeber säkularer

Ordnungen. Das Spannungsverhältnis selbst ist jedoch in der *Tora* begründet, ja sogar von der *Tora* her erwünscht – ob Gott dies gefällt oder nicht ...

Zwei „erste" Gebote

Kommen wir noch einmal zurück auf die Noachidischen Gebote. Mich interessiert an dieser Stelle weniger die ansonsten beliebte jüdische Lesart, nach der die Noachidischen Gebote eine rabbinische Religionstoleranz bezeugen und auch die anderen Völker, ohne den Gott Israels kennen zu müssen, der jüdischen Wertschätzung würdig sind. Mich interessiert vielmehr umgekehrt, was die Anerkennung der säkularen Rechtstraditionen der anderen Völker theologisch für die Entwicklung der jüdischen Rechtstradition bedeuten kann. Inwieweit legt das erste Noachidische Gebot als ein *menschheitliches* Gebot schlechthin, das Gebot, sich ein Rechtswesen zu geben, das seinen Ursprung nach rabbinischer Lesart ebenfalls in der *Tora* hat, die Grundlage für eine spezifisch jüdische Theologie des Rechtsstaates?

Nur scheinbar enthalten die Noachidischen Gebote eine „verschlankte" Version der Zehn Gebote, ohne die jüdischen Elemente wie den Monotheismus als Ausgangspunkt oder das Schabbat-Gebot. Im Vergleich zum ersten Noachidischen Gebot, sich ein Rechtswesen zu geben, zeigt sich der ganz andere Duktus der Zehn Gebote. Gerade das erste der Zehn Gebote drückt unmittelbar den *theokratischen* Anspruch Gottes aus.[7] Es besagt:

> „Ich *(anochi)* bin der Ewige, dein Gott ..."

Es spricht als ein göttliches „Ich" mit *theokratischem Duktus* zu einem unmittelbaren „Du", dem Volk Israel.

> „Ich bin der Ewige, dein Gott, der dich aus Ägypten, dem Sklavenhaus, herausgezogen hat [...] du sollst/du sollst nicht" (*Ex.* 20, 1–14; *Deu.* 5, 6–18)

Dem gegenüber verlangt das erste der Noachidischen Gebote zunächst, unabhängig von einer Beziehung zu Gott, sich ein allgemeines Rechtswesen zu geben, mit Gesetzen, Gerichten und Rechtsprechung.[8]

Eine jüdische Theologie des Rechtsstaates kann natürlich nur im Zusammenwirken der beiden ersten Gebote begründet werden – dem der Noachidischen Gebote und dem der Zehn Gebote. Sie bedarf der säkularen Traditionen der Völker *und* der *Tora*.

Bereits in der *Tossefta*, dem rabbinischen Parallelwerk zur *Mischna*, das mit ihr die älteste Schicht des *Talmuds* bildet, wird das Rechtswesen der Juden mit dem säkularen Rechtswesen der anderen Völker gleichgestellt. Auch in der *Tossefta* werden die Sieben Noachidischen Gebote aufgezählt: „Den Noachiden wurden sieben Gebote auferlegt: ein Rechtswesen *(dinim)*, etc."[9] Sodann wird gefragt:

> „Was ist gemeint mit *dinim*? Auf dieselbe Weise, wie dem jüdischen Volk aufgetragen ist, Gerichte einzurichten, ist auch den Nachfahren Noachs aufgetragen, Gerichte einzurichten." (*T Awoda Sara* 9, 4)

Die Reihenfolge erscheint hier umgedreht. Wie dem jüdischen Volk die Herstellung eines säkularen Rechtswesens aufgetragen ist, sei es auch den Noachiden aufgetragen. In der Umdrehung liegt jedoch auch ein versteckter Hinweis. Sie macht deutlich, dass der säkulare Rechtsmaßstab des ersten Noachidischen Gebotes von vornherein auch in den allein für die Israeliten bestimmten Gesetzesoffenbarungen der *Tora* enthalten ist. Genau das ist der Anteil des israelitischen Gesetzeskanons, der auch den nichtjüdischen Völkern – eben als Menschheit insgesamt – zugetraut wird.

Nahum Rakover erhellt in seiner großen Studie *Law and the Noahides* eine gemeinsame, bereits von den Rabbinen festgestellte Schnittmenge, die durch das erste der Noachidischen Gebote mit den Gesetzen Israels entsteht.[10] Rakover stellt in diesem Zusammenhang rabbinische Kommentare heraus, die aufgrund ihrer Auseinandersetzung mit den Noachidischen Geboten ei-

nen historischen, für die jüdische Tradition akzeptablen Maßstab formulierten. Das entscheidende Kriterium lag für sie im
Attribut „gerecht". Wenn sich die Völker „gerechte" Gesetze
geben und dabei auch den Juden Gerechtigkeit widerfahren
lassen, seien sie vom jüdischen Standpunkt her zu bejahen.[11] Die
sich anschließende Frage ist, ob die „gerechten" Gesetze der
Anderen als Teil der jüdischen Rechtstradition angesehen werden können. Hier gehen die von Rakover analysierten rabbinischen Kommentare auseinander. Einige jüdische Rechtsgelehrte sahen eine grundsätzliche Differenz zwischen den von Gott
dem jüdischen Volk auferlegten Gesetzen und den allgemein
gültigen, säkularen Gesetzen. Andere wiederum erkannten eine
gemeinsame Schnittmenge im Kriterium „gerecht".

Die Noachidischen Gebote bezeugen dabei auch die theologisch überraschende Einsicht, nach der eine multireligiöse
Welt offenbar von Gott gewollt ist, in die er sein geliebtes Volk
Israel bewusst zerstreut hatte. In den sich wandelnden gesellschaftlichen Realitäten, in denen die jüdische Bevölkerung über
die Jahrhunderte lebte, war die Gesetzeswirklichkeit immer
wieder neu auszuhandeln. In diesem Zusammenhang ist das
talmudische Diktum Samuels aus dem 3. Jahrhundert zu lesen:
dina de-malchuta dina – „Das Gesetz des Staates ist das Gesetz".[12] Es wird zumeist dahingehend verstanden, dass die Gesetze eines nichtjüdischen Staates anerkannt werden können,
sofern sie nicht den Gesetzen der *Tora* widersprechen. Ungeachtet der Wirkungsgeschichte des Diktums und den verschiedenen Positionen durch die Jahrhunderte, wie weit die Gesetze
des nichtjüdischen Staates anerkannt werden können, gerade
auch dann, wenn sie im Konflikt mit der *Tora* stehen, stellte die
rabbinische Tradition eine Geltung säkularer Gesetze eines
nichtjüdischen Staates auch für die Juden fest. Aber das wird
zumeist als ein Anpassen an die Bedingungen der Juden „im
Exil" – in der Diaspora – gesehen.

Aus meinen bisherigen Ausführungen zeigt sich jedoch,
dass das Diktum *dina de-malchuta dina*/„Das Gesetz des Staates
ist das Gesetz" durchaus auch ein *theologisches* Potential enthält,
nämlich als Ausformung des ersten Noachidischen Gebotes *in*

der Verbindung mit dem israelitischen Gesetzeskanon. *Dina de-malchuta dina* ist in jedem Fall der säkulare Rahmen, in dem die rabbinischen Gesetzesdiskurse im *Babylonischen Talmud* stattgefunden haben. Es ist kaum ermessbar, wie tief babylonische Rechtsauffassungen die jüdische Rechtsgeschichte geprägt haben.

Rückwandelbarkeit des Gesetzes ins Gebot (Franz Rosenzweig)

Meine Bemühung, zu einer jüdischen „Theologie des Rechtsstaates" auf der Grundlage des in der *Tora* angelegten Spannungsverhältnisses zwischen den beiden Rechtsquellen zu gelangen – den geoffenbarten Gesetzen Gottes und den von Menschen gemachten Rechtswesen –, bringt mich zu einer interessanten Kontroverse, die vor etwa einhundert Jahren Franz Rosenzweig und Martin Buber führten. In den Jahren 1923–24 lieferten sie sich in Briefen und verschiedenen Publikationen einen schriftstellerischen Disput über die Frage, ob „Offenbarung" in Form von „Gesetzen" empfangen werden könne.[13] Die Kontroverse verlief im Rahmen der existentialistischen Vorstellungen von der Erlebbarkeit Gottes – hier der „Gottesfreiheit" als etwas, das vom Menschen erfahren und durch sein Handeln zur Wirkung gebracht werden kann.

Buber hatte in seiner wieder veröffentlichten Rede *Cherut – Eine Rede über Jugend und Religion* verneint, dass es so etwas wie „Gesetzes"-Offenbarung gebe. Das „Menschenbild, dem wir zustreben", sei „mit der Annahme des überlieferten Gesetzes nicht vereinbar".[14] Die Überschrift dieser Rede, das hebräische Wort *cherut*, eigentlich „Freiheit", lässt sich anders vokalisiert, auch als *charut* – „eingraviert" – lesen, was den eingravierten Text der Gesetzestafeln assoziiert. Schon die Rabbinen hatten mit den beiden Lesemöglichkeiten gespielt: „Lies nicht *charut* (eingraviert) sondern *cherut* (Freiheit)!", heißt es in den „Sprüchen der Väter". (*M Awot* 6, 2) Die jüdischen Gesetze sollen nicht als starre Fixierungen verstanden, sondern ihr

befreiendes Potential erkannt werden. Ähnlich interpretierte
Buber die changierenden Bedeutungen:

> „Gottes Schrift ist Freiheit auf den Tafeln: die Zeichen der
> Gottesfreiheit wiederzufinden, mühen sich die religiösen
> Kräfte je und je. Gottes Urtafeln sind zerbrochen: die Kräf-
> te der ewigen Erneuerung mühen sich je und je, auf den
> zweiten Tafeln, den Tafeln der Lehre und des Gesetzes,
> verwischte Züge der Gottesfreiheit wiederherzustellen.“[15]

Das Wiederherstellen der Gottesfreiheit könne laut Buber jedoch „nicht ein Anschluß an die jüdische Lehre als an etwas
Fertiges und Eindeutiges, nicht einer an das jüdische Gesetz
als an etwas Geschlossenes und Unwandelbares sein“.[16]

Die Kontroverse stand im Zeichen der von Buber und
Rosenzweig gedachten jüdischen Renaissance – einer Erneuerung der jüdischen Tradition durch Aktualisierung religiöser
Erfahrungen. Rosenzweig erwiderte Bubers Wortspiel mit einem anderen rabbinischen Wortspiel. Dieses assoziierte das zu
erneuernde „Bauwerk“. „Und alle deine Kinder gelehrt vom
Herrn und großer Friede deinen Kindern.‘ (*Jes.* 54, 13) – Lies
nicht *banajich*: deine Kinder, sondern *bonajich*: deine Bauleute.“[17] Mit dem rabbinischen Wortspiel: *banajich* (deine Kinder) und *bonajich* (deine Bauleute) antwortete Rosenzweig mit
einer für ihn typischen restaurativen und zugleich erneuernden
Einstellung – die Tradition wiederherzustellen, jedoch nicht auf
die althergebrachte Art, sondern durch ein neues Bauen, ein
neues Denken.

In diesem Horizont ist Rosenzweigs grundsätzliche Bejahung des „Gesetzes“ zu verstehen. Rosenzweig machte dabei
aber einen Unterschied zwischen „Gebot“ und „Gesetz“.
Das Gebot werde existentiell und unmittelbar im Selbst des
Menschen wahrgenommen Das Gesetz hingegen sei seine konkretisierende Ausarbeitung.

> „Der Imperativ des Gebots trifft keine Voraussicht für die
> Zukunft; er kann sich nur die Sofortigkeit des Gehorchens

vorstellen. Würde er an Zukunft oder an ein Immer denken, so wäre er nicht Gebot, nicht Befehl, sondern Gesetz. Das Gesetz rechnet mit Zeiten, mit Zukunft, mit Dauer. Das Gebot weiß nur vom Augenblick [...] – So ist das Gebot reine Gegenwart. [...] Die ganze Offenbarung tritt unter das große Heute; „heute" gebietet Gott, und „heute" gilt es, seiner Stimme zu hören. Es ist das Heute, in dem die Liebe des Liebenden lebt, – dies imperativische Heute des Gebots."[18]

Buber hatte an Rosenzweig geschrieben:

> „Ich glaube nicht, daß Offenbarung je Gesetzgebung ist; und in der Tatsache, daß aus ihr immer Gesetzgebung wird, sehe ich die Tatsache des menschlichen Widerspruchs, die Tatsache des Menschen. Ich kann nicht zugleich diese Tatsache in meinen *Willen* aufnehmen und aber des Spruchs und seiner Stunde gegenwärtig sein."[19]

Dem hielt Rosenzweig entgegen, dass Offenbarung auch für ihn nicht direkte Gesetzgebung bedeute.

> „Offenbarung ist doch auch für den, der das Gesetz hält, nicht das, was Sie Gesetzgebung nennen. *Bajom hase* (An diesem Tage) – das ist seine Theorie der Erfahrung und Ihre. Daß aus dem neuen Gebot das alte Gesetz werden kann, wird von ihm so gut als ein Unglück empfunden wie von Ihnen. Nicht die Tatsache, daß jedes Gebot zum Gesetz werden kann, wird in den Willen aufgenommen, sondern die – gerade Ihnen bekannte –, *daß das Gesetz sich immer wieder ins Gebot rückverwandeln kann* [Hervorhebung von mir, EK]."[20]

Die Geltung des „Gesetzes" hing danach für Rosenzweig von seiner *Rückwandelbarkeit ins Gebot* ab. Hinter dem einzelnen Gesetz müsse die existentiell alles treffende Unmittelbarkeit des Gebotes wirken.

Diese Vorstellung, die eine Theorie des „relativen" Gesetzes – das Gesetz relativ zum Gebot – bildet, erfolgte aus Rosenzweigs theologischen Aussagen über ein „erstes Gebot". Rosenzweig hatte in seinem großen Werk *Der Stern der Erlösung* ein Gebot aller Gebote hervorgehoben und alle anderen Gebote und Gesetze der *Tora* darauf zurückgeführt:

> „Du sollst lieben den Ewigen, deinen Gott, von ganzem Herzen und von ganzer Seele und aus allem Vermögen".[21]

Das Liebesgebot sei das Gebot aller Gebote. Als „Gebot" könne die Liebe jedoch nur *positiv* formuliert und als reine Gegenwart dem Menschen vernehmbar sein. Gottes Imperativ: „Liebe mich" sei, so Rosenzweig, „schlechthin unfähig Gesetz zu sein; es kann nur Gebot sein".[22] Erst in der Konkretisierung als Nächstenliebe formuliere die *Tora* das Liebesgebot *negativ* – in der Form des „Du sollst nicht" und damit in abgrenzenden „Gesetzen".

> „Nur als Verbote, nur in der Absteckung von Grenzen dessen, was keinesfalls mit der Liebe zum Nächsten vereinbar ist, können sie Gesetzeskleid anziehen; ihr Positives, ihr „Du sollst" geht einzig in die Form des einen und allgemeinen Gebots der Liebe ein. Die ins Gewand positiver Gesetze gekleideten Gebote sind überwiegend Gesetze des Kults, der Gebärdensprache der Liebe zu Gott, Ausführungen also der ‚ersten Tafel'."[23]

Das Gesetz der Befreiung

Die Idee, alle Gesetze in einem Gebot zusammenzufassen, ist nicht neu. Im rabbinischen Judentum hat es bis zu dem Moment, da das Christentum seine religiöse Vorherrschaft durchsetzte, immer wieder Versuche gegeben, alle jüdischen Gesetze auf ein einziges Prinzip zu reduzieren. Bei Hillel ist das:

„Was dir nicht lieb ist, das tue auch deinem Nächsten nicht. Das ist die ganze Tora und alles andere ist nur die Erläuterung; geh und lerne sie." (*BT Schabbat* 31a)

Im *Talmud*-Traktat *Makkot* versuchen die Rabbinen die 613 *Tora*-Gesetze auf einige moralische Prinzipien zusammenzufassen, die am Ende mit dem einen Wort „Gerechtigkeit" ausgedrückt sind. (*BT Makkot* 23b–24a) Aufschlussreich in diesem Zusammenhang ist auch die *Talmud*-Debatte über die Rolle der Zehn Gebote im Gottesdienst. Ursprünglich wurden sie vor dem „Höre Israel" (Bekräftigung der Einheit Gottes) vorgelesen. Da jedoch Mitglieder vorchristlicher Sekten immer nachdrücklicher behaupteten, dass die eigentliche Offenbarung in den Zehn Geboten bestanden habe und die Ritualgesetze zweitrangig seien, nahmen die Rabbinen die Zehn Gebote aus der täglichen Liturgie heraus. (*BT Brachot* 12a)[24] In der Folge erkannte die jüdische Tradition der Gesetzesauslegung bewusst die Vielfalt der überlieferten Gesetze auch in ihrer Widersprüchlichkeit an und schuf zugleich ein Tabu, ein erstes oder primäres Prinzip zu bestimmen. Ein solches Prinzip hätte zwangsläufig eine Gewichtung mit sich gebracht und Teile der Gesetze verworfen. Das Tabu ermöglichte, dass alle Gesetze – zumindest theoretisch – gleichwertig fortgalten, selbst wenn sie sich diametral entgegenstanden, nicht mehr praktiziert wurden und sich sogar gegenläufige Meinungen zu neuen Gesetzen formulierten.

In *Der Stern der Erlösung* legt sich Rosenzweig jedoch erneut auf ein „erstes" Gebot fest – das Liebesgebot. Zugleich unterscheidet er damit die beiden Gesetzestafeln dahingehend, dass das Gebot, Gott zu lieben, auf der ersten Tafel durch überwiegend positive Gesetze ausgedrückt wird. Hingegen bestehe die zweite Tafel aus negativen Formulierungen, nämlich dessen, was keinesfalls mit der Nächstenliebe vereinbar sei. Zwar sind auch die negativen Gebote als Verbote von Gott her formuliert, so dass auch sie implizit das Gebot, Gott zu lieben, enthalten. Aber zugleich bergen sie durch das „Du sollst nicht" ein von den Menschen in weiteren Gesetzen auszuformulierendes säkulares Potential.

Letztlich ist es die zweite Tafel, die sich im ersten Gebot der Noachidischen Gebote spiegelt. Die fünf Gebote der zweiten Tafel, die Mord, Ehebruch, Diebstahl, falsches Zeugnis, Missbrauch und Missgunst verbieten, (*Ex.* 20, 13–14) die ungefähr so auch in den Noachidischen Geboten enthalten sind, als Verbot „der Unzucht, des Blutvergießens, des Raubes", verlangen ein Rechtswesen, um den jeweiligen Verstoß zu ahnden.

Dass Rosenzweig nichts an dem zweiten Ersten Gebot lag – sich ein säkulares Rechtswesen zu geben – und es in seinen Ausführungen zur Wirklichkeit des Gebotes/Gesetzes keine Rolle spielt, liegt sicherlich an Rosenzweigs ambivalenter Einstellung zum Staat. Für den einstigen Verfasser einer Doktorarbeit mit dem Titel *Hegel und der Staat*, der bei Hegel eine politische Theologie des Staates ausmachte, die in der Spannung zum christlichen Subjekt (Jesus) steht, kam diese Spannung für das jüdische, das Gebot gewahrende Selbst nicht in Frage. Vielmehr läuft Rosenzweigs Vorstellung über das jüdische Verhältnis zum Staat in *Der Stern der Erlösung* darauf hinaus, dass das jüdische Volk außerhalb der politischen Geschichte lebe. Es feiere in einer bereits erlösten Ewigkeit seine Feste. Dem gegenüber gestalte das Christentum auf der Doppelspur von Staat und Kirche die Geschicke der Welt. Eine jüdische Theologie des Rechtsstaates, die eventuell auch die jüdische Rechtstradition erneuert hätte – nicht nur als kultische Verwirklichungen des Liebesgebots, sondern als eine religiös-säkulare Dynamik der politischen Gegenwart –, wäre nach Rosenzweig nicht möglich.

Diese kritische Feststellung soll aber nicht grundsätzlich die Brauchbarkeit von Rosenzweigs Theorie des relativen Gesetzes verwerfen. Denn die Unterscheidung zwischen überwiegend *positiven* Gesetzen auf der ersten Tafel und *negativen* Gesetzen auf der zweiten Tafel stellt die Spannung zwischen den beiden Tafeln her und weist in das zweite Erste Gebot, sich ein säkulares Rechtswesen zu geben, das implizit die Verbote auf der zweiten Tafel verlangt.

Für eine Theologie des Rechtsstaates ist es unabdingbar, beide Tafeln *zusammen* zu sehen – sie in ihrer inneren Verbindung zu erkennen, wie es im rabbinischen Judentum getan

wurde – und dabei *keine Priorität der einen Seite über die zweite*
zu setzen. Erst in der Spannung zwischen der ersten und der
zweiten Tafel – oder anders ausgedrückt: dem theokratischen
Anspruch Gottes an sein Volk und den säkularen Bemühungen
der Menschen – wird eine jüdische Theologie des Rechtsstaates
erkennbar. Die beiden Tafeln sind auf immer verbunden, und
die Spannung selbst ist das Grundlegende ihres Zusammen-
hangs. Beide Seiten durchdringen sich gegenseitig.

Der theokratische Anspruch Gottes ist indes kein starrer.
Lesen wir erneut das erste der Zehn Gebote: „Ich bin der
Ewige, dein Gott, *der dich aus Ägypten, dem Sklavenhaus, heraus-
gezogen hat.*"

Gott präsentiert sich hier selbst als ein Gebot – das heißt,
er präsentiert sich selbst in einer Rechtsform, nämlich als erstes
der Zehn Gebote. Als Gesetz mit ewiger Geltung, präsentiert
er sich zugleich mit einer aktiven Handlung: „[…] der dich aus
Ägypten, dem Sklavenhaus, herausgezogen hat". Die Rechts-
ordnung, die hieraus hervorgeht, kann keine starre und repres-
sive sein, sondern enthält von vornherein eine emanzipatorische
Dynamik. Seit jeher gibt es diese beiden Rechtsauffassungen:
Recht, um eine feststehende, hierarchische Ordnung zu zemen-
tieren – oder Recht, um Befreiung, Emanzipation, Gerechtigkeit zu ermöglichen.[25]

Das theokratische Ich Gottes als Ausgangspunkt einer be-
freienden Bewegung kann zur emanzipatorischen Inspiration
für säkulare Rechtsordnungen werden. Der innere, rechtliche
Zusammenhang zwischen Gott und dem Herausziehen aus
Unfreiheit, Unterdrückung, Unmündigkeit kann eine dynami-
sche Rechtsvorstellung konstituieren. Gott als Ausgangspunkt
dieser Rechtsvorstellung würde das Formulieren von Gesetzen
bewirken, die die Gesellschaft verändern. Diese Rechtsauffas-
sung versteht sich in Konfrontation zu repressiven Rechtsordnungen, die an eine ewige, hierarchische Ordnung glauben, in
der Menschen fixierte Ränge zugewiesen sind (Adel, Sklaven,
Arbeiter usw.). Sie ist der Anfang einer jüdischen Theologie des
Rechtsstaates. Sie setzt das säkulare Rechtswesen voraus, den
Rechtsstaat, verknüpft ihn jedoch mit der theokratischen

Rechtsdynamik, aus „Ägypten, dem Sklavenhaus" herauszu-
ziehen. Nicht nur das säkulare Rechtswesen, sondern das säkulare Rechtswesen in der Verknüpfung mit dem theokratischen
Anspruch vermögen eine befreiende Rechtslogik in der Gesellschaft zu bewirken und bisheriges Recht zu korrigieren. Alle säkularen Gesetze, die nach der jüdischen Theologie des säkularen
Rechtsstaates Bestand haben, sind solche, die Emanzipation
von Unrecht, Unterdrückung und Rückständigkeit bewirken.
Es sind zugleich Wege, die ebenfalls zur *Tora* führen. Und mit
ihnen reflektiert die *Tora* zurück und entfaltet ihren religiös-
säkularen Anteil innerhalb der weltlichen Rechtsordnungen.
Sie ist tatsächlich nicht mehr im Himmel.

Der produktive Konflikt mit Gott
Fünf *religiös-säkulare* rabbinische Konzepte für eine multireligiöse, pluralistische Gesellschaft

Mit dem Wiederaufleben eines jüdisch-religiösen Selbstbewusstseins seit den 1990er Jahren sind eine Reihe rabbinisch-talmudischer Konzepte populär geworden, die viel über ein sich wandelndes Selbstverständnis von Jüdinnen und Juden gerade auch in Europa aussagen. Es handelt sich durchweg um Konzepte, mit denen sich die Bejahung einer demokratischen, rechtsstaatlichen und pluralistischen Gesellschaft ausdrücken lässt. Sie stellen zugleich neue geistige Verbindungslinien zwischen dem jüdischen Leben in der Diaspora und im Staat Israel her, wo sie ebenfalls eine Rolle spielen.

Bemerkenswert an den altneuen rabbinischen Konzepten ist, dass sie nicht unmittelbar aus der *Hebräischen Bibel* (dem *Alten Testament*) stammen, sondern im *nachbiblischen* rabbinischen Schrifttum, vor allem im *Talmud* formuliert worden sind. Das allein schon zeigt eine tiefgehende Verschiebung. Bis vor einigen Jahren assoziierte man mit dem *Talmud* fast ausschließlich ultra-orthodoxe Männer, die Tag und Nacht nichts anderes tun als die rabbinischen Lehren zu studieren. Dem gegenüber bezogen moderne Jüdinnen und Juden religiös-politische Inspiration in erster Linie aus der *Hebräischen Bibel*. Mit ihr untermauerte etwa der Zionismus die historische Beziehung zum Land Israel und den Anspruch, dort einen jüdischen Staat zu errichten.

Inzwischen hat ein ungeahnter Bildungsaufbruch in neue Bereiche der jüdischen Tradition stattgefunden. Stellvertretend für viele Initiativen seien die großen *Limmud*-Lernfestivals in Europa genannt,[1] die Seminare der Zentralwohlfahrtsstelle (ZWST) und der Bildungsabteilung des Zentralrates der Juden in Deutschland, etwa über Pluralismus im Judentum.[2] Dort werden unter anderem auch rabbinische Konzepte aus dem *Talmud* diskutiert, von denen sich viele Jüdinnen und Juden in Bezug auf ihr Jüdischsein in Europa neu angesprochen fühlen. Damit verbunden ist eine neue Anerkennung der religiösen Leistung des

Judentums unter den Bedingungen der Diaspora. Es werden zunehmend die zwei Modi jüdischer Existenz als gleichwertig sichtbar: im Land Israel ebenso wie unter den Völkern der Welt. Anders als die *Bibel*, die sich jüdisches Leben nur in *einem* Land vorstellen kann, nämlich dem eigenen Land, wurde der *Talmud* für das Leben von Juden sowohl im Land Israel als auch in der Diaspora geschrieben. Er war für die Bewahrung des Judentums in der spätantiken, multinationalen, multireligiösen Realität angelegt, in der das Judentum nicht die einzige und auch nicht die Mehrheitsreligion bildete – eine Welt, in der die Bewahrung des Judentums von der Zusammenarbeit mit Anderen und, damit verbunden, einer Akzeptanz ihrer Religionen abhing. Das macht ihn interessant für die Reflexion über jüdisches Leben unter den heutigen multireligiösen Bedingungen.

Darüber hinaus dokumentiert der *Talmud* so etwas wie eine Rabbinerdemokratie. Faszinierend ist vor allem seine Form. Sie macht ihn zu einem epochen- und generationenübergreifenden Werk, das auf eine Weise zusammengestellt worden ist, durch die Hunderte Rabbiner in ganz unterschiedlichen Regionen und politischen Situationen zu Wort kommen. Diese Vielstimmigkeit wird gern als rabbinischer Pluralismus gesehen. Sie inspiriert auch in Bezug auf die Fähigkeit der jüdischen Religion, sich unter demokratischen und rechtsstaatlichen Bedingungen weiterzuentwickeln. Tatsächlich bezeugt sie ein durch und durch dezentrales Paradigma, das geeignet war, in den folgenden Jahrhunderten die sich ausdehnende jüdische Diaspora länderübergreifend zusammenzuhalten. Den Redaktoren des Talmuds gelang es, Juden aus unterschiedlichsten Kontexten einzuladen, in die einstigen rabbinischen Diskussionen einzusteigen und dadurch zu Standpunkten für die jeweils eigene Situation zu gelangen. Diese Einladung wird heute gerade auch von säkular eingestellten und zugleich religiös empfindenden Jüdinnen und Juden wieder angenommen.

Die im Folgenden vorgestellten fünf rabbinischen Konzepte stammen aus den ersten sechs Jahrhunderten unserer Zeitrechnung. Sie ziehen Rückschlüsse auf das damalige jüdische Leben in der multireligiösen Wirklichkeit des Römischen Reiches beziehungsweise der persischen Parther- und Sassanidenreiche. Was sie für die Gegenwart brauchbar erscheinen lässt, ist ihr erstaunlich säkulares, besser: ihr *religiös-säkulares* Potential. Wer sich heute auf sie beruft, identifiziert sich zumeist mit der demokratischen pluralistischen Gesellschaft und zeigt zugleich ein Bewusstsein für die religiöse Tradition des Judentums. Doch obwohl sich jedes dieser Konzepte als Bewahrung der jüdisch-*religiösen* Tradition versteht, ist es interessanterweise ihr *säkularer* Anteil, der heute die Verbindung zur größeren nichtjüdischen Gesellschaft herzustellen scheint.

1) *Tikkun Olam* – Reparatur der Welt

Das wohl bekannteste religiös-säkulare Konzept aus der jüdischen Tradition ist *Tikkun Olam*. Seine Popularität geht mittlerweile weit über die jüdische Gemeinschaft hinaus. So priesen auch die beiden ehemaligen amerikanischen Präsidenten Bill Clinton und Barack Obama ganz selbstverständlich *Tikkun Olam* als Motivation für ihre Politik.[3] Das Monatsmagazin und Sprachrohr heutiger linksreligiöser Juden in den USA heißt *Tikkun*.[4] Aber auch in Deutschland wird „jüdische Politik" mit der Vorstellung vom „Gebot des *Tikkun Olam*" verknüpft.[5]

Wer sich im Sinne des *Tikkun Olam* engagiert, meint damit konkrete gesellschaftspolitische und soziale Aktivitäten. Implizit aber sollen sie die messianische Zeit näherbringen. Damit ist jedoch *keine jenseitige* Welt gemeint, kein Warten auf den Messias, der ein ganz anderes Zeitalter einläuten würde, sondern eine verbesserte *diesseitige* Welt. Genau genommen überwindet *Tikkun Olam* das Warten auf den Messias. Theologisch gesehen steht es in einer kritischen Beziehung zur messianischen Idee. Deshalb ist das Konzept für religiös-säkulare Jüdinnen und Juden attraktiv. Es reformuliert die messianische Hoffnung für diejenigen, denen der Glaube an eine göttliche Rettung fragwürdig geworden ist. Aber damit ist für sie die messianische Hoffnung keineswegs obsolet. Sie findet im *selbst gestellten* Gebot des *Tikkun Olam* ihren neuen Ausdruck.

„*Tikkun*" heißt wörtlich Reparatur – „*Olam*" ist das hebräische Wort für Welt. *Tikkun Olam* bedeutet so etwas wie „Reparatur der Welt". Der Begriff weckt die Vorstellung, etwas in der Welt, ihre göttliche Integrität, sei kaputtgegangen beziehungsweise zerbrochen. Die Menschen seien gerufen, sie zu reparieren.

Genau besehen ist *Tikkun Olam* jedoch kein unmittelbares göttliches Gebot, sondern eine Initiative vonseiten der Menschen, das Zerbrochene zu reparieren. Es handelt sich um ein Gebot, das sich die Menschen selbst auferlegt haben. Es verschiebt den Fokus von Gott auf die Menschen, ohne den messianischen Maßstab aufzuheben. Was die messianische Qualität des *Tikkun Olam* von der Vorstellung eines von Gott gesandten Messias unterscheidet, ist ihre säkulare Beschaffenheit. Sie bezeichnet das Gegenteil göttlicher Initiative; vielmehr stellt sie die Handlungen der Menschen, die im Hier und Jetzt zu einer besseren Welt beitragen, in ein messianisches Licht.[6]

Nach dem Ursprung der Idee von *Tikkun Olam* gefragt, wird zumeist auf zwei Quellen verwiesen: Eine Quelle ist eine Zeile im *Alenu*-Gebet, das zu den Schlussgebeten des jüdischen Gottesdienstes gehört und dessen Komposition der rabbinisch-talmudischen Epoche zugeordnet wird.[7] Darin findet sich die Formulierung *letaken olam be-malchut schadai*.[8] Wörtlich übersetzt heißt dies: „die Welt mit Hilfe des Königreich Gottes zu *reparieren*". Der menschliche Anteil an der Reparatur wird jedoch so gut wie immer in den Übersetzungen relativiert. So wird die Formulierung etwa im jüdischen Gebetbuch *Sidur Schma Kolenu* übersetzt mit „die Welt durch die Herrschaft Gottes zu *vervollkommnen*".[9]

Eine andere bekannte Quelle ist die lurianische *Kabbala*. Sie geht auf den im 16. Jahrhundert lebenden jüdische Mystiker Isaak Luria zurück, der das Bild der „zerbrochenen Gefäße" geschaffen hat. Es besagt, dass in den urzeitlichen Gefäßen die Schöpfung eins mit der *Schechina*, das heißt mit der Präsenz Gottes, gewesen sei. Doch durch die Sünde des ersten Menschen wurden die Gefäße zerbrochen. Die Aufgabe des jüdischen Volkes bestehe darin, die durch das Zerbrechen der Gefäße zerstreuten Funken der *Schechina* wieder einzusammeln und sie zu einer ursprünglichen Ganzheit/Einheit zusammenzufügen.[10] Das sei der *Tikkun Olam*.

Viele der religiös-säkularen Juden, die sich heute mit echtem sozialpolitischem Engagement dem *Tikkun Olam* verpflichtet fühlen, ziehen Inspiration aus der jüdischen Mystik, der *Kabbala*. Nur oberflächlich betrachtet wirkt dies wie ein Widerspruch. Wer sich für den *Tikkun Olam* engagiert, will irgendwo die *konkreten* Gefäße in der *diesseitigen* Welt reparieren und damit Aspekte des göttlichen Schöpfungswerkes adjustieren. Genau in dieser Zweiseitigkeit – der religiös-mystischen und zugleich konkret-säkularen Beschaffenheit – liegt die religiöse Attraktivität des *Tikkun Olam*.[11]

Es gibt jedoch noch eine weitere rabbinische Quelle. Aus meiner Sicht ist sie die eigentliche Quelle, da sie dem Konzept erst seine konkretisierende, religiös-säkulare Schwerkraft verleiht. Diese dritte Quelle findet sich in der Rechts- und Gesetzestradition des *Talmuds* und steht für die Vollmacht der Rabbinen, eigene Dekrete und Gesetze zu erlassen. Mit dem Begriff *Tikkun ha-Olam* rechtfertigten die Rabbinen im *Talmud* eine Reihe neu erlassener Gesetzesvorschriften. Diese hießen *Takkanot*.[12]

An dieser Stelle ist ein nochmaliger Blick auf die hebräische Sprache aufschlussreich. Beide Wörter – sowohl der *Tikkun* (Reparatur), als auch die *Takkana* (Singular von *Takkanot*) – bilden sich aus dem Wortstamm *t–k–n*. Das Verb *letaken* bedeutet „reparieren", es versteht sich aber auch als „korrigieren". Der rabbinische Gesetzeserlass, die *Takkana*, „repariert" – oder: „korrigiert" etwas. Im *Talmud* handelt es sich dabei immer um Korrekturen der *Tora*-Gesetze. Auch wenn es die Wörter „religiös" und „säkular" im heutigen Sinne nicht gab, schufen die Rabbinen mit ihren vielen *Takkanot* eine religiös-säkulare Spannung zu den Gesetzen der *Tora*, indem sie diese „korrigierten". Offensichtlich waren sie sich dieser Spannung voll bewusst. „Sind es denn nicht eher Takkanot?" fragt der *Talmud* zum Beispiel im Hinblick auf eine einschneidende Änderung im bisherigen Zeugenrecht.[13]

Auch wenn es sich bei den *Takkanot* um ganz konkrete Rechtsfälle handelte, zielten die Rabbinen auf eine *heilsgeschichtliche* Verbesserung der Welt ab, die aber schon jetzt detaillierter Korrekturen im *diesseitigen Zusammenleben* der Menschen bedarf. Ihre berühmteste *Takkana* war der *Prosbul*, ein Dokument, das den von der *Tora* verlangten Schuldenerlass alle sieben Jahre aufhob.[14]

> „Hillel führte den *Prosbul* ein wegen *Tikkun ha-Olam*." (*M Gittin* 4, 3)[15]

Den Hintergrund dieser Entscheidung gab die damalige Wirtschaftsrealität. Aufgrund des *Tora*-Gesetzes lehnten es die Geldverleiher ab, im fünften oder sechsten Jahr Kredite zu geben. Sie fürchteten, dass die Schuldner dann nur das siebente Jahr abwarteten, um ihre Schulden nicht mehr zurückzahlen zu brauchen. Mit dem *Prosbul* erhielten jedoch die Gläubiger die Möglichkeit, die Schulden auch über das Erlassjahr hinaus einzufordern. Das heißt: Wer seinem Nächsten im sechsten Jahr Geld lieh, brauchte nicht mehr zu befürchten, dass die Schulden im siebenten Jahr verfallen würden.[16]

Die Rabbinen wussten sehr genau um die Spannung zur *Tora*:

> „Ist denn so etwas möglich, dass nach der Tora das Siebentjahr [die Schuld] erlässt, und Hillel angeordnet hat, dass es nicht erlasse?!" (*BT Gittin* 36a)

Im Folgenden führten sie eine komplizierte Diskussion, ob der *Prosbul* nur als Ausnahme, nur für die eigene Generation oder auch für alle kommenden Generationen gelte. Sie machten es sich nicht einfach. Im Ergebnis blieb der Schuldenerlass als das Ideal bestehen. Doch im realen Leben erwies er sich als kontraproduktiv. Er förderte „nichtswürdige Gedanken"[17] in den Herzen und verhinderte, dass sich Juden gegenseitig Darlehen gaben. Auf diese Weise blockierte der Schuldenerlass die wirtschaftliche Tätigkeit und verursachte wirtschaftlichen Rückschritt und Vermehrung von Armut. Das aber konnte nicht im Sinne der *Tora* sein. Das Gebot des Schuldenerlasses sollte auf keinen Fall soziale Notlagen hervorrufen, sondern, ganz im Gegenteil, eine vormalige Gerechtigkeit wiederherstellen. Den Ausweg aus der Krise schuf die *Takkana* von Hillel dem Älteren, „um des *Tikkun ha-Olam* willen".

Aus den *Takkanot* um des *Tikkun ha-Olam* willen erschließt sich die Säkularität des rabbinischen Schrifttums. Sie war religiös motiviert: Das himmlische Königreich bildet den Maßstab, an dem alles weltliche Leben bemessen wird. Doch die Bemessung bedarf einer Auseinandersetzung mit den konkreten diesseitigen Details. Um der messianischen Ausrichtung willen, muss mit dem säkularen Instrument der Gesetzgebung das diesseitige Leben adjustiert werden. Säkular daran ist, dass Gott nicht wirklich herrscht – vielmehr die Menschen seinen gemutmaßten Willen nur umsetzen können, indem sie ihn korrigieren.

Das *Talmud*-Traktat *Gittin* enthält eine prominente Liste von *Takkanot*. Sie werden durchgängig mit *Tikkun ha-Olam* begründet. Die Bestimmungen betreffen Änderungen im Scheidungsrecht zugunsten der Kinder, im Umgang mit Sklaven, der Kreditvergabe an Arme, der Zahlung von Lösegeld für Geiseln. In allen Fällen geht es um den Status von Menschen, die in Abhängigkeit leben, beziehungsweise um eine Gewährleistung dafür, dass die rechtlichen Nachteile ihrer Abhängigkeit vermindert werden. Es sind konkrete Korrekturen im Kleinen, Gesetzesänderungen, die bestimmte Details im Zusammenleben modifizieren, aber damit Bedingungen ermöglichen, die ein gegenseitiges ethisches Verhalten zwischen Menschen in verschiedenen Graden der Abhängigkeit fördern.

Die Themen sind alles andere als unspektakulär, wie das Beispiel aus dem rabbinischen Scheidungsrecht mit Blick auf den Status der Kinder zeigt:

„Drei Scheidebriefe sind ungültig; wenn sie [die Mutter] aber geheiratet hat, so ist das Kind unbemakelt. Wenn er ihn mit eigener Hand geschrieben hat und keine Zeugen

darauf [unterzeichnet] sind; wenn Zeugen darauf [unter-
zeichnet] sind, aber kein Datum darauf ist; wenn ein Datum
darauf ist, aber nur ein Zeuge darauf [unterzeichnet] ist.
Diese drei Scheidebriefe sind ungültig; wenn sie [die Frau]
aber geheiratet hat, so ist das Kind unbemakelt. R. Elieser
sagt: Auch wenn keine Zeugen darauf [Unterzeichner] sind,
er ihn ihr aber vor Zeugen gegeben hat, ist er gültig, und sie
kann [ihre *Ketuba*/Ehevertrag] einfordern, denn dass die
Zeugen den Scheidebrief unterschreiben, hat man lediglich
des *Tikkun ha-Olam* wegen verordnet." (*M Gittin* 9, 4)

Zur Erläuterung: Kinder von einer Mutter, die mit einem anderen Mann als deren leiblichem Vater verheiratet war, galten
als „bemakelt" (= illegitim) und litten unter rechtlichen Benach-
teiligungen. Um des *Tikkun ha-Olam* willen, erklärten die Rabbinen per *Takkana* Scheidebriefe für wirksam, auch wenn sie
aufgrund formaler Kriterien eigentlich ungültig waren. Damit
schützten sie den Status der Kinder. Es ging hierbei um eine
Frage der Zukunft – durchaus der *heilsgeschichtlichen* Zukunft,
jedoch in einem ganz realen, *weltlichen* Sinn. Die Rabbinen
hatten hierbei sowohl das Wohl des Kindes als auch der Frau
im Blick, wie sich an den Aussagen von Rabbi Jochanan und
Resch Lakisch ablesen lässt.

> „*Tikkun ha-Olam.* Was ist dies für ein *Tikkun ha-Olam*?
> Rabbi Jochanan sagt, eine Vorsorge [zur Vermeidung von]
> Hurenkindern. Resch Lakisch sagt, eine Vorsorge [zur Ver-
> meidung von] Verlassenen." (*BT Gittin* 33a)

Eine „Verlassene" ist eine Frau ohne formal gültigen Scheidebrief, die nach jüdischem Religionsgesetz nicht wieder heiraten
darf. Die rabbinische *Takkana* „zur Vermeidung von Verlasse-
nen" wirkte sich jedoch erleichternd für die Frauen aus und
unterstützte sie in ihrer Absicht, wieder zu heiraten und Kinder
zu bekommen.

Im Lichte der rabbinischen *Takkanot* zeigt sich die säkulare Dimension des *Tikkun Olam*. Die Rabbinen sehen bei sich

ein Recht, aufgrund weltlicher Herausforderungen die Gesetze Gottes zu korrigieren. Es wäre jedoch falsch, das rabbinische Instrument der *Takkanot* in einer Opposition zum geoffenbarten Gesetz Gottes zu sehen.[18] Von den *Tora*-Gesetzen leuchtet in den *Takkanot* immer noch der Maßstab auf. Im Falle des Schuldenerlasses ist es die Wiederherstellung einer vormaligen Gerechtigkeit. Wo dies jedoch aufgrund einer anderen Gesellschaftswirklichkeit zu neuer Ungerechtigkeit führt, muss die *Takkana* die Umsetzung korrigieren. Mit anderen Worten: durch die Korrektur wird der Maßstab bestätigt.

Auch die heutige Vorstellung von *Tikkun Olam* besagt, dass Gott die Menschen als Partner/innen braucht, und mehr noch: dass Gott beziehungsweise seine geoffenbarte *Tora* der *Korrektur* vonseiten der Menschen bedarf. Die Korrekturen sind die *Takkanot* im Wege des Rechts. So verstanden wird *Tikkun Olam* zu einer religiösen Handlung, die sich jedoch bewusst in der kritischen Spannung zur *Tora* versteht. Es klingt paradox. *Tikkun Olam* bezieht sich auf die konkrete Gesellschaftswirklichkeit. Indem damit die Gesetze der *Tora* korrigiert werden, greift der *Tikkun Olam* zugleich in die soziale Wirklichkeit ein und bestätigt den göttlichen Maßstab. Die kritische Einstellung zur *Tora* führt also nicht zu einer Abwendung von der religiösen Tradition, sondern, ganz im Gegenteil, zu ihrer Bestätigung.

Wie ist *Tikkun Olam* in der heutigen multireligiösen, pluralistischen Wirklichkeit zu verstehen? Anhand sich verändernder gesellschaftlicher Realitäten können Juden und Jüdinnen korrigierende Rückschlüsse in ihrer eigenen religiösen Tradition herbeiführen. Denkt man zum Beispiel das jüdische Scheidungsrecht im Hinblick auf *Tikkun Olam* weiter, richten sich die heutigen *Tora*-modifizierenden *Takkanot* etwa auf gleichgeschlechtliche Paare, interkonfessionelle Ehen, Adoptionen von nichtjüdischen Kindern usw.[19] Es wäre jedoch ein Missverständnis, den Begriff *Tikkun Olam* als eine bloße Adaption des jüdischen Rechts an das bestehende allgemeine Recht zu verstehen. Entscheidend ist die zu gestaltende religiös-säkulare Beziehung zu Gott, die gerade durch die Modifikation der göttlichen Gesetze bestehen bleibt, wenn nicht sogar eine gesteigerte Intensität erhält. Das jüdisch-religiöse Lebensgefühl bleibt dabei in der Spannung zu Gott, vielleicht sogar in einem kritischen Dialog mit Gott. Die Kritik läuft jedoch nicht auf eine Abwendung von Gott hinaus, sondern auf Korrekturen, die die Beziehung zu ihm bestätigen.

2) *Zelem Elohim* – Ebenbild Gottes

Die im *Tikkun Olam* enthaltene kritische Spannung gegenüber Gott bestimmt auch das zweite rabbinische Konzept der jüdischen religiös-säkularen Tradition: *Zelem Elohim*, auf Deutsch zumeist als „Ebenbild Gottes" oder in der Theologie als *Imago Dei* bezeichnet. Es ist ein oft unter jüdischen Menschenrechtsaktivisten verwendeter Begriff, der einen jüdisch-ethischen Universalismus pluralistischer Ausprägung fundiert. *Zelem Elohim* geht auf die biblische Beschreibung der Erschaffung des ersten Menschen zurück:

> „Und Gott schuf den Menschen in seinem Ebenbild, im Ebenbild Gottes schuf er ihn; männlich und weiblich schuf er sie." (*Gen.* 1, 27)

Dass danach *alle Menschen* im Ebenbild Gottes erschaffen sind, also auch diejenigen, die den israelitischen Gott beziehungsweise die jüdische Religion nicht kennen, bietet eine ideale Denkfigur für gesellschaftliche Vielfalt und Toleranz. Die einschlägige rabbinische Textstelle hierzu findet sich in der *Mischna*, der ältesten Schicht des *Talmuds*. Auf die Frage, warum Gott zunächst nur einen einzigen Menschen erschaffen habe, heißt es in der Antwort:

> „[...] wegen des Friedens der Menschen, damit nicht ein Mensch zum anderen sage: ‚Mein Ahn war größer als dein Ahn'; auch damit die Abtrünnigen nicht sagen: ‚Es gibt mehrere Autoritäten im Himmel'; endlich um die Größe

des Königs aller Könige, des Heiligen, er ist gesegnet, zu verkünden, denn wenn ein Mensch viele Münzen mit einem Stempel prägt, sind sie alle einander gleich, aber der König aller Könige, der Heilige, er ist gesegnet, hat jeden Menschen mit dem Stempel des ersten Menschen ausgeprägt, und doch ist nicht einer dem anderen gleich. Daher ist auch jeder Einzelne verpflichtet zu sagen: ‚Meinetwegen ist die Welt erschaffen worden'." (*M Sanhedrin* 4, 5)

Die talmudischen Rabbinen fügten hinzu:

„Eine andere Erklärung: wegen der Frommen und wegen der Gottlosen; damit nämlich die Frommen nicht sagen, sie entstammen einem Frommen, und die Gottlosen nicht sagen, sie entstammen einem Gottlosen. Eine andere Erklärung: Wegen der Familien, damit nämlich die Familien einander nicht befehden; wenn sie sogar jetzt, wo [der Urmensch] einzig erschaffen wurde, einander befehden, um wieviel mehr wäre dies der Fall, wenn zwei erschaffen worden wären. Eine andre Erklärung: Wegen der Räuber und Plünderer; wenn es sogar jetzt, wo [der Urmensch] einzig erschaffen wurde, Raub und Plünderung gibt, um wieviel mehr wäre dies der Fall, wenn zwei erschaffen worden wären." (*BT Sanhedrin* 38a)

Die beiden Passagen sind in vielerlei Hinsicht interessant. Zunächst stellen sie eine Gleichheit aller Menschen im Ebenbild Gottes fest. Jeder Mensch ist danach Träger derselben Gottesebenbildlichkeit, das heißt: Auch die Angehörigen der anderen Religionen sind darin eingeschlossen, sogar die Abtrünnigen, die Frevler und die Gottlosen. Damit enthalten die beiden Passagen jedoch auch eine zwiespältige Nuance. Einerseits hat Gott den Menschen einzig erschaffen, um Frieden zwischen den Geschöpfen zu ermöglichen. Andererseits ist ihm der Frieden offensichtlich nicht gelungen; denn durch die Unterschiede der eigentlich gleichen Menschen entstanden Streit, gegenseitige Ablehnung und sogar Verbrechen; die negativen

Erscheinungen haben offenbar einen Anteil an der göttlichen Ebenbildlichkeit.

Es gibt rabbinische Auslegungen, denen zufolge der Streit in der Welt ein Ergebnis des göttlichen Schöpfungsprozesses selbst sei. Im *Midrasch,* der rabbinischen Exegese zum Buch *Genesis,* wird konstatiert, dass Gott den Unfrieden noch vor der Erschaffung des Menschen in die Welt gebracht habe. Dies sei durch seine Scheidungen/Trennungen im Schöpfungsprozess geschehen. Die betreffende Textstelle setzt sich mit der Frage auseinander, warum Gott am zweiten Tag des Schöpfungsprozesses nicht wie an den anderen Tagen sagte: „Es war gut." Es heißt dort lediglich: „Und Gott machte das Firmament und *schied* zwischen den Wassern, die unterhalb des Firmaments und den Wassern, die oberhalb des Firmaments; und es ward also." (*Gen.* 1, 7) Der rabbinisch-exegetische Kommentar zitiert hierzu Rabbi Tabjomi:

> „Rabbi Tabjomi sagte: Wenn nun schon bei einer solchen Trennung, welche zur Erhaltung und zum *Tikkun* der Welt (*le-tikuno schel olam*) und ihrer Bewohner diente, es nicht heißt, dass sie gut war, um wieviel weniger soll eine Trennung (*machloket,* auch: Streitigkeit), welche Verwirrung in der Welt hervorbringt, so genannt werden." (*BerR* 4, 7)

Das klingt fast nach einer Kritik am schöpferischen Vorgehen Gottes. Gott selbst musste seine Schöpfung bereits am zweiten Tag mittels eines *Tikkuns* korrigieren, indem er die Wasser diesseits und jenseits des Himmelsgewölbes schied. Wenn er dabei, das heißt schon vor der Erschaffung des Menschen, durch die Trennung der Wasser ein Paradigma von Spannungsverhältnissen in der natürlichen Atmosphäre („unterhalb und oberhalb des Firmaments") geschaffen hatte, um wieviel mehr sei Streitigkeit aufgrund der unzähligen Ausprägungen der Menschen und der damit verbundenen unzähligen Spannungsverhältnisse zu erwarten![20] Diese Deutung enthält allerdings auch einen Hinweis, wie der Frieden beschaffen sei: Spannungsverhältnisse herzustellen und sie zugleich in die richtige Balance zu bringen.

Auch wenn das Wort „gut" im Zusammenhang des zweiten Schöpfungstages fehlt, ist die rabbinische Einstellung gegenüber dem Streit keineswegs eine negative. Er ist vielmehr ein elementarer Bestandteil ihrer Auffassung von der Beziehung des Menschen zu Gott. Das in der Textstelle verwendete Wort für den Streit – *Machloket* – ist dasselbe Wort, mit dem die talmudischen Rabbinen das „Streiten um des Himmels willen" *(machloket leschem schamajim)* bezeichneten. Es ist für sie eine erwünschte Streitbarkeit.

Gerade in diesem Punkt stellt sich die Frage, ob der rabbinische Maßstab, der jüdische Streitbarkeit gutheißt, auch für alle anderen Menschen gilt. Die rabbinisch-talmudische Streitbarkeit betraf immer die Gesetze der *Tora*, an die sich allein das Volk Israel halten musste. So wird im *Talmud* die Idee des *Tikkun Olam* ausschließlich zur Modifikation jüdischer Gesetze angeführt. Wie aber verhält es sich mit den anderen Völkern, die aus rabbinischer Sicht nicht an diese Gesetze gebunden sind? Vom talmudischen Standpunkt her sind die Anderen genau wie die Juden im Zeichen der Gottesebenbildlichkeit erschaffen. Die heutige Popularität des Begriffs *Zelem Elohim* erstreckt sich darum auf globale, menschheitliche Anliegen, wie das Eintreten für eine ökologische Theologie oder den Kampf gegen Menschenrechtsschändungen.[21]

Aber schließt dies auch eine Streitbarkeit der Anderen gegenüber Gott mit ein? Tatsächlich unterscheidet der *Talmud* diesbezüglich, indem er die gesetzgeberischen Maßnahmen für den *Tikkun Olam* nur auf die jüdischen Gesetze bezieht, hingegen bei Maßnahmen für das Zusammenleben mit den nichtjüdischen Anderen einen anderen Begriff verwendet: *Darkhe Schalom*, wörtlich übersetzt „Wege des Friedens". Der Begriff zielt auf ein friedvolles Zusammenleben ab, zum Beispiel in folgenden Passagen:

„Folgendes verordneten sie wegen der Wege des Friedens *(mipne Darkhe Schalom)*: [...] Man wehrt nichtjüdischen Armen nicht [das Einsammeln von] Nachlese, Vergessenem und der Feldecke, *wegen der Wege des Friedens*." (*M Gittin* 5, 8)

> „Man darf Nichtjuden im Siebentjahr [wenn sie ihre Felder
> bearbeiten] aufmunternd unterstützen, aber nicht Israeliten.
> Man grüße sie jederzeit [selbst an heidnischen Festtagen,
> *BT Gittin* 62a] *wegen der Wege des Friedens.*" (*M Gittin* 5, 9)

Anders als bei *Tikkun Olam* verlangen die „Wege des Friedens"
mit den Nichtjuden keine gesetzlichen Änderungen, sondern
lediglich Empathie im gegenseitigen Umgang, allgemeines
soziales Mitgefühl sowie Toleranz gegenüber den religiösen
Identitäten der Anderen. Es scheint, als sei die Beziehung zur
nichtjüdischen Mitwelt beim Thema Frieden nicht in demselben Maße von der Spannung gegenüber Gott bestimmt, wie
beim Thema *Tikkun Olam*.

Für eine gegenwärtige jüdische Theologie, die die Bedingungen einer pluralistischen Gesellschaft reflektiert, ist aus meiner Sicht die Frage, ob die Streitbarkeit gegenüber Gott nur
eine Sache der Jüdinnen und Juden ist, von entscheidender
Bedeutung. Eine jüdische Brücke im Sinne einer positiven
Beziehung zu den anderen Religionen entsteht nicht durch
„pazifistische" Gleichgültigkeit gegenüber anders gelagerten
religiösen Anschauungen, sondern gerade auch durch eine dif-
ferenzierte Aufmerksamkeit im Interesse einer pluralistisch
geprägten Streitbarkeit. Hier aber zeigt sich erneut, dass es gerade die *religiös-säkulare* Dimension im Konzept *Zelem Elohim*
ist, die Sichtweisen ermöglicht, in denen die Streitbarkeit aller
Menschen gegenüber Gott erkannt werden kann. Den talmudischen Rabbinen war die Notwendigkeit einer allgemeinen,
menschheitlichen Streitbarkeit sehr wohl bewusst. Sie scheint
in der Verknüpfung von *Zelem Elohim* mit dem rabbinischen
Begriff der „Menschenwürde" *(kewod ha-brijot)* auf.

> „Groß ist die Würde der Menschen, dass sie sogar ein Ver-
> bot der Tora verdrängt." (*BT Brachot* 19b)

Es geht in dieser Passage um körperliche Schamgefühle des
Menschen. Sie stellen implizit ein universelles Recht auf körperliches Wohlbefinden fest, das Juden und Jüdinnen mit allen

anderen Menschen teilen. Es ist in dieser Passage klar, dass dieses universelle Recht (durchaus im Sinne eines Naturrechts) die Rabbinen autorisiert, die Gesetze der *Tora* zu modifizieren – zum Beispiel die Gesetze des Schabbat zu brechen, wenn das körperliche Wohlbefinden dies verlangt. Zugleich weist das Recht auf körperliches Wohlbefinden in einen Raum, den Juden mit anderen Menschen teilen – einen Raum, in dem das im Ebenbild Gottes erstehende Menschliche erst in einer teilweisen Zurückweisung seiner Gebote gewürdigt werden kann. Es geht darin um keine Ablehnung Gottes, sondern ganz im Gegenteil, um die Erneuerung der Beziehung aufgrund einer Spannung, wenn nicht eines Konflikts, mit den Forderungen Gottes. In diesem Raum werden auch die anderen Völker im Konflikt mit den jeweiligen religiösen Forderungen, wie sie sich ihnen stellen, erkannt. Historisch gesehen vermochten sich große Teile dieser jeweiligen Konfliktlösungen als universelle Zivilisationsgeschichte auch im Judentum niederzuschlagen. Auch heute ist es oftmals eher *das Ringen* in den anderen Religionen um dortige Konfliktlösungen, welches das religiös-pluralistische Interesse unter Jüdinnen und Juden zu wecken vermag, als eine interreligiös motivierte Harmonisierung verschiedener religiöser Vorstellungen.

3) *Pikuach Nefesch* – Lebensrettung geht vor

Das subtile Wissen, dass die gelebte Beziehung zu Gott auch Momente einschließt, in denen sich über die Gesetze der *Tora* hinweggesetzt werden muss, bezeugt sich in Aussagen, wonach die Gesetze Gottes nur zu wahren sind, indem sie auch gebrochen werden können. Die talmudischen Rabbinen wussten sehr genau um solche Situationen: „Da es galt, für den Ewigen zu wirken, brachen sie deine Tora." (*BT Brachot* 63a)[22]
   Das dritte Konzept: *Pikuach Nefesch*, bringt das Paradox, wonach jeder Mensch an der Gottesebenbildlichkeit teilhat, aber sich dadurch eben auch in einer kritischen Spannung zu den göttlichen Forderungen wiederfindet, auf den Gipfel.

Pikuach Nefesch wird im *Talmud*, ebenso wie heute, dahingehend verstanden, dass Menschenleben ein absoluter Wert ist. „Wenn einer ein Menschenleben erhält, rechnet es ihm die Schrift an, als hätte er eine ganze Welt erhalten." (*M Sanhedrin* 4, 5) Das Retten eines Menschen in Gefahr hat darum in der jüdischen Rechtstradition, der *Halacha*, eine höhere Priorität als die Erfüllung ritueller religiöser Gebote. *Pikuach Nefesch* verdrängt den Schabbat. Wenn akute Gefahr für das Leben besteht, geht seine Rettung grundsätzlich vor.

Pikuach Nefesch ist zum Leitbegriff in den heutigen jüdischen Debatten über medizinethische Themen geworden. Das Konzept spielte aber schon im *Talmud* eine große Rolle. Die Rabbinen machten dabei ausdrücklich keinen Unterschied zwischen Juden und Angehörigen anderer Völker und Religionen.

„Jeder Zweifel der Lebensgefahr verdrängt den Schabbat. Wenn über einen Trümmer zusammenstürzen, und es zweifelhaft ist, ob er sich darunter befindet oder nicht, ob er lebendig ist oder tot, ob er ein Nichtjude ist oder ein Jisraelit, so lege man seinethalben die Trümmer frei." (*M Joma* 8 6–7)

„Die Rabbanan lehrten: Man darf am Schabbat das Leben retten; je schneller, desto lobenswerter, und man braucht nicht erst bei Gericht um Erlaubnis zu fragen. Zum Beispiel: sieht man, wie ein Kind ins Meer gefallen ist, so werfe man ein Netz aus und hole es heraus; je schneller, desto lobenswerter, und man braucht nicht erst das Gericht um Erlaubnis zu fragen, obgleich man dabei Fische mitfängt [und damit das Arbeitsverbot am Schabbat bricht]. Sieht man, wie ein Kind in eine Grube gefallen ist, so reiße man eine Erdscholle fort und hole es herauf; je schneller, desto lobenswerter, und man braucht nicht erst bei Gericht um Erlaubnis zu fragen, obgleich man dabei eine Stiege errichtet [und damit das Arbeitsverbot bricht]. Sieht man, wie vor einem Kinde die Tür abgesperrt worden ist, so schlage man sie ein und hole es heraus; je schneller, desto lobenswerter, und man braucht nicht erst bei Gericht um Erlaubnis zu fragen, obgleich man dabei Holz zerkleinert. Man lösche und isoliere bei einer Feuersbrunst; je schneller, desto lobenswerter, und man braucht nicht erst bei Gericht um Erlaubnis zu fragen, obgleich man dabei Kohlen bereitet. Usw." (*BT Joma* 84b)

Zur Begründung von *Pikuach Nefesch* zitierten die Rabbinen unter anderem einen Vers aus dem biblischen Buch *Levitikus*:

„Und wahret meine Satzungen *(mischpatai)* und meine Vorschriften *(chukotai)*, die der Mensch tue, dass er lebe durch sie." (*Lev.* 18, 5)

„Rabbi Schimon ben Menasja erklärte: ,Die Kinder Jisrael sollen den Schabbat beobachten' (*Ex.* 31, 16), die Tora sagt damit, dass man seinetwegen einen Schabbat entweihe, damit er viele Schabbate beobachte. R. Jehuda sagte im Namen Schemuels: Wäre ich dabei, so würde ich zu ihnen gesagt haben: Ich habe einen noch besseren [Beleg] als die eurigen: ,Er lebe durch sie' (*Lev.* 18, 5), und nicht, dass er durch sie sterbe." (*BT Joma* 85b)[23]

Es wird heute als selbstverständlich angenommen, dass die jüdische Tradition im absoluten Wert des Lebens zugleich *ein von Gott auferlegtes Gebot* sieht.[24] Bei einer erneuten Reflexion des Toratextes und seiner rabbinischen Kommentierung erscheint es allerdings fraglich, ob Gott dieses Gebot unmittelbar den Menschen aufgetragen hat – oder ob nicht vielmehr die Menschen das Gebot des *Pikuach Nefesch* geschaffen haben, um damit den Geboten Gottes gewisse Grenzen zu setzen. In jedem Fall ist *Pikuach Nefesch* in seinen Wortnuancen ein ambivalenter Begriff. Als Verb tritt *pikuach* das erste Mal in der *Tora* in einem zunächst negativ erscheinenden Zusammenhang auf, nämlich als Eva und Adam vom Baum der Erkenntnis essen. Die Schlange verspricht Eva, dass der Genuss der verbotenen Frucht ihre „Augen öffnen" (*p–k–ch*) und sie gottgleich Gut und Böse erkennen werde. (*Gen.* 5, 5–7) *Pikuach* heißt „geöffnet werden/worden" oder „sehend gemacht"; *nefesch* heißt „Seele"; gemeint ist jedoch nicht nur die Menschenseele, vielmehr schließt *nefesch* die Seelen *aller Geschöpfe* ein, das heißt auch die der Tiere.[25] In der Kombination *pikuach + nefesch* bezeichnet *Pikuach Nefesch* so etwas wie „höchste Aufmerksamkeit für beseeltes Leben".

Das Essen vom Baum der Erkenntnis, die Übertretung *gegen Gott*, die die Menschen „sehend" machte, beschreibt mythologisch den Anfang menschheitlicher Erkenntnisgeschichte. Sie verweist dabei auch in das Spannungsverhältnis zwischen religiöser Forderung und wissenschaftlichem Fortschritt. Gerade in den im jüdischen Kontext geführten medizinethischen Diskussionen sehen wir heute, wie sich im Konzept von *Pikuach Nefesch* das darin offenbar schon seit biblischen Zeiten enthaltene Spannungsverhältnis gegenüber Gott wieder erneut entfaltet. Das lässt sich beispielsweise an der Debatte über Sterbehilfe gut nachzeichnen.[26] Einerseits beziehen sich gerade auch die orthodox-jüdischen Rabbinate auf *Pikuach Nefesch*, um mit neuen Erkenntnissen überholte medizinische Vorstellungen in der *Tora* überwinden zu können und Leben zu retten. So ist zum Beispiel dank *Pikuach Nefesch* der Hirntod als Todeszeitpunkt (gegenüber dem Herzstillstand) akzeptiert. Auf diese Weise konnten Organspenden auch vonseiten des orthodoxen Rabbinates erlaubt und Menschen am Leben gehalten werden. Andererseits untermauert *Pikuach Nefesch* rigide Auffassungen, indem es als Gebot, Leben zu retten, auch auf die Verlängerung des Lebens um jeden Preis hin ausgelegt werden kann und damit zu qualvoll langen Sterbeprozessen beiträgt.[27]

Ist *Pikuach Nefesch* ein Gebot Gottes? Oder ist es ein rabbinisches Gebot, das den Menschen in einer kritischen, wenn nicht säkularen Spannung zu den Geboten Gottes bezeugt? Gewiss, die Rabbinen begründeten es mit ihrer Auslegung der *Tora*: *„Er lebe durch sie", und nicht, dass er durch sie sterbe!* Aber dass sie es begründen mussten, zeigt, dass es sich auch für sie nicht unmittelbar aus einer *Tora*-Vorschrift ergab, die den Begriff *Pikuach Nefesch* klar benannt hätte. Wenn *Pikuach Nefesch* im heutigen Sprachgebrauch als ein religiöses Gebot aufgefasst wird, liegt darin eine gesteigerte religiös-säkulare Spannung, die man bereits in der Geschichte von Adams und Evas Übertretung wahrnehmen konnte. Sie verweist auf die Anfänge säkularer Kenntnis: Medizin, Wissenschaft, Humanethik usw., die die Menschen zu kompetenten, eigenen Entscheidungen befähigen. Das Besondere der jüdischen Tradition aber ist, dass gerade diese Übertretung nicht die Mensch-Gott-Beziehung auflöst, sondern ganz im Gegenteil eine Grundlage ihrer unendlichen Erneuerung bildet.

4) Die Noachidischen Gebote – der universelle säkulare Rahmen

Welchen Anteil haben die anderen Völker mit ihren anderen Religionen an der kritischen Spannung zu Gott? Im *Talmud* stellte sich die Frage nach der kritischen Spannung in der Mensch-Gott-Beziehung nur *innerhalb* der religiös-säkularen Tradition des Judentums. Konzepte wie *Tikkun Olam, Zelem Elohim* oder *Pikuach Nefesch* richteten sich in ihrer jeweiligen Ausgestaltung auf Details der religionsgesetzlichen, *halachischen* Tradition. Die anderen Religionen und Kulturen blieben davon unberührt. Welche Rolle spielt aber deren Eigenleben für die religiös-säkulare Tradition des Judentums? Und umgekehrt, die religiös-säkulare Tradition des Judentums möglicherweise für die Anderen?

Bemüht man die rabbinischen Konzepte für die heutige multireligiöse Wirklichkeit, sind das wichtige Fragen. Haben die anderen Völker mit ihren anderen Religionen einen Anteil an der jüdisch-religiösen Tradition – oder wird ihre Existenz vom jüdischen Standpunkt lediglich passiv hingenommen. Und wenn sie einen Anteil haben: Können sie vom jüdischen Standpunkt her auch eine aktive, mitgestaltende Rolle für die religiös-säkulare Tradition des Judentums haben?[28]

Beide Fragen sind zu bejahen. Aber auch hier weist die positive Antwort in einen mit den Anderen geteilten *säkularen* Raum. Die rabbinische Literatur enthält Aussagen, wonach es so etwas wie eine „säkulare Vorgeschichte" anderer Geschlechter (Völker) gegeben habe, die den Weg zur *Tora* gegangen seien, bevor sie dem Volk Israel gegeben wurde.

> „Wer auf seinen Wandel aufmerksam ist, lasse ich Gottes Hilfe erblicken.' (*Ps.* 50, 23), d.i. wer seinen Weg *(derech)* abschätzt, ist viel wert, denn R. Ismael bar R. Nachman hat gesagt: der weltliche Weg (*derech erez*, wörtl. Weg der Welt, auch säkularer Weg) ist der Tora um 26 Geschlechter vorangegangen, was sich aus *Gen.* 3, 24 erweisen lässt. ‚Zu bewachen den Weg zum Baum des Lebens.' Unter Weg ist nichts anderes als weltlicher Weg, unter *ez ha-chajim* (Baum des Lebens) nichts anderes als Tora zu verstehen." (*WajikraR* 9, 7 u. 11)[29]

Die verblüffende Aussage dieser Passage besagt, dass es auch säkulare Wege zur selben *Tora* gibt, die das Volk Israel am Berg Sinai angenommen hatte. Und verblüffender noch: dass bereits Andere sie gegangen waren. In demselben Licht lässt sich nun das rabbinische Konzept der Noachidischen Gebote verstehen. Dieses führen heute weite Kreise als eine Art rabbinisch-talmudischen Vorläufer für eine *pluralistische Sichtweise* auf die Gesellschaft an. So sieht der jüdische Religionsphilosoph David Novak in den Noachidischen Geboten einen vom Judentum formulierten, universellen, ethischen Mindeststandard.[30]

Die Noachidischen Gebote gehen zurück auf den in der *Tora* beschriebenen Bund, den Gott mit Noah schloss. (*Gen 9, 1–17*) Die „Noachiden" *(bnej Noach)* stehen in der jüdischen Tradition für *die Menschheit insgesamt*. Im *Talmud* werden aus dem biblischen Bund sieben konkrete Gebote abgeleitet. Die entsprechende Passage lautet:

> „Sieben Gebote wurden den Noachiden auferlegt: ein Rechtswesen, [das Verbot der] Gotteslästerung, des Götzendienstes, der Unzucht, des Blutvergießens, des Raubes und der Tierverstümmelung [bzw. Tierquälerei]." (*BT Sanhedrin 56a*)

Ein aufschlussreiches Charakteristikum der sieben Gebote ist ihre Reihenfolge. Man kann sie gleichwertig nebeneinander lesen, jedes Gebot würde dann unabhängig für sich stehen. Man kann sie aber auch in einer kausativen Abfolge lesen: Aus dem ersten Gebot ergibt sich das zweite, aus dem zweiten erfolgt das dritte usw. Gerade diese zweite Lesart erhellt das grundsätzliche Spannungsverhältnis der Noachidischen Gebote zu den Zehn Geboten. Nur scheinbar enthalten die Noachidischen Gebote eine „verschlankte" Version der Zehn Gebote (ohne die jüdischen Elemente wie etwa das Schabbat-Gebot). Ein Vergleich zwischen beiden erhellt jedoch den Unterschied zwischen dem unmittelbar-theokratischen Anspruch der Zehn Gebote und dem religiös-säkularen Rahmen der Noachidische Gebote.[31] Das erste Gebot der Zehn Gebote besagt: „Ich bin der Ewige, dein Gott" und spricht als ein göttliches „Ich" mit *theokratischem Duktus* zu einem unmittelbaren „Du", dem Volk Israel. „Ich bin der Ewige, dein Gott, der dich geholt aus dem Lande Ägypten […] du sollst/ du sollst nicht" (*Ex.* 20, 1; *Deu.* 5, 6). Dem gegenüber verlangt das erste der Noachidischen Gebote zunächst ganz unabhängig von einer Beziehung zu Gott, sich ein Rechtswesen zu geben, das die Regeln bestimmt, nach denen die Menschen miteinander leben.[32] Modern gesprochen fordert es den säkularen Rechtsstaat. Von hier aus, also im zweiten und dritten Noachidischen Gebot, dem Verbot der Gotteslästerung und des Götzendienstes, wird Respekt gegenüber der monotheistischen Gottesvorstellung verlangt – ohne dies jedoch mit der Forderung zu verbinden, dass die anderen Völker den Gott Israels anbeten müssten.

Jüdische Talmudisten der frühen Neuzeit sahen in den Noachidischen Geboten die Grundlage der Religionstoleranz.[33] Der Philosophiehistoriker Eric Nelson zeichnet in seinem Werk *The Hebrew Republic* nach, wie gerade die Noachidischen Gebote die Ideen der christlichen Hebraisten und politischen Philosophen in England, den Niederlanden oder der Schweiz ab dem 16. Jahrhundert maßgeblich prägten und sich als Religionsfreiheit in der modernen Welt durchsetzten.[34] Nahum Rakover erhellt in seiner großen Studie *Law and the Noahides* eine gemeinsame, bereits von den Rabbinen festgestellte Schnittmenge, die durch das erste der Noachidischen Gebote mit den Gesetzen Israels entsteht.[35] Er zitiert hierfür aus dem zur *Mischna* zugehörigen rabbinischen Gesetzeswerk der *Tossefta*:

> „Den Nachkommen Noachs wurden sieben Gebote auferlegt: ein Rechtswesen *(dinim)*, [das Verbot der] Gotteslästerung, des Götzendienstes, der Unzucht, des Blutvergießens, des Raubes. Was ist gemeint mit *dinim*? Auf dieselbe Weise, wie dem jüdischen Volk aufgetragen ist, Gerichte einzurichten, ist auch den Nachfahren Noachs aufgetragen, Gerichte einzurichten." (*T Awoda Sara* 9, 4)[36]

Da nach der rabbinischen Auffassung die Noachidischen Gebote der Menschheit nach der Sintflut, also lange vor dem Ereignis am Berg Sinai, von Gott gegeben worden waren, galten die Israeliten bereits an sie gebunden, noch bevor ihnen Gott die *Tora* gab.[37] Auch hier scheint die religiös-säkulare Spannung zwischen dem göttlichen Kanon der *Tora* und den Rechtswesen der Völker auf. Für die inhaltliche Entwicklung der jüdischen Tradition, die in besonderem Maße eben auch eine Rechtstradition ist, bedeutet dies, dass es allgemeine Rechtsprinzipien und Gesetze gibt, die – egal ob sie von Juden oder Anderen ausgestaltet werden –, auch für die jüdische Tradition gelten. Rakover stellt in diesem Zusammenhang rabbinische Kommentare heraus, die aufgrund ihrer Auseinandersetzung mit den Noachidischen Geboten einen für die jüdische Tradition akzeptablen Maßstab formulierten. Das entscheidende Kriterium lag für sie im Attribut „gerecht". Wenn sich die Völker „gerechte" Gesetze geben und dabei auch den Juden Gerechtigkeit widerfahren lassen, seien sie vom jüdischen Standpunkt her zu bejahen.[38] Die sich anschließende Frage ist, ob die „gerechten" Gesetze der Anderen als Teil der jüdischen Rechtstradition angesehen werden können. Hier gehen die von Rakover analysierten rabbinischen Kommentare auseinander. Einige jüdische Rechtsgelehrte sahen eine grundsätzliche Differenz zwischen den von Gott dem jüdischen Volk auferlegten

Gesetzen und den allgemein gültigen, säkularen Gesetzen. Andere wiederum erkannten eine gemeinsame Schnittmenge im Kriterium „gerecht". Hier können heutige jüdische Befürworter/innen einer gemeinsamen multireligiösen Rechtsrealität, die religiösen Pluralismus stärkt, gut anknüpfen. Aber auch für die Angehörigen anderer Religionen können die Noachidischen Gebote im europäischen Kontext eine interessante Inspiration bieten. Sie entstammen einem Leben in der Diaspora, in der die jüdische Minderheit nur überleben konnte, weil sie konstruktiv mit der multireligiösen Wirklichkeit umzugehen lernte, in der die Anderen nicht als Gegner/innen, sondern als Partner/innen einer größeren pluralen Wirklichkeit erkannt worden sind.[39] Die Noachidischen Gebote bezeugen dabei die auch theologisch überraschende Einsicht, nach der eine multireligiöse Welt offenbar von Gott gewollt war und in die er sein geliebtes Volk Israel bewusst zerstreut hatte. Vielleicht lässt sich diese Einsicht auf heutige Erfahrungen von Angehörigen anderer Religionen übertragen, die aufgehört haben, Mehrheitsreligion zu sein.

5) *Dina de-Malchuta Dina* – das Gesetz des Staates gilt

Aus dem Bisherigen stellt sich noch eine weitergehende Frage: Gibt es allgemeine säkulare Gesetze, die nicht nur eine gemeinsame Schnittmenge mit der jüdischen Rechtskultur teilen, sondern die geeignet sind, die Wirklichkeit der jüdischen Tradition überhaupt erst zu ermöglichen. Anders gesagt: Erfordert die jüdische Rechtstradition äußere Bedingungen, etwa einen neutralen Staat, eine tolerante Gesellschaft, positive Gesetze, die den Schutz der Religionen gewährleisten, um überhaupt gedeihen zu können?

Diejenigen, die diese Fragen mit einem Ja beantworten, verweisen gern auf das rabbinische Prinzip *Dina de-Malchuta Dina* – „das Gesetz des Landes ist das Gesetz!" (auch übersetzt als „das Gesetz des Staates ist das Gesetz" – oder das „Gesetz der Regierung", das „Gesetz des Königreichs" usw.). Das Prinzip formulierte der im dritten Jahrhundert lebende talmudische Rechtsgelehrte Samuel[40]. Heute wird es oft im Kontext der Trennung von Staat und jüdisch-religiöser Rechtstradition angeführt.[41] Mit dem Diktum *Dina de-Malchuta Dina* stellte Samuel klar, dass die jüdische Bevölkerung die allgemeinen „babylonischen" Gesetze anerkannte. In der historischen talmudischen Zeit betraf es die Gesetzeswirklichkeit der Parther- und Sassanidenreiche, insbesondere das damalige Eigentumsrecht und die staatliche Besteuerung. Indem diese Bedingungen akzeptiert wurden, konnte die jüdische Bevölkerung mit einem teilweise hohen Maß an Autonomie leben. Für die Rabbinen war die Anerkennung der babylonischen Gesetze in Verbindung mit der dadurch gewährten Autonomie der Rahmen für eine eigenverantwortliche Ausgestaltung der jüdischen Tradition.

Es ist klar, dass sich *Dina de-Malchuta Dina* im talmudischen Kontext nur auf das Leben in der Diaspora bezogen verstand.[42] Im Falle einer Rückkehr in das Land Israel würden, so meinten auch viele Rabbinen, allein noch die jüdischen Gesetze gelten. Auch heute wird gegen all jene religiös-säkularen Jüdinnen und Juden, die die Trennung von Staat und Religion mit dem Prinzip *Dina de-Malchuta Dina* untermauern, von Vertreter/innen rigiderer Vorstellungen schnell eingewandt, dass die Gesetze des Staates nur dann für Juden gelten können, wenn diese der *Halacha* nicht widersprechen. In dieser Einstellung spiegelt sich der gegenwärtige Kulturkampf, der vor allem im Staat Israel geführt wird, wo ein wachsender Bevölkerungsanteil die staatlichen Gesetze den religiösen Gesetzen unterwerfen will.

Vielleicht aber bietet *Dina de-Malchuta Dina* auch Auswege aus eben diesem Kulturkampf – und das nicht nur in Israel, sondern überall, wo radikal-religiöse und säkulare Kräfte des Judentums, aber auch anderer Religionen in einer Frontstellung gegeneinander verharren. Es könnte mit ihm ein eigener Grad heiligender Auswirkung in bestimmten allgemeinen, säkularen Rechtskulturen ausgemacht werden, durch die entscheidende Wertvorstellungen der jüdischen Tradition, aber auch anderer religiöser Traditionen überhaupt erst zum Tragen kommen. Weiter gedacht könnte das Konzept *Dina de-Malchuta Dina* dahingehend verstanden werden, dass auch die Religionen von Voraussetzungen leben, die sie aus eigener Kraft nicht hervorbringen können. So lässt sich mit *Dina de-Malchuta Dina* die Frage stellen, ob die säkularen Gesetze des Landes nicht nur Religionsfreiheit gewährleisten, sondern dahingehend *religionsermöglichend* angelegt sein sollten, dass sie Entwicklungen *innerhalb* der Religionen fördern – Entwicklungen, die geeignet sind, zu lernen, produktiv mit der multireligiösen Wirklichkeit umzugehen. Eine spannende Herausforderung wäre es hierbei, Heiligkeit und Rechtskultur aufeinander zu beziehen und Momente ihrer inneren Verbindung in den säkularen Gesetzen auszumachen.

Schlussfolgerung

Die hier vorgestellten rabbinischen Konzepte, die heute angesichts der komplexen, multireligiösen Wirklichkeit erneute Popularität erfahren, stehen im Zeichen der Möglichkeit, dass der jüdischen Tradition zufolge auch die anderen Religionen, Kulturen, Völker einen von Gott gewünschten Ort in einem größeren Zusammenleben haben. Der Beitrag, den eine jüdische Theologie hierbei bietet, ist die Idee einer kritischen Spannung in der Mensch-Gott-Beziehung, die zur Weiterentwicklung der religiösen Traditionen beiträgt. Zugleich lässt sich damit die säkulare Welt ebenfalls in einer kritischen, aber damit *gelebten* Spannung zu Gott denken. Dem rabbinischen Schrifttum zufolge geht die kritische Spannung von Gott selbst, ja sogar vom Schöpfungsprozess aus. Sie setzt den Konflikt mit Gott voraus, was aber gerade keine Abkehr von Gott hervorrufen, sondern ganz im Gegenteil die Beziehung zu ihm verwirklichen soll.

Die jüdische Tradition enthält somit das Potential einer *Theologie der säkularen Gesellschaft*, in der der Konflikt mit Gott nicht nur Voraussetzung der Beziehung zu ihm ist, sondern die zugleich auch Brücken zu den anderen Religionen herzustellen vermag. Nicht selten dokumentiert der jüdische Konflikt mit Gott eine Bereitschaft, an den Problemen der Anderen teilzuhaben – beziehungsweise in den Problemen der Anderen auch die eigenen Probleme zu erkennen. Die vorgestellten Konzepte sind geeignet, Wertmaßstäbe zu bezeichnen, die die jüdischen Bevölkerungen verschiedenster Länder verbinden, dabei aber zugleich ihre jeweils unterschiedlichen Kontexte zu berücksichtigen. Den nichtjüdischen Gesprächspartner/innen bieten sie ein Verständnis von Religion an, das die säkulare Gesellschaft als einen religiösen Wert, vielleicht sogar als eine allgemeine religiöse Errungenschaft für eine gedeihliche multireligiöse Entwicklung zu schätzen weiß.

Zum Gebrauch geheiligt
Oder: Die kultisch-weltliche Spannung des Heiligen im Judentum

Keduscha

In der Schabbat-Liturgie des jüdischen Gottesdienstes findet sich eine eigenartige Frage. Eigentlich sollte sie der liturgische Höhepunkt sein – die *Keduscha*. Sie ist die dritte Segnung innerhalb eines speziellen Gebetes für den Schabbat, des *Mussaf*.[1] Die Segnung trägt den Namen *Keduscha* oder auch *keduschat ha-schem*. Übersetzt wird dies zumeist mit „Heiligung des göttlichen Namens".[2] Das ist an sich schon ambivalent. *Wer* heiligt den göttlichen Namen? Die Gemeinde? Tatsächlich heißt es in der einleitenden Formel *„nakdisch'cha"* – „wir heiligen dich".[3] Aber ist Gott nicht schon an sich heilig? Braucht er noch eine Heiligung vonseiten der Menschen, die ihn – oder zumindest seinen Namen – heiligen?

Die jüdische Tradition versteht die Mensch-Gott-Beziehung als eine reziproke Beziehung, in der nicht nur der Mensch auf Gott, sondern in einem gewissen Maße auch umgekehrt Gott auf den Menschen angewiesen ist. Die Rolle des Menschen, durch die Gott erst *geheiligt wird* – beziehungsweise die Vorstellung, dass Gott erst durch das Handeln der Menschen zu seiner Wirkung kommt, ist bereits in der *Tora* ausgedrückt.[4] So findet sich im Buch *Levitikus* die Formulierung „auf dass ich *geheiligt werde (we-nikdaschti)* in der Mitte der Kinder Israels" *(Lev. 22, 32)*; oder im Buch *Exodus:* „Sie sollen mir machen ein Heiligtum *(mikdasch)*, auf dass ich wohne in ihrer Mitte." *(Ex. 25, 8)* Die rabbinische Exegese erläutert: „Und wenn ihr also tut, spricht Gott, wenn ihr zu einem Bunde werdet, in derselben Stunde steige ich empor, werde ich erhöht."[5] In den drei Textstellen müssen die Menschen etwas tun, ein Heiligtum bauen, zu einem Bund werden oder schlicht heiligen, damit die Präsenz Gottes, die *Schechina*, zur Wirkung kommen und aufsteigen kann.

Genau das will auch der liturgische Moment der *Keduscha* im Schabbat-Gottesdienst. Der göttliche Name *wird* geheiligt, damit die Präsenz Gottes, die der jeweilige Gottesdienst ermöglicht, aufsteigen kann.[6] Im Wechsel singen und wiederholen die Gemeinde und der oder die Vorbeter/in die folgenden Passagen.

„Wir wollen Dich verehren und *heiligen* [herv. EK], gemäß dem Geheimnis, dem Spruch der heiligen Serafim, die in Heiligkeit deinen Namen heiligen, wie es durch deinen Propheten geschrieben wurde: und es ruft einer dem anderen zu und sagt:
Heilig, heilig, heilig *(kadosch, kadosch, kadosch)* ist der Ewige der Heerscharen, die ganze Erde ist voll von seiner Herrlichkeit *(kawod)*.
Seine Herrlichkeit *(kawod)* erfüllt die Welt, Seine Diener fragen einander: Wo ist die Stätte seiner Herrlichkeit? *(Aje mekom kewodo?)*
Die ihnen gegenüber, sprechen: Gesegnet *(Baruch)*.
Gesegnet ist die Herrlichkeit *(kawod)* des Ewigen von seiner Stätte *(makom)* aus.
Von seiner Stätte *(makom)* aus wende er sich mit Erbarmen, begnade das Volk, das die Einzigkeit Seines Namens verkündet, abends, und morgens, jeden Tag beständig zweimal in Liebe, das Höre Israel sagen:
Höre Israel der Ewige ist unser Gott, der Ewige ist einzig.
Er ist unser Gott, er ist unser Vater, er ist unser König. er ist unser Helfer. Er wird uns in seiner Barmherzigkeit ein zweites Mal, vor den Augen aller Lebenden hören lassen: Euch zum Gott zu sein.
Ich bin der Ewige Euer Gott.
Und in deinen heiligen Worten steht so geschrieben:
Der Ewige wird in Ewigkeit regieren, dein Gott, Zion, in allen Generationen, Halleluja.
In allen Generationen wollen wir deine Größe verkünden,

und in allen Ewigkeiten *deine Heiligkeit heiligen* [herv. EK]; und dein Lob, unser Gott, soll niemals von unserem Mund weichen, denn ein großer und heiliger Gott und König bist du. Gesegnet *(Baruch)* bist du, Ewiger, heiliger Gott."[7]

Die liturgischen Formulierungen zitieren hier die Prophetenschriften. So sah der Prophet Jesaja in einer großen Himmelsschau, wie sich Chöre von Engeln gegenseitig die Wörter *kadosch – kadosch – kadosch/*„heilig – heilig – heilig" zuriefen. (*Jes.* 6, 3) Die jüdische Gemeinschaft tut es ihnen nach, indem sie in der *Keduscha* ebenfalls *kadosch – kadosch – kadosch* exklamiert. Bei jedem *kadosch* erhebt man sich kurz auf die Zehenspitzen. Die Liturgie fährt fort mit der Feststellung, dass die Welt voll von seiner *kawod* (ehrenvolle Präsenz Gottes) sei. Hierauf folgt nun die eigenartige Frage:

Aje mekom kewodo?
„Aber wo ist die Stätte seiner *kawod?*"

Der liturgische Höhepunkt des Gottesdienstes setzt mit dieser unerwarteten Frage plötzlich ein leeres Zeichen. Ja – *wo* ist der Ort seiner Heiligkeit?

Hierauf gibt die Liturgie keine eindeutige Antwort. Es ist eine kryptische Stelle. Die Liturgie fährt vielmehr fort:

„Die ihnen gegenüber sagen: *Baruch!*"

„Die ihnen gegenüber" – gemeint ist ein der ersten Engelsgruppe gegenüber befindlicher Engelschor. Ist aber das, was er sagt – *„Baruch"* –, die Antwort? Man könnte es als Aufforderung verstehen, *baruch* („gesegnet") zu sagen – so wie eben *kadosch* („heilig"). Das würde bedeuten, Gott als „gesegnet" zu bezeichnen – beziehungsweise *Gott zu segnen*. Es könnte weiter bedeuten, dass sich durch die Segnung Gottes von selbst der Ort der Segnung als die Stätte der göttlichen *kawod* erweisen wird. Die Liturgie fährt fort und zitiert eine weitere Engelsgruppe nunmehr aus der Himmelsschau des Propheten Ezechiel:

Baruch kewod mi-mkomo.
„Gesegnet ist seine *kawod* von seinem Ort aus!" (*Ez.* 3, 12)

Im Folgenden werden diejenigen jüdischen Getreuen gepriesen, die zweimal am Tag das „Höre Israel" sprechen – das heißt diejenigen, die in Gottesdiensten die Einheit Gottes bekennen und damit den göttlichen Namen heiligen.

Der *Ort* der Heiligkeit ist also mit einem Fragezeichen behaftet. Offenbar lässt er sich nicht eindeutig benennen – nicht im Himmel, nicht als Berg Sinai, auch nicht als Tempel...

Vielleicht ist er *diese* Synagoge? Vielleicht erschafft ihn diese Gemeinschaft erst hier und jetzt, indem sie Gott segnet, also „*baruch*" sagt? Vielleicht *entsteht* Heiligkeit überhaupt erst durch eine segnende Gemeinschaft?[8]

Segnen, lobpreisen, heiligen

Auch wenn die meisten jüdischen Beter/innen das irritierende liturgische Fragezeichen in der *Keduscha* kaum bemerken, passt es doch in jenes Unbehagen, das viele Juden und Jüdinnen heute beim Wort „Heiligkeit" empfinden. Das Wort verweist auf unbequeme Fragen: Was tut man eigentlich im Gottesdienst? Was bedeutet es, Heiligkeit herzustellen? Was heißt „heiligen"? Und wie verhält es sich zu den anderen gottesdienstlichen Handlungen – „segnen" – „lobpreisen" – oder „beten"? Auf Hebräisch sind das ganz verschiedene Wörter, die offensichtlich ganz Verschiedenes bezeichnen. Zu „segnen" *(barech)* bedeutet, etwas bewusst zu machen – einer Sache einen teleologischen Sinn zu geben – sie für eine messianische Ausrichtung im jüdischen Bewusstsein zur Wirkung zu bringen. Das Schabbat-Licht wird zu Beginn des Schabbats „gesegnet". Es wird nicht durch Preisung „gelobt" *(halel).* Es wird vielmehr durch eine *Bracha*, durch einen Segensspruch „gesegnet". Dieser Unterschied ist wichtig. Bei einer Lobpreisung spricht der/die Lobende nur etwas aus – mit großer Emphase natürlich – trotzdem wird nur etwas gepriesen, was man aber selbst nicht hergestellt hat. Mit dem Segen hingegen stellt die segnende Person etwas her – es geht um eine aktivierende Handlung. Erst indem zwei ursprünglich profane Kerzen am Freitagabend angezündet und gesegnet werden, *entsteht* das Schabbatlicht.

Eine Steigerung hiervon ist die „Heiligung". Das kausative Verb *lehakdisch* heißt „widmen". Es geht um die Widmung für den *Gebrauch* – für den heilsgeschichtlichen Gebrauch. Es ist ein Weihen. So wird am Schabbat der Wein nicht nur gesegnet, sondern *geheiligt*. Die Handlung heißt *Kidusch*, was wörtlich übersetzt „Heiligung" bedeutet. Der Wein wird geheiligt, geweiht, um im messianischen Rahmen des Schabbat *konsumiert*, also *getrunken* zu werden. Wenn etwas geheiligt wird, bedeutet dies auch, dass damit etwas *getan* wird – und es hierfür zuvor gewidmet wurde.

Die Teilnehmer/innen jüdischer Gottesdienste sind zumeist geneigt, gottesdienstliche Momente wie segnen, lobpreisen oder heiligen hinzunehmen, ohne sich ihrer unterschiedlichen Intentionen bewusst zu sein. In den deutschen Übersetzungen amalgamieren sie ohnehin soweit, dass ihre unterschiedlichen Bedeutungen gar nicht mehr erkannt werden können. – *Baruch*, was eigentlich „gesegnet" heißt, wird in den Übersetzungen fast durchgängig zu „gelobt". Auch die aktive Rolle des Menschen in der Segnung ist in den Übersetzungen stark zurückgedrängt. So beginnt der jüdische Gottesdienst zwar mit dem *Barchu* – dem Aufruf des Vorbeters oder der Vorbeterin: „Segnet!" –

Barchu et Adonai ha-meworach – wörtlich übersetzt: „*Segnet* den Ewigen, den *Gesegneten*"

Doch offenbar wird die verlangte Handlung, Gott zu segnen, den Anwesenden kaum zugetraut. In den Übersetzungen steht zumeist:

„*Lobet* den Ewigen, den *Hochgelobten*"[9]

Gott zu segnen ist jedoch mehr als ihn zu loben. Loben heißt Gutes über ihn zu sagen, segnen heißt, ihn im religiösen Bewusstsein *zur Wirkung zu bringen*.

Auch dass Gott von sich aus „heilig" sei, wird von den Beter/innen einfach angenommen. Natürlich: Ohne Gott gäbe es aus jüdischer Sicht keine Heiligkeit. Die jüdische Auffassung von heilig setzt jedoch von vornherein die Mensch-Gott-Beziehung voraus. Um Gottes Heiligkeit in der Welt zu konkretisieren, bedarf es einer Heiligung auch durch die Menschen. Obwohl die althebräischen liturgischen Formulierungen das zum Ausdruck bringen, kommt es in den heutigen Übersetzungen der jüdischen Liturgie so gut wie nicht vor. Es scheint, dass im modernen Zeitalter die Herausgeber/innen jüdischer Gebetsbücher mit deutscher Übersetzung das den Menschen nicht zutrauen. Gott muss danach auch ohne die Menschen heilig sein – der Heilige – und die einzige Haltung, die dem Menschen zustehe, sei in Ehrfurcht vor der göttlichen Heiligkeit zu erschaudern. Aber das stößt Gott in eine größere Distanz, als die liturgische Sprache es selbst formuliert und untergräbt zugleich sein religiöses Potential – seine Fähigkeit, die verschiedenen Facetten des Lebens zu heiligen.

Heilig und weltlich – *kadosch* und *chol*

Heiligkeit, wie sie die jüdische Religion formuliert, ist verknüpft mit einer messianischen Ausrichtung. Durch sie haben die Dinge ihren teleologischen Sinn innerhalb der Zeit. Durch Heiligung werden unzählige Momente des Lebens teleologisch konkretisiert.

Spricht man unter Juden und Jüdinnen über „heilig", wird schnell das Begriffspaar „heilig" und „profan" genannt – *kadosch* und *chol*. Die gängige Vorstellung besagt, dass „heilig" ein anderes Wort für „abgesondert" sei. Das was „geheiligt" wird, sei vom Profanen „unterschieden" und sogar von ihm räumlich „getrennt". Genauer betrachtet bedeutet Heiligkeit im Judentum jedoch gerade keine Absonderung. Durch die Heiligung wird vielmehr der jeweilige Aspekt *inmitten des Lebens* zur Wirkung gebracht.[10] Dies zeigt sich beispielsweise markant beim Umgang mit der Torarolle. Bekanntermaßen ist die *Tora* heilig – nicht so

sehr als Gegenstand, sondern als Medium, welches die Reziprozität zwischen göttlicher Offenbarung und menschlicher
Auslegung ermöglicht. Sobald die Torarolle aus dem *aron ha-
kodesch* – dem „Schrein" oder dem „Schrank, der das Heilige
beherbergt" – herausgenommen wird, weicht alle Distanz. Jemand, der im Gottesdienst speziell diese Aufgabe hat, nimmt
die Torarolle auf den Arm und trägt sie entlang aller Anwesenden des Gottesdienstes. Die Anwesenden küssen sie
symbolisch, indem sie die *Tora* mit dem Ende ihres *Tallit*, des
Gebetsschals, berühren. Sobald der oder die *Tora*-Träger/in an
allen Reihen entlanggegangen ist, wird sie auf die *Bima*, auf das
Lesepult gelegt, entkleidet und aufgerollt. In einer ausgeklügel-
ten Choreographie werden nun nacheinander Menschen nach
vorne gerufen; sie berühren jeweils die Textstelle mit ihrem
Tallit, heiligen die Lesung durch einen entsprechenden Segensspruch, während andere das Podest wieder verlassen. Von oben
gesehen, nimmt die Torarolle die Position der Mitte ein. Um
diesen Mittelpunkt „dreht sich" im wahrsten Sinne des Wortes
der Gottesdienst. Die einen kommen, weil sie gerade zur Lesung aufgerufen wurden, und beugen sich über den Text, um
ihn zu segnen oder sich auf die Lesung zu konzentrieren, die
anderen gehen. Es ist ein Kommen und Gehen, in das viele
Gemeindemitglieder einbezogen werden. Die jeweiligen Textstellen werden in einem gesungenen Modus vorgetragen, wobei
der oder die Vorleser/in einen „Zeiger" entlang der Zeilen führt.
Der Moment größter Heiligkeit, die Toralesung selbst, ist zugleich der Moment größter Nähe – wenn nicht Intimität. Die
Tora ist dabei kein Objekt der Anbetung, sondern ein *Ge-
brauchsgegenstand* – für einen geheiligten Gebrauch.

Ein weiteres Beispiel, das ganz offensichtlich zeigt, dass die
jüdische Vorstellung von „heilig" gerade nicht „abgesondert",
sondern der Mitte des Lebens zugeführt mit einem messianischen Verständnis von „gewidmet" oder „geweiht" bedeutet, ist
die Eheschließung. Auf Hebräisch heißt der Vorgang *kiduschin*
– „Heiligungen".

In der traditionellen Hochzeitsliturgie gibt der Mann der
Frau einen Ring oder etwas anderes von Wert und sagt ihr:

Harej at medudeschet li be-tabat su ke-dat Mosche ve-Jisrael.
„Somit bist du mir *geheiligt* durch diesen Ring entsprechend
der Religion von Moses und Israel."

In modernen Hochzeitszeremonien gibt auch die Frau dem
Mann einen Ring und spricht eine vergleichbare Formel. Worauf es ankommt, ist jedoch nicht, ob allein der Mann die Frau
heiligt – oder sich beide gegenseitig – sondern, dass der oder
die Ehepartner/in für ein aktives Leben im Rahmen der Ehe
geheiligt wird. Selbstverständlich wird der *geheiligte*, hier der/
die geheiratete Partner/in zu jemand *Besonderem*. Die Heiligung
macht den jeweils Geheirateten zu einem *herausgehobenen* – einem *erwählten* Menschen, aber damit ist er/sie keineswegs vom
Rest des Lebens abgesondert, sondern genau umgekehrt: in die
Mitte des eigenen Lebens gestellt – aber das nicht in einem
profanen Sinne, sondern einem geheiligten, teleologisch ausgerichteten Sinne.

Nun wird oft gesagt, dass die Heiligung der Ehefrau zugleich ihre Separierung bedeutet. Mit der Eheschließung werde sie zugleich allen anderen Männern „verboten". Aber das ist
kein Einwand, da sie auch vorher nur theoretisch eine
geschlechtliche Verbindung mit allen anderen Männern hätte
eingehen können. In vergangenen Jahrhunderten war es vom
religiösen Standpunkt her undenkbar, dass junge Frauen vor der
Ehe „profane" Beziehungen mit anderen unverheirateten Männern eingingen und erst durch die *kiduschin*, die Heiligung der
Ehe all diesen Anderen verboten gewesen wären. Vielmehr
stellte die Heiligung überhaupt erst die geschlechtliche
Verbindung zu einem Mann her. Der jüdische Umgang mit
Heiligkeit bedeutet nicht nur nicht, dass das Geheiligte vom
Leben abgesondert wird, sondern vielmehr, dass es der Mitte
des Lebens zugeführt wird – er bedeutet darüber hinaus auch,
dass die jüdische Vorstellung von „heilig" dem *Weltlichen* von
vornherein ein heiliges Potential zumisst.

Chol, das zumeist als „profan" übersetzt wird, ist auch das
hebräische Wort für den Werktag. Als Substantive sind der
Schabbat *kodesch* und der Werktag der *chol*. Abgeleitet von *chol*

wird *chiloni* – das modern-hebräische Wort für „weltlich" oder „säkular". Heilig und weltlich – beziehungsweise *kadosch* und *chol* sind dabei keine wirklichen Gegensätze. Vielmehr ist *chol* das noch Unbestimmte, das aber das Potential von *kadosch* enthält. *Chol* ist das Vorhandene – *kadosch* ist das für eine teleologische, also messianische Ausrichtung aus dem Vorhandenen Gewidmete. „Profan" ist darum eine unglückliche, wenn nicht sogar irreführende Bezeichnung für *chol*. Denn *chol* ist nicht negativ zu verstehen. Schon in der *Tora* und noch mehr im *Talmud* besteht zwischen *kadosch* und *chol* kein Gegensatz. Das meiste, das als *chol* gilt, kann heilig werden – indem es zum heilsgeschichtlichen Gebrauch geweiht wird. Der profane Wein, das profane Brot, das profane Essen, die profanen Dinge des Lebens – all das lässt sich zum Gebrauch, das heißt zum messianischen Gebrauch hin heiligen.

Mehr noch: *kadosch* kann ohne *chol* nicht bestehen. Die sechs weltlichen Werktage der Woche und der geheiligte siebte Tag empfangen gegenseitig ihren Sinn voneinander. Die Werktage, in denen Jüdinnen und Juden viele einzelne Handlungen segnen und heiligen, erhalten auf diese Weise eine heiligende Ausrichtung auf den Schabbat. Der Schabbat aber ist nur deshalb geheiligt, weil durch ihn die weltliche Dimension der Werktage in einem heilsgeschichtlichen Prozess steht.

Diaspora und Heiligung

Die Schabbat-Liturgie, wie wir sie heute kennen, ebenso wie die Heiligung des Weines oder die Heiligung der Ehepartnerin, sind Kompositionen des rabbinischen Judentums.[11] Im *Talmud*, in Traktaten wie *Brachot* (Segnungen) oder *Kiduschin* (Eheschließungen) finden sich die rabbinischen Diskussionen über die jeweiligen Formeln der Heiligung sowie ihre konkrete Ausgestaltung.

Jacob Neusner hat in seinen *Talmud*-Studien nachgezeichnet, wie die ursprünglich auf den Tempel und das Land bezogene biblische Vorstellung von Heiligkeit und Heiligung im rabbinischen Schrifttum auf die jüdischen Lebensbedingungen in der Diaspora übertragen wurde.[12] Neusner zufolge beschäftigten sich die talmudischen Rabbinen als Reaktion auf die Tempelzerstörung im Jahre 70 obsessiv mit den fortgesetzten Möglichkeiten der Heiligung. Sie verbanden die Idee der Heiligung grundsätzlich mit einer *aktiven*, das heißt allen Juden und Jüdinnen obliegenden *Handlung*. Aus dieser Zeit stammt auch die Umschreibung für Gott als *ha-kadosch baruch hu* („Der Heilige, er ist gesegnet"), ebenso wie die von religiösen Juden und Jüdinnen vor der Ausübung einer heiligenden Handlung gesprochene Segensformel: […] *ascher kidschanu be-mizwotaw we-ziwanu* [*… lehadlik ner schel schabat*] („… der uns mit seinen Geboten *geheiligt* hat und uns auftrug" [hierauf folgt die Nennung der jeweiligen Handlung, z.B.: das Schabbatlicht anzuzünden]). Neusner sieht in den talmudischen Auseinandersetzungen mit den Möglichkeiten aktiver Heiligung in der Diaspora zugleich auch ein neues Selbstverständnis als „heiliges Volk" *(Holy Israel)*. Indem Gott sein Volk mit immer mehr Geboten „heiligte", kann es wiederum umgekehrt die Einzelheiten des Lebens – gerade auch in der Diaspora, unter den anderen Völkern – heiligen.

Auch wenn die jüdische Idee der Heiligung ihre Konkretisierung unter den Bedingungen der Diaspora entfaltete, lässt sie sich dennoch auf die Bestimmungen in der *Tora* zurückverfolgen. Hierfür bedarf es allerdings einer detaillierten Auseinandersetzung mit der Gestaltung der *Tora*, beziehungsweise der Platzierung ihrer verschiedenen Kodizes.

Wie schon oben gesagt, verweist Heiligung in eine Mitte – die Mitte des Lebens, die religiös verstanden auch derjenige Punkt ist, in dem das Göttliche und das Irdische zusammentreffen. Das war einmal die Mitte des Tempels, Ort der rituellen Mensch-Gott-Beziehung, in der sich das *kodasch kodaschim* – das Allerheiligste befunden hat. Im Ersten Tempel bis zu seiner Zerstörung im 5. Jahrhundert v. d. Z. soll im Allerheiligsten die Bundeslade mit den zwei Tafeln der Zehn Gebote gestanden haben. Im Zweiten Tempel hingegen soll der Raum des Allerheiligsten leer gewesen sein – worin die Frage der Engel anklingt: *Aje mekomo? – Aber wo ist die Stätte seiner kawod?* Einmal im Jahr, an *Jom Kippur*, dem jüdischen Sühnetag, öffnete der Hohepriester dieses leere Allerheiligste, den innersten Ort des Tempels, und sprach darin den Gottesnamen aus. Es war eine echte *keduschat ha-schem* – eine Heiligung des göttlichen Namens durch den Menschen.

Dieses Ritual in der Tempelmitte, das seit der Zerstörung des Zweiten Tempels im Jahre 70 nicht mehr praktiziert werden konnte, steht gleichwohl in einer inneren Beziehung zu einer anderen Mitte – der Mitte der *Tora*. Das mittlere 3. Buch *Mose*, das Buch *Levitikus*, besteht aus zwei Hälften. Die erste ist die *Priesterschrift*. Sie beschreibt die kultische Seite der altisraelitischen Religion, insbesondere den Opferkult im Heiligtum und die Aufgaben der Priester. Die Priesterschrift umfasst die Kapitel 1–18 des Buches *Levitikus*. Unmittelbar auf die Priesterschrift folgt ab Kapitel 19 der *Heiligkeitskodex*. Er umfasst die zweite Hälfte des mittleren Buches *Levitikus*. Die Priesterschrift enthält Bestimmungen der Heiligung durch kultische Handlungen gegenüber Gott; der Heiligkeitskodex wiederum verlangt Heiligung auch in den sozialen Beziehungen der Menschen untereinander. Er beginnt mit den Worten *kedoschim tihju* – „Heilig sollt ihr werden, denn heilig bin ich, der Ewige, euer Gott".[13] Verlangt werden soziale Verhaltensweisen, die teilweise wie selbstverständlich klingen, aber hier die Kriterien für Heiligkeit – eine Heiligkeit im *weltlichen* Leben – vorgeben:

> „Heilig sollt ihr werden, denn heilig bin ich, der Ewige, euer Gott [...] Du sollst deinen Nächsten nicht bedrücken und nicht berauben, behalte nicht den Arbeitslohn des Mietlings bei dir bis an den Morgen. Fluche nicht einem Tauben und vor einem Blinden lege keinen Anstoß, und fürchte dich vor deinem Gott. Ich bin der Ewige. Ihr sollt im Gerichtsverfahren kein Unrecht tun, nimm nicht Rücksicht auf den Armen und begünstige nicht den Großen, nach Gerechtigkeit sollst du deinen Nächsten richten!" (aus dem dritten Buch *Moses/Levitikus* 19, 1; 13–15).

Ich sagte eben, auf das Priestergesetz *folgt* der Heiligkeitskodex. Doch für die Text-Komposition der *Tora* stimmt diese *lineare* Darstellung nicht. Vielmehr gestaltet sich die *Tora*, gestalten sich die Fünf Bücher *Mose* in einer *kreisförmigen* Struktur.[14] Das gilt sowohl für ihre Gesamtkomposition, als auch für die Gestaltung der einzelnen Bücher und großer Text-Passagen. Die entscheidende Aussage, das heißt das intensivste Moment in den kreisförmigen Kompositionen befindet sich oftmals in der Mitte.[15] Die kreisförmige Kompositionsstruktur erklärt, warum es in der *Tora* immer wieder zu Wiederholungen von bereits genannten Themen oder Geschichten kommt: Sie liegen von der jeweiligen Mitte aus gesehen auf einem äußeren Kreis und kommen darum mehrmals vor.[16]

So spiegeln sich unmittelbar um die Mitte von *Levitikus* die Bestimmungen für das Eheleben und die Sexualität. In *Levitikus* 18 sind die Vorschriften im Rahmen kultisch-priesterlicher Reinheit zu lesen, in *Levitikus* 20, 9 ff. sind sie Teil einer ethisch-gesellschaftlichen Vorstellung.[17] Beide zusammen beschreiben die Vorstellung von Heiligkeit bis in die Sexualität.

Auch in Bezug auf den Umgang mit dem „heiligen" Land spiegeln sich die Vorschriften in der Priesterschrift und dem Heiligkeitskodex. So wird beispielsweise in den ersten Kapiteln von *Levitikus* unter den verschiedenen Sorten von Opfern auch die Darbringung der Erstlinge sowie der Speiseopfer genannt. (*Lev.* 2; 12; 14)

In einem der letzten Kapitel in *Levitikus* geht es um die Erträge der Landwirtschaft, aus denen die Erstlinge genommen werden. Es geht in diesem späten Kapitel des Heiligkeitskodex um das Prinzip des Schabbats, das hier den Umgang mit dem Land als heilsgeschichtlich aufgefasste Nutzung erlaubt. Doch alle sieben Jahre hat die Erde, haben die Felder, Recht auf einen Schabbat. Kapitel 25 enthält genaue Vorschriften für das Schabbatjahr des Landes und damit eng verbunden, wie mit den Feldern und Bäumen in einem heiligenden Sinne landwirtschaftlich umzugehen ist. Es mag von Gott her gesehen bereits ein heiliges Land sein, aber erst durch den heiligenden Umgang

zur Gewinnung von Erträgen verwirklicht sich seine Heiligkeit
von den Menschen her.

Wenn nun das Zusammentreffen von Priesterschrift und
Heiligkeitskodex im dritten Buch Moses/*Levitikus*, also dem
mittleren Buch, die „Mitte der Mitte" bildet, sind die Themen
der beiden Kodizes innerlich verbunden. In dieser Verbindung,
die ich als eine *kultisch-weltliche Spannung* bezeichne, liegt ein
Ursprung des jüdischen Heiligkeitsbegriffs. Das bedeutet, dass
der Begriff „heilig" sowohl eine rituelle, gottesdienstliche Seite
enthält, die in der Priesterschrift angelegt ist – als auch eine
sozialethische, weltliche, die vom Heiligkeitskodex ausgeht.
Diese Doppelseitigkeit erzeugt eine für das Judentum typische
kultisch-weltliche Spannung, die sich in den Heiligungen durch
die Menschen ausdrückt. Sie ist letztlich in allen Momenten
von Heiligung anwesend. Jede Kulthandlung ist zugleich eine
weltliche, eine säkulare Konkretisierung einer geheiligten
Ingebrauchnahme. Es war die Leistung des rabbinischen Judentums, die Konkretisierung vom Tempel zu lösen und in die
jüdische Wirklichkeit der Diaspora hineinzutragen.

Aje mekomo? Wo ist die Stätte?

Die Mitte – die Stätte, in der Gott wohnt – ist also komposi-
torisch gesehen nicht mit etwas Bestimmten bezeichnet, sondern wird als das Zusammengehen von zwei großen Kodizes,
der Priesterschrift und dem Heiligkeitskodex hergestellt. Man
hätte für die Mitte das Heiligtum/den Tempel als Wohnstätte
Gottes erwarten können. Doch durch die kreisförmige Struktur
geraten die Vorschriften für den Tempel in eine Spannung zu
den Vorschriften für das zwischenmenschliche Leben. Die
Kulthandlung gerät auf diese Weise in die Verbindung mit dem
weltlichen Verhalten.

Diese kultisch-säkulare Spannung erklärt, warum sich die
jüdisch-rabbinische Vorstellung des Heiligen nie allein auf den
Kult beschränkte, sondern immer weiter auf säkulare (soziale,
ethische) Bereiche beziehen konnte. Die in der *Tora* aufgeführ-

ten kultischen und sozialethischen Vorschriften, die die alt-is-
raelitische Welt sowie die nachexilische jüdische Gemeinschaft
zur Zeit des Zweiten Tempels bestimmten, wurden in der rabbinischen Epoche in die neuen religiösen und weltlichen Lebensbedingungen der Diaspora übertragen. Hieraus erwuchs
eine immer ausgedehntere Lebensbereiche umfassende jüdische
Praxis der Heiligung, ausgedrückt in einer nahezu unendlichen
Vielzahl von rituellen, sozialen, ökonomischen, gottesdienstlichen, pädagogischen, politischen und anderen Bestimmungen
– das heißt, eine immer weiter verzweigte und an den einzelnen
Details des täglichen Lebens orientierte Kultur der Heiligung.
Neusners Analysen beschreiben in der Ausweitung der zu heiligenden Bereiche in einer Welt ohne Heiligtum und ohne heiliges Land eine Neuverhandlung des Heiligen, das nunmehr
ungeachtet historischer Erfahrungen durch menschliche Heiligung bewahrt bleibt.[18]

Mit Neusner zeigt sich auch das *politische* Potential in der
rabbinischen Vorstellung des Heiligen. Heiligung ist nicht nur
eine Sache zwischen dem Individuum und Gott, sondern drückt
die soziale, gemeinschaftliche, politische Verbindung mit den
anderen Juden und Jüdinnen aus. Darüber hinaus bezieht sie
sich auf ein Leben unter den anderen Völkern. Die Zugehörig-
keit zum „heiligen Volk" bedeutet somit, im Wege heiligender
Handlungen alle Aspekte des Lebens in die heilsgeschichtliche
Zeit zu stellen und damit die Welt insgesamt für das messianische Zeitalter vorzubereiten.

Die jüdische Tradition hat mit der kultischen Seite der Heiligkeit, ebenso wie mit ihrer gleichzeitigen säkularen Seite nie
gebrochen.[19] Nach der rabbinischen Vorstellung lässt sich so
gut wie jede weltliche Sache in den heilsgeschichtlichen Horizont stellen. So zeigt sich die messianische Ausrichtung der
kiduschin in der Eheschließung. Einerseits erhält die Frau mit
ihrer Trauung einen konkreten weltlichen Status mit Rechten
und Pflichten, andererseits wird das mit ihrer Ehe gegründete
jüdische Haus für eine messianische Ausrichtung geweiht.
Während der Zeremonie wird die *Ketuba*, der weltliche Ehevertrag, vorgelesen, in dem sich die Ehepartner/innen zu den

materiellen und alltäglichen Seiten der Ehe verpflichten, zugleich wird in derselben Zeremonie die Ehe mit entsprechenden Segnungen in die messianische Dimension gestellt, ähnlich der *Kidusch* des Weins am Schabbat. Einerseits erlaubt der *Kidusch* von der Schöpfung, den Weinreben, in der weltlichen Gegenwart zu genießen, zugleich verknüpft er diesen Genuss mit der messianischen Zukunftserwartung.

Zu den traditionellen Beispielen kommen heute moderne Erweiterungen hinzu. Im liberalen Judentum heiligt die Frau in der Hochzeitszeremonie auch den Mann durch eine entsprechende Formel, wodurch männliche Geschlechtlichkeit in einem neuen Spannungsfeld von Heiligkeit wahrgenommen wird. Im Unterschied zu einem traditionellen, vormodernen jüdischen Verständnis, als Männer außerhalb der geheiligten Ehegemeinschaft sexuelle Beziehungen zu unverheirateten Frauen haben „durften", ohne dass dies die Heiligkeit ihrer Ehe gebrochen hätte, wird im heutigen modernen Judentum, da auch die Frau bei ihrer Hochzeit, den *kiduschin*, ihren Ehepartner heiligt, der Ehebruch des Mannes auf eigene Weise als ein Bruch der Heiligkeit wahrgenommen. Das Thema macht jedoch nicht am traditionellen Eheverständnis halt.[20] Die veränderte Einstellung zu Homosexualität hat auch im Judentum zu einer Diskussion über die Heiligkeit gleichgeschlechtlicher Beziehungen geführt. Inzwischen hat das liberale Judentum Zeremonien für gleichgeschlechtliche *kiduschin* entwickelt und der jüdischen Auffassung von Heiligkeit in geschlechtlichen Beziehungen eine weitere Dimension hinzugefügt.[21]

Ebenso scheint die kultisch-weltliche Spannung, die aus dem *Kidusch* spricht, auch in heutigen Diskursen über die Heiligung der Schöpfung in der Konsumgesellschaft und der globalisierten Wirklichkeit auf. Eine Neuinterpretation der jüdischen Speisegesetze als „Öko-Kaschrut" sowie Auseinandersetzungen anhand der biblisch-talmudischen Vorschriften über den Umgang mit dem Land, den sozialen Verpflichtungen, bis hin zu den Regeln des Handels zeigen die kultisch-säkulare Spannung als ein fortgesetzt produktives Prinzip. *Aje mekomo?* – Wo ist die Stätte der Heiligkeit? Da, wo dieses Prinzip aktiv am Werk ist.

Neue Welten erschaffen
Jüdische Theologie und wirtschaftliche Modernisierung[1]

„Gleich Gott sein"

Die wohl erste theologische Herausforderung für den biblischen Gott ist die Fähigkeit der Menschen, „neue Welten" erschaffen zu können. Schon die Schlange im Paradies, Repräsentantin einer Sichtweise, die über die Idylle Eden hinausweist, weist Eva auf ihr Potential hin, kreative Erschafferin neuer Welten zu werden. Ihr Menschen, so sagt die Schlange, werdet nicht sterben, wenn ihr vom Baum der Erkenntnis esst. Ganz im Gegenteil: „Ihr werdet nicht sterben; sondern Gott weiß, dass am Tage, da ihr davon esset, euch die Augen aufgehen und *ihr gleich Gott* sein werdet, erkennend Gutes und Böses." (*Gen.* 3, 4–5)

Was heißt „Ihr werdet gleich Gott sein"? Salomo ben Isaak (Raschi) erklärt in seinem bis heute für die jüdisch-rabbinische *Bibel*-Exegese autoritativen Kommentar: „Ihr werdet gleich Gott sein – [das bedeutet:] Ihr werdet Schöpfer von Welten *(bore olamot)* sein".[2]

Offensichtlich hat Gott das akzeptiert. Nachdem Eva vom Baum der Erkenntnis gegessen hat – und auch Adam ihrem Beispiel folgt –, reflektiert Gott die neue Situation: „Siehe, der Mensch ist *wie einer von uns* geworden, dass er Gutes und Böses erkennt." (*Gen.* 3, 22)

Die Leserinnen und Leser der *Hebräischen Bibel*, dem *Alten Testament*, dürfen hieraus schließen: Erkenntnis bringt keinen Tod. Erkenntnis macht vielmehr Gott-gleich, und: Erkenntnis führt in das Bewusstsein von Gut und Böse. Es ist vielmehr Gott, der den Tod über die Menschen bringt.

> „Siehe, der Mensch ist *wie einer von uns* geworden, dass er Gutes und Böses erkennt; und nun könnte er seine Hand

ausstrecken und auch von dem Baum des Lebens nehmen und essen und so ewig leben. Da schickte ihn Gott, der Ewige, aus dem Garten Eden fort, um die Erde zu bearbeiten, von der er genommen worden." (*Gen.* 3, 22–23)

Dass Erkenntnis an sich nicht todbringend ist, dass das Bewusstsein für den Unterschied zwischen Gut und Böse zu den höchsten Gütern des Menschseins gehört und dass wir das kreative Potential in uns tragen, neue Welten zu erschaffen, würden wir unumwunden unterschreiben. Keinem Gott würden wir gestatten, uns diese Güter wegzunehmen.

Aber wenn diese nur durch den Genuss vom Baum der Erkenntnis zu haben sind, würde das biblisch-theologisch bedeuten, dass die Beziehung der Menschen zu Gott von vornherein in einer Konfliktdynamik steht. Die latente Opposition der Menschen zu Gott wäre also *immer* gegeben. Sie wäre der *produktive* theologische Ausgangspunkt der Mensch-Gott-Beziehung. Der Fehltritt der Menschen, also dass sie tun, was Gott nicht will, wäre somit nur eine natürliche Folge dieser Konfliktdynamik. Aber nicht der Fehltritt, nicht das Wort „Sünde", wäre der theologische Gewinn, den uns die *Hebräische Bibel* mit dieser Geschichte bietet, sondern der Moment *danach* – die Fähigkeit Gottes, sich auf die neue Situation einzulassen.

Die rabbinisch-jüdische Lesart bewertet Evas Fehltritt nicht nur als Sünde – und macht auch keine Erbsünde daraus. Die Anziehungskraft, die der Baum der Erkenntnis auf die Menschen im Garten Eden ausgeübt habe, so legen einige der rabbinischen Auslegungen nahe, musste zwangsläufig darauf hinauslaufen, trotz des Verbots von ihm zu essen.[3] Zwar werden sich in der *Bibel* die Menschen mit dem Rauswurf aus dem Garten Eden schmerzlich ihrer Endlichkeit bewusst. Aber es bleibt ihnen dennoch das nicht mehr wegzunehmende Instrument der Erkenntnis – und damit ihre Fähigkeit, neue Welten zu erschaffen. Welten, in denen sich durch wissenschaftliche Erkenntnis oder gute soziale Systeme die Lebensdauer auch wieder verlängern lässt.

Der Gott, den die *Bibel* beschreibt, kann nicht anders, als das zu akzeptieren. Es ist faszinierend, welche Rolle die *Bibel* Gott zuweist. Gott erscheint gegenüber den Menschen im Paradies gerade nicht als allmächtig – eher am Anfang einer unendlichen Auseinandersetzung, in der die Menschen immer größere Handlungsräume für sich erringen. Gott beansprucht darin zwar jeweils seine Rolle, muss sie aber auch immer wieder neu aushandeln.[4]

Nur scheinbar verloren erscheint für die Menschen das ewige Leben. Mit der gewonnenen Fähigkeit, zu erkennen, kommt zwar das Bewusstsein für die eigene Endlichkeit; aber die Fähigkeit, neue Welten zu erschaffen, ist zugleich auch verknüpft mit der immerwährenden Sehnsucht, nach Eden zurückzugelangen – der Sehnsucht nach einem ewigen Leben. Diese Sehnsucht wird zur ewigen Aufgabe – das Leben zu verlängern, die Lebensqualität zu verbessern, die Sterblichkeit zu überwinden. Kraft dieser Sehnsucht nach einem ewigen Leben vermag auch Gott seine Bedeutung in der Beziehung zu den Menschen zu wahren. Indem er den Garten Eden unerreichbar, für Menschen verschlossen hält, werden diese immer wieder ihre ganze Erkenntniskraft einsetzen, um in den von ihnen kreierten neuen Welten wenigstens etwas vom Paradies zu verwirklichen.

Das Projekt der Moderne

Das Projekt der Moderne ist im 19. Jahrhundert gerade in Deutschland wesentlich von Juden mitgetragen worden. Lag es nur an der Epoche selbst, dass die bürgerliche Gleichberechtigung der Juden sich zugleich auch in ihrem wirtschaftlichen Aufstieg spiegelte? In jedem Fall hatten große Teile der jüdischen Bevölkerung das emanzipierende Potential der wirtschaftlichen Modernisierung Deutschlands erkannt.

Nach der tieferen *theologischen* Bedeutung der überwältigend vielen Juden und Jüdinnen, die aktiv an der Modernisierung Deutschlands beteiligt waren, wird kaum gefragt. Ihr sozialer Aufstieg in dieser Epoche ist allseits bekannt. Er war die Folge

ihrer bürgerlichen Gleichberechtigung und steht für alle Zeit
dafür, dass eine Verbesserung der Lebensumstände aus eigener
Kraft möglich ist, wenn einem nur die Rechte dazu gegeben
werden. Ein gutes Beispiel, an dem sich diese Wandlung im
Detail nachvollziehen lässt, ist die Bekleidungsindustrie. Erstaunlich viele Juden waren im Textilgewerbe tätig. Das Textilgewerbe ist seit jeher eine typische Branche, welche vormals
sozial schlechter gestellten Gruppen die Chance bietet, am
wirtschaftlichen Aufstieg einer Gesellschaft teilzuhaben. So
auch in der jüdischen Geschichte. Ehemalige jüdische Schmatte-Händler, das heißt Kleinstunternehmer und Hausierer, die
mit gebrauchter Bekleidung ihr Brot verdienten, vermochten
mit nur ein paar Nähmaschinen eine Textilfabrik zu gründen.
In Textilregionen wie etwa der Schwäbischen Alb entstanden
auf diese Weise mehrere jüdische Unternehmen.[5] Von ihrem
einstigen Metier herkommend wurde auch eine beträchtliche
Zahl von Juden zu Inhabern von Konfektionsgeschäften in den
Stadtzentren. Es geht bei dieser Entwicklung nicht nur um die
betriebswirtschaftlichen Details. Gerade die Textilbranche, deren
Produktion sich im Zeitalter der Moderne zunehmend an Mode,
Konsum, Individualität, Lebensstil, aber ebenso Sachlichkeit und
Funktionalität orientiert, weiß um die Bedeutung des Beklei-
dungs*stils*. Es drückt sich darin auch die metaphysische Anschauung einer bestimmten Epoche aus. Erst in jüngster Zeit
werden die von Jüdinnen und Juden mitverwirklichten Strecken
der Modernisierung als wichtige Kapitel *jüdischer* Wirtschafts-
geschichte erkannt. „Jüdisch" nicht nur weil es *physisch* Juden
waren, die sie verwirklichten, sondern „jüdisch" in einem geistig-
gesellschaftlichen Sinn, stärker noch: einem weltanschaulichen,
einem religiös-säkularen Sinn. Das Symbol dieser Entwicklung
ist das Kaufhaus. Es steht für eine Gesellschaft, in der das gute
Leben ganz allgemein, für jeden und jede erschwinglich wird
– in der darum nicht mehr nur der Adel, nicht mehr nur die
reiche Oberschicht das Privileg der Eleganz für sich beanspruchen kann. Alle, auch die kleinen Leute – die Sekretärin und der
Buchhalter –, dürfen träumen, ein schickes Cocktail-Kleid oder
einen Frack bei einem Rendezvous am Abend zu tragen. Die

Soziologin Eva Illouz hat die Werbung dieser Zeit, die neuen Konsummöglichkeiten, die ohne die Modernisierung nicht möglich geworden wären, meisterhaft als *utopische Sehnsuchts-orte* beschrieben.[6] Es sind Sehnsuchtsorte, die ein *modernes Eden* versprachen, gemäß dem neuen Selbstbild der Menschen. Das Kaufhaus steht für die Demokratisierung des guten Geschmacks. Jede und jeder darf eintreten und die schönen, dort dargebote-nen, nunmehr durch Massenproduktion erschwinglich werden-den Dinge erwerben und sich ein kleines Eden schon heute Abend leisten. Es ist sicherlich ein Stück jüdisch-theologische Geschichte, dass so viele Kaufhäuser im 19. und frühen 20. Jahr-hundert von Juden gegründet worden sind.[7]

Die jüdische Bevölkerung Deutschlands hatte das *mensch-heitliche Potential* der Moderne verstanden: Demokratisierung, Gleichberechtigung, Aufstieg vormals unterdrückter Gruppen usw. Ein wichtiges Instrument hierfür waren die modernen Formen der Finanzierung. Es ist falsch, der hohen Zahl von jüdischen Beteiligten im Bankenwesen mit der Behauptung beizukommen, dass es sich hierbei um ein Relikt vergangener Diskriminierung handelt, weil der Geldhandel eine der wenigen Juden erlaubten Branchen seit dem Mittelalter war. Ähnlich wie Schmatte-Händler schafften es auch einstige Geldhändler, ihr bisheriges Metier erfolgreich in die neue Zeit zu transfor-mieren. Das Kreditwesen, die Investitionen in eine größere wirtschaftliche Zukunft, der Übergang von der einstigen Feudalherrschaft in große industrialisierte Volkswirtschaften, erweisen sich im Kristallisationspunkt jüdischer Wirtschafts-geschichte als Ausblick auf ein plötzlich möglich werdendes *säkular-messianisches* Zeitalter, in dem jeder und jede, gleich-berechtigt, alles erreichen kann, was ihnen zur Erfüllung ihres Menschseins als notwendig erscheint.[8]

Von den zahlreichen wirtschaftlich erfolgreichen Juden in Deutschland haben jedoch erstaunlich viele das Projekt der Moderne gerade nicht nur als persönliche Aufstiegschance be-griffen. Sie sahen es vielmehr als ein gesamtgesellschaftliches Projekt, durch das die Gesellschaft insgesamt zu mehr Wohl-fahrt gelangt – durch das nicht nur für die bisher diskriminierte jüdische Minderheit, sondern *für alle* mehr Gerechtigkeit und vor allem Gleichberechtigung herrschen würde. Aus diesem Grund findet man auch so erstaunlich viele jüdische Mäzene, die die Stadtbibliotheken, die Schwimmbäder, die Universitäten und die Museen, kurzum Bildungsmöglichkeiten für den Aufstieg aller finanzierten. Sie investierten in eine Gesellschaft, in der sehr viel mehr Chancengleichheit herrschen sollte. Bemerkenswert, und ebenfalls in einem säkular-messianischen Licht zu sehen, sind dabei auch die vielen jüdischen Kritiker und Kritikerinnen dieser Epoche. Der Kampf gegen Ausbeutung und für soziale Gerechtigkeit wurde in dieser Zeit ebenfalls maßgeblich von jüdischen Protagonisten mitgeprägt. Sie brachten die Schattenseiten der Modernisierung zur Sprache und bewirkten als engagierte Rechtsanwälte und Politiker deren Bekämpfung. Ein prominentes Beispiel ist Hugo Sinzheimer, selbst Sohn eines Textilfabrikanten. Als Anwalt der Gewerkschaften prägte er maßgeblich das deutsche Arbeitsrecht und formulierte für die deutsche Verfassung: „Eigentum verpflichtet. Sein Gebrauch soll zugleich Dienst sein für das Gemeine Beste."[9]

Der theologische Dauerkonflikt mit Gott

Haben also jüdische Religion und Modernisierung etwas miteinander zu tun? Anders als viele meinen, ist es für die jüdische Tradition durchaus fraglich, ob die Religion verlangt, sich Gott zu unterwerfen, beziehungsweise Gottes Willen auszuführen und archaische gesellschaftliche Vorstellungen durchzusetzen. Die Mensch-Gott-Beziehung in der *Bibel* und später in der rabbinischen Literatur erscheint mehr als eine des Konflikts und eines immerwährenden Aushandelns, *um die Beziehung des Menschen zu Gott zu bewahren.*

Nach der hier vertretenen These wäre es ein Missverständnis, die biblischen und rabbinischen Aussagen als eine Festschreibung einer historisch definierbaren Gesellschaftsform zu lesen. Die *Hebräische Bibel* reflektiert vielmehr historische Erfahrungen mit ungeheuren gesellschaftlichen Umwälzungen. Sie bezeugt dabei große zivilisationsgeschichtliche Übergänge, etwa von der Stammesgesellschaft zur Gesetzesnation, von der agrarischen Subsistenzwirtschaft zu einer städtisch geprägten Marktwirtschaft, von Dörfern im rückständigen Kanaan zu florierenden internationalen Handelsstätten entlang der antiken Routen. Auf dem Spiel des gesellschaftlichen Wandels steht jeweils die Bedeutung Gottes. Er, der „Erschaffer von Himmel und Erde", kämpft in der biblischen Darstellung um seinen Platz im Wandel der Zeiten. Er will in den neuen Welten berücksichtigt werden. Er will nicht als eine alte Gottheit ad acta gelegt werden.

Die *Bibel* verwirft die Umwälzungen nicht wirklich. Sie sagt nicht Nein zu den Erneuerungen. Gottes Fluch über Adam währt kaum eine Generation. Kain, der Bauer, erlebt die Landwirtschaft nicht nur als ein Schuften im Schweiße seines Angesichts. Die Erde erweist sich nicht als bitterer Boden voller Disteln. Im Gegenteil – neben seinem nomadischen Bruder Abel tritt Kain mit vollen Händen vor Gott. Aber Gott ist zunächst konservativ. Er lehnt die Gaben der neuen Wirtschaftsform ab und verschmäht die Erstlinge der Landwirtschaft, die Garben, aus denen Brot und andere Grundnahrungsmittel zur allgemeinen Wohlfahrt hergestellt werden können. Abel repräsentiert das unstete Leben des Nomaden in einer kargen Welt des Mangels; Kain hingegen hat Eigentum am Land, ein selbst geschaffenes Zuhause, Ertrag und Perspektiven einer reicheren Zukunft für seine Kinder.

Gottes Abweisung weckt böse Impulse und führt zum ersten (Bruder-)Mord in der *Bibel*. Doch anders als Adam bekennt sich Kain schuldig. Katharina von Kellenbach hat in ihrer Interpretation der Geschichte von Kain und Abel als bemerkenswerte Wendung herausgearbeitet, dass Kain ausspricht, was er getan hat.[10] Als Folge hiervon tötet Gott ihn nicht. Er versieht Kain vielmehr mit einem *Schutzmal*. (*Gen.* 4, 15) Das Kainsmal ist kein, wie oft gemeint, stigmatisierendes Schuldmal. Kain darf vielmehr kraft dieses Schutzmals weiterleben. Im Narrativ der *Tora* bringt er weitere Zivilisation hervor und neue Welten. Er gründet die erste Stadt. Einige seiner Nachfahren bringen die städtische Kultur voran und erschaffen neue Berufe. Unter

ihnen sind die Schmiede von Erz und Eisen sowie die Zither-
und Flötenspieler. Kains Nachfahren stehen für wirtschaftliche
und kulturelle Modernisierung. Modernisierungen, die zunächst aus der Konfliktbeziehung mit Gott hervorgehen, aber
vermittelt durch das Schutzmal Gottes geschützt sind. Die
Herausforderung besteht jedes Mal darin, dass Gott in die
Modernisierung mit eingebunden wird. So verstehe ich das
Schutzmal. Kain und seine Nachfahren sind geschützt, solange
sie durch das Schutzmal die Beziehung zu Gott leben und ihn
in ihren Welten wirken lassen.

Ein theologischer Ausgangspunkt der *Hebräischen Bibel* ist
also die Fähigkeit der Menschen, neue Welten zu erschaffen
– und Gottes Fähigkeit, sich immer wieder neu auf diese einzulassen, um darin weiterhin seine Wirkung zum Tragen zu
bringen. Auf die Sintflut folgt eine erneute Selbstpositionierung
Gottes, die wieder darin besteht, dass Gott die Wege der Menschen akzeptiert. Allerdings jetzt nach einem Rechtsmaßstab,
der die Mensch-Gott-Beziehung neu definiert. Im *Talmud* sind
das die „Noachidischen Gesetze" – ein Mindestkodex, der
Mord verbietet und den Umgang der Menschen miteinander
an ethische Bedingungen knüpft. In der *Bibel* verspricht Gott
Noah, dafür die Erde nicht mehr zu zerstören. (*Gen.* 8, 22)

Das Medium der sich erneuernden Mensch-Gott-Beziehung sind in der jüdischen Tradition die Gesetze. Der Geset-
zesstandard, der mit Noah in die Welt kommt, bindet jedoch
nicht nur die Menschen an das Recht, sondern auch Gott. Auf
diese Weise kommt der kritische Dialog mit Gott erst richtig
in Gang. Abraham tritt gegenüber Gott für die Städte Sodom
und Gomorrha ein, beziehungsweise für ihre Gerechten und
verhandelt zugunsten ihrer Fortexistenz. Mit Abraham vertieft
sich die Auffassung von einer Gott-Mensch-Beziehung, die
sich in Gesetzen und Satzungen mit gegenseitigen Rechten und
Pflichten ausdrückt – und die auch Gott an seine Gesetze bindet. Daraus erfolgt in der *Tora* eine Befreiungs- und Rechtsgeschichte, in der die Mensch-Gott-Beziehung immer wieder
neu formuliert und in sich weiter entwickelnden Gesetzesko-
dizes aufgefasst wird. Der *Talmud* setzt diese Entwicklung fort.

Er eröffnet ein geistiges Spannungsfeld, auf dem die Menschen in einen konstruktiven Streit mit den in der *Tora* geoffenbarten Gesetzen Gottes treten. So bringt nicht die Unterwerfung unter Gott, sondern der Konflikt mit Gott neue Theologie hervor – ist gar die Bedingung dafür, dass Gott eine theologische Rolle in der jeweiligen Wirklichkeit spielen kann.

Gott in der Wirklichkeit der Wirtschaft

Der im 6./7. Jahrhundert u. Z. fertig gestellte *Babylonische Talmud* bezeugt gegenüber der *Bibel* eine für die in den Perser-Reichen lebenden Juden völlig neue Lebenswirklichkeit. Die jüdische Gemeinschaft lebt überwiegend nicht im „eigenen" Land. Aber das wurde nicht nur als Strafe Gottes empfunden. In den rabbinischen Gesetzesdebatten werden vielmehr auch die neuen wirtschaftlichen Möglichkeiten diskutiert, die sich den jüdischen Diaspora-Gemeinden in antiken internationalen Handelszentren wie Palmyra oder Machosa auftaten. Die theologische Dimension, die im Projekt der Moderne erkennbar ist, finden wir ähnlich in den rabbinischen Diskussionen zur Situation der jüdischen Diaspora in den Perser-Reichen. Auch dort war eine Art „modernes" Wirtschaftsbewusstsein die Voraussetzung dafür, als Minderheit nicht sozial abzurutschen, sondern im Gegenteil, die Potentiale zur Erlangung allgemeiner Wohlfahrt zu erkennen. Insbesondere im *Talmud*-Traktat *Bawa Mezia* führten die Rabbinen intensive Diskussionen über Fragen der Finanzierungen. Man erkennt ein tiefes Verständnis für die Chancen des Marktgeschehens, ausgedrückt in neuen Auffassungen über das Kreditwesen, Neubewertungen beziehungsweise Lockerungen des biblischen Zinsverbotes, Diskussionen über faire Preise und Gewinnspannen.[11] Thematisiert werden auch strukturelle Wirtschaftskrisen wie Liquiditätsengpässe, Münzknappheit (das Papiergeld war noch nicht erfunden) oder der Zusammenbruch internationaler Handelswege.[12]

Am bezeichnendsten für die neue Wirklichkeit in der babylonischen Diaspora ist der Diskurs über die Abschaffung des

Schuldenerlasses durch den *Prosbul*. „Hillel führte den *Prosbul* ein wegen *Tikkun ha-Olam*". (*M Gittin* 4, 3)[13] In der *Bibel* führte eine schlechte Ernte zwangsläufig in die Schuldknechtschaft. Da erscheint der Schuldenerlass als ein probates Mittel, um einer gesellschaftlichen Selbstversklavung entgegenzuwirken. In der talmudischen Zeit hingegen bedeuteten Schulden nicht unbedingt einen sozialen Absturz, sondern erwiesen sich als rückzahlbar, da sie viel größere Gewinne in der Zukunft finanzierten. Schulden standen für eine Investition in eine bessere (messianische) Zukunft.[14] Doch wenn die Schulden alle sieben Jahre verfallen, würde niemand mehr im fünften oder sechsten Jahr einen Kredit geben. Die Wirtschaft würde erlahmen und neue Armut erzeugen.

Es ist kein Zufall, dass zur selben Zeit im *Babylonischen Talmud* die großen Debatten über die „kommende Welt" und die „messianischen Tage" geführt werden. (*BT Sanhedrin* 96b–99a) Eine Fraktion von Rabbinen hielt an den apokalyptischen Endzeitvisionen fest. Doch eine andere Fraktion, die mit dem Namen des großen Rechtsgelehrten Samuel im 3. Jahrhundert verknüpft war, vertrat eine mehr säkular-messianische Vorstellung. „Zwischen dieser Welt und den messianischen Tagen gibt es keinen Unterschied als die Knechtschaft der Regierungen, denn es heißt ‚nie wird der Dürftige im Lande aufhören' (*Deu.* 15, 11)." (*BT Brachot* 34b) Die messianischen Tage werden danach nicht sehr anders sein als die unsrigen. Nur werde die Knechtschaft aufhören. Es werde keine Herren mehr über uns geben. Aber wir werden weiterhin arbeiten müssen, um mit der „Dürftigkeit" umzugehen. Schon die Propheten sagten: „Schwerter zu Sicheln, Lanzen zu Rebmessern" (*Micha* 4, 3; *Jes.* 2, 4) Auch im messianischen Zeitalter werden noch die Felder bestellt und die Früchte geerntet werden müssen.

Dabei trauten die Rabbinen Gott zu, die prophetische Vision auch in die neuen Bedingungen der babylonischen Marktwirtschaft mit ihren Krediten und Schulden übersetzen zu können. Wie sehr die Wirklichkeit der Wirtschaft und das Wirken Gottes, die Finanzierung des guten Lebens und das ethische Verhalten, Entschuldung und Sühne – bei den Rabbinen messianisch zusammengehen, zeigt das wunderbare Bild von Rabbi Akiba. Danach habe Gott die messianischen Vorzüge der Kreditwirtschaft voll verstanden:

> „Rabbi Akiba pflegte zu sagen: Alles ist als Darlehen gegeben, ein Netz ist über alle Lebenden gespannt. Der Laden ist offen, der Ladenbesitzer räumt Kredit ein; das Buch ist offen, die Hand schreibt; wer borgen will, kann borgen. Die Einzieher sind täglich unterwegs und kassieren die Schulden, mit oder ohne Wissen des Menschen; sie haben Unterlagen, auf die sie sich stützen können, das Urteil ist ein wahrhaftes Urteil, und alles ist zum Mahl bereit." (*M Awot* 3, 20)

Das „Mahl" am Ende des Zitates ist natürlich das Mahl, bei dem sich die Menschen im messianischen Zeitalter treffen werden. Unterdessen werden beim göttlichen „Ladenbesitzer" Schulden gemacht und Schulden abgegolten.

Gott „erwirbt" Himmel und Erde

Man kann die *Hebräische Bibel* umgekehrt lesen. Es geht nicht so sehr um die Schöpfung Gottes und welchen Platz der Mensch darin hat; es geht vielmehr umgekehrt um die Fähigkeit der Menschen, neue Welten zu erschaffen, die scheinbar nicht mehr auf Gott angewiesen sind. Wie macht Gott seine Forderung, weiterhin in diesen Welten eine Rolle zu spielen, geltend? Wie *erwirbt* Gott immer wieder Himmel und Erde? Den Himmel und die Erde, wie sie von den Menschen gesehen werden – „Himmel" und „Erde" als Metaphern für „Transzendenz" (= Himmel) und „Immanenz" (= Erde), für „jenseitig" und „diesseitig", für „metaphysisch" und „physisch". Wie kommt Gott in unserer Einstellung zu „Himmel und Erde" zur Wirkung?

Eine der bemerkenswertesten Formulierungen des jüdischen Gebetes beschreibt Gott als: *kone schamajim wa-arez* – „der Himmel und Erde *erwirbt*" – oder säkularer formuliert:

„der Himmel und Erde *kauft*". So beginnt zum Beispiel das
Gebet am Freitagabend mit der einleitenden Segnung: „Gesegnet bist du, Ewiger, unser Gott und Gott unserer Vorfahren,
– der große, der mächtige, der gefürchtete Gott, höchster Gott,
der Himmel und Erde erwirbt."[15]

Die jüdischen Gebete sind zu einem Großteil in der rabbinisch-talmudischen Zeit, das heißt bis zum 6./7. Jahrhundert
formuliert worden. Dass Gott nicht von vornherein als der Eigentümer des Himmels und der Erde gesehen wurde, bezeugt
ein Bewusstsein auch für die *wirtschaftliche* Dimension in der
Mensch-Gott-Beziehung. Der Mensch erwirbt durch sein täg-
liches Werk seine wirtschaftliche Existenz auf Erden. Das
Spannende dabei ist, dass in der Wechselseitigkeit der Mensch-
Gott-Beziehung auch Gott „Himmel und Erde" neu erwirbt.
In der Vorstellung von Gott, der in der Beziehung zum Menschen Eigentümer von Himmel und Erde wird, spiegelt sich
zugleich, wie die Mensch-Gott-Beziehung vom jüdischen
Standpunkt her die Welt zum Guten zu gestalten vermag. Es
geht hierbei um eine religiöse, eine transzendente Seite des
Eigentums – den Anteil, an dessen Erwerb Gott beteiligt ist
und der auf das Verhältnis von „Himmel und Erde" verweist.

Die biblische Geschichte von der Vertreibung aus dem Paradies lässt sich in jedem Fall auch ökonomisch lesen. Adam
und Eva haben eine ursprünglich eigentumslose Zone verlassen.
Die *Tora* erkennt darin zugleich die Voraussetzung dafür, dass
Eigentum am Land entstehen kann. Nicht nur als Eigentum
des Menschen, sondern als Eigentum Gottes. Kraft der Vertreibung aus dem Paradies und der Notwendigkeit für den
Menschen, „im Schweiße seines Angesichts das Land zu bearbeiten", macht Gott selbst auch ein grundsätzliches Eigentumsrecht am Land geltend. In der Beziehung, in der sich
Adam an die von Gott geforderten Auflagen hält, verwirklicht
auch Gott sein Eigentumsrecht. Beides geht zusammen. Die
Reziprozität in der Mensch-Gott-Beziehung ermöglicht es,
dass die Menschen als Eigentümer des Landes die göttliche
Schöpfung weitergestalten; aber zugleich erwirbt auch Gott
unter den sich in den folgenden Zeitaltern wandelnden öko-

nomischen Bedingungen Himmel und Erde, also den transzendenten Anteil an Eigentum, immer wieder neu.[16]

Und – so versichert uns das jüdische Gebet: Er ist dazu in
der Lage! Gott vermag sein Eigentumsrecht wahrzumachen,
vermag Himmel und Erde zu erwerben! Auch mit dem neuen
System, zu dem das Eigentum am Land gehört, ist die Mensch-
Gott-Beziehung nicht aufgehoben. Er ist in der Lage, Himmel
und Erde zu erwerben – die Welten der Menschen, in ihren
himmlischen und irdischen Dimensionen, immer wieder neu
zu erwerben, sich in ihnen erkennbar zu machen, den Maßstab
zu setzen und zu einem mittragenden Faktor zu werden.
Vorausgesetzt, die Menschen bleiben im Gespräch mit Gott,
beziehen ihn ein. Vorausgesetzt, die Menschen machen Gott
zum Ko-Schöpfer ihrer Schöpfungen.

Gott als Ko-Schöpfer

Der Konflikt mit Gott, der dahingehend lösbar ist, dass Gott
immer wieder Himmel und Erde erwirbt, birgt die theologische
Chance, dass Gott vonseiten der Menschen immer wieder von
Neuem in die von den Menschen neu geschaffenen Welten eingebunden werden kann. Und nicht nur kann – auch soll. Der
innere Zusammenhang zwischen Materialität und Metaphysik,
zwischen Immanenz und Transzendenz muss immer wieder
neu bestimmt werden.

Der theologische Ausgangspunkt der *Bibel* ist eben nicht
nur, dass Gott ein einziges Mal in grauer Vorzeit eine Welt erschaffen hat, sondern dass die Menschen durch den Genuss der
Erkenntnis immer weitere Welten erschaffen. Diesen theologischen Ausgangspunkt bezeugen eine Reihe von talmudischen
Passagen, in denen sich die rabbinischen Protagonisten wirt-
schaftstheologisch geradezu auf Augenhöhe gegenüber Gott
und seiner Schöpfung artikulieren. Hierzu zwei Beispiele:

> „Der gottlose Tineius Rufus fragte Rabbi Akiba. Sind die
> Werke des Heiligen schöner als diejenigen des Menschen?

Rabbi Akiba sagte zu ihm. Die vom Menschen sind schöner als die des Heiligen! Bringt mir Ähren und Brote! Bringt mir Flachsbündel und Gewänder von Bet Schean! Jene sind das Werk des Heiligen und jene des Menschen, diese sind schöner." (*Tanchuma* zu *Tasria*)

„Einst ging Rabh durch ein Halmfeld und sah [die Halme] sich bewegen; da sprach er: Bewegt euch nur, – Handel treiben ist einträglicher als ihr." (*BT Jewamot* 63a)

Der theologischen Herausforderung, dass Menschen durch erfolgreiche Wirtschaftstätigkeit neue Wirklichkeiten schaffen, kommt die jüdische Tradition bei, indem sie versucht, Gott in alles menschliche Handeln einzubeziehen – beziehungsweise umgekehrt, alles menschliche Handeln an Maßstäben auszurichten, die von Gott her gesetzt werden. Das „schöne" Brot wird *gesegnet* und es wird auf diese Weise in den Zusammenhang mit Gott als seinem Mitschöpfer gestellt. Der Handel mag erträglicher sein als Landbesitz; aber mit den Gewinnen steigen für die Handeltreibenden auch die sozialen Abgaben für den Zusammenhalt der von Gott gestifteten jüdischen Gemeinschaft. Die jüdische Tradition mit ihrer typischen religiös-säkularen Spannung, von der gerade auch die rituelle Praxis bestimmt ist, und die ebenso im jüdischen Engagement für Wohlfahrt und Gerechtigkeit aufscheint, ist ein Dokument der fortwährenden Neueinbindung Gottes in die gesellschaftliche Dynamik.

Man kann dies auch auf die Modernisierung beziehen. Forderungen, wie der von der *Tora* verlangte soziale Zusammenhalt, müssen unter veränderten Bedingungen wieder neu verwirklicht werden. Die *Bibel* beschreibt zwar einen konservativen, bisweilen reaktionären Gott, der regelmäßig die neuen Entwicklungen zunächst ablehnt. Aber er bekommt durch die *Bibel* und später das rabbinische Schrifttum eine Stimme. Wer die biblischen Geschichten genau liest, kann sie auch dahingehend interpretieren, dass sich die konservativ-reaktionäre Haltung Gottes, seine Allmacht und seine Zerstörungsbereitschaft als nicht erfolgreich erweisen. Gott ist jedoch fähig, sich auf die Menschen neu einzustellen – mit ihnen im Gespräch zu bleiben, indem er nicht an seinen alten Vorstellungen festhält. Das biblische Zeugnis verlangt angesichts des zum Menschsein gehörenden gesellschaftlichen Wandels keine Fixierung einer bestimmten Gesellschaftsform. Aber sie verlangt in Zeiten großen Wandels sowohl von den Menschen, als auch von Gott, erneut ins Gespräch zu treten.

Kijum Olam

In diesem Zusammenhang möchte ich auf einen möglicherweise in Bezug auf die Modernisierung weiteren hilfreichen Begriff aufmerksam machen. *Kijum Olam* – „Errichtung der Welt". Der Begriff assoziiert heute zunächst einen anderen, populären Begriff: *Tikkun Olam* – „Korrektur/Reparatur der Welt". *Tikkun Olam* ist vielfach an die Stelle messianischer Erwartungen getreten und steht zumeist für soziales Engagement. Von den Menschen wird verlangt, die Welt zu reparieren, da wo sie durch falsches Verhalten zerbrochen ist. Allerdings ist auch im Begriff *Tikkun Olam* der Konflikt mit Gott angelegt. Die Rabbinen führten ihn im *Talmud* an, um göttlich offenbarte Gesetze der *Tora* zu „korrigieren". Das berühmteste Beispiel ist der bereits genannte *Prosbul*, durch den die Schulden über das Erlassjahr hinaus fortgelten. Auch wenn der in der *Tora* alle sieben Jahre geforderte Schuldenerlass als eine Maßnahme für mehr Gerechtigkeit erscheint, verstärkte er jedoch in der Praxis die Ungerechtigkeit zwischen Armen und Reichen. Indem Kreditgeber in den beiden Jahren vor dem siebten Jahr keine Kredite mehr gaben, weil sie fürchteten, dass die Schulden durch das Erlassjahr nicht mehr zurückgezahlt würden, kam die Wirtschaft zum Erliegen. So erzeugte der Schuldenerlass das Gegenteil seiner Absicht. Als eine *anti-wirtschaftliche* Maßnahme verstärkte er künstlich die Armut. Das traf die schwächer Gestellten weitaus härter als diejenigen, die für das Brachjahr Vorräte und Rücklagen anlegen konnten. Der *Talmud* erzählt, dass Hillel deswegen den *Prosbul* einführte, ein Dokument, durch

welches Schulden über das Erlassjahr hinaus fortgelten können.[17] Die Maßnahme wird als eine rabbinische *Takkana* bezeichnet – eine „Rechtsverordnung". Sie ist vom Wortstamm
her mit dem Begriff *Tikkun/*„Reparatur" verwandt. Das Verb
„reparieren" ist *letaken.* Tatsächlich wird Hillels *Takkana* mit
dem *Tikkun Olam* begründet – der Reparatur der Welt. „Hillel
führte den *Prosbul* ein wegen *Tikkun ha-Olam.*" (*M Gittin* 4, 3)

„Korrigiert" wird mit dieser *Takkana* ein von Gott offen-
bartes Gesetz der *Tora.* Der Begriff *Tikkun Olam* bezieht sich
darum nicht nur auf die Reparatur der Welt, da wo sie durch
menschliches Fehlverhalten zerbrochen ist, sondern auch da,
wo die Gesetze der *Tora* von sich aus zu Ungerechtigkeit führen
und korrigiert werden müssen – also *Gott korrigiert wird.*

Der *Prosbul* wurde in einer Zeit eingeführt, in der Schulden
nicht mehr zwangsläufig in die Schuldknechtschaft führten.
Vielmehr bedeuteten Schulden wirtschaftliche Investitionen in
die Zukunft. Schuldenmachen ist bereits im *Talmud* ein säku-
larisierter Umgang mit der messianischen Erwartung von einer
besseren Zukunft – einer Zukunft, die in kleinen Schritten
durch Vorfinanzierungen verwirklicht werden kann.

Während das hebräische Wort *Tikkun* als „Reparatur" von
etwas in der *Vergangenheit* Geschaffenem ausgeht, welches es
durch Korrektur oder Reparatur zu erhalten gilt, zielt jedoch
das Wort *Kijum* auf die Errichtung von etwas *Neuem. Kijum*
baut sich aus dem Verb *lekajem/*„errichten". Aus ihm leitet sich
interessanterweise auch das heutige modern-hebräische Wort
für „Nachhaltigkeit" ab – *kajamut.*

Mit *Kijum Olam* sind wir wieder beim theologischen Ausgangspunkt: der Fähigkeit der Menschen, neue Welten zu errichten. Im rabbinischen Schrifttum bezieht sich *Kijum Olam*
auf das Schaffen von neuem Leben – vor allem auf das Gebären
eines neuen Menschen. Damit ist der *Kijum Olam* auf die Zukunft gerichtet. Der rabbinische Ausspruch besagt, dass mit
jedem neuen Menschen eine neue Welt erschaffen werde. Nach
der rabbinischen Ethik trägt jeder Mensch alle potentiell kommenden Generationen in sich. Als Kain seinen Bruder Abel
erschlug, habe er nicht nur unmittelbar Abel ermordet, er töte-

te mit ihm auch alle potentiellen Nachkommen Abels. Die rabbinische Exegese leitet das aus dem Umstand ab, dass in der biblischen Formulierung das Wort Blut *(dam)* und das Verb „schreien" *(za'ak)* im Plural auftreten: *Kol demej achicha zo'akim elai min-ha-adama.*/„Die Stimme der Geblüter deines Bruders schreien zu mir auf von dem Boden." (*Gen.* 4, 10)

Aus dieser Pluralform – *demej achicha*/„*Geblüter* deines Bruders" – leiteten die Rabbinen die Vorstellung ab, dass jeder Mensch bereits alle aus ihm hervorgehenden Generationen, die kommenden „Geblüter" in sich trägt. (*M Sanhedrin* 4, 5) Damit verweist jeder Mensch in die Zukunft. Ein Mord tötet nicht nur die betroffene Person, sondern alle zukünftigen Generationen ebenfalls. In diesem Kontext, der die Zukunft, die zugleich die kommende Welt, das messianische Zeitalter miteinbezieht, ist auch das berühmte Zitat zu verstehen:

> „Wenn einer einen Menschen tötet, rechnet es ihm die Schrift an, als er hätte er eine ganze Welt vernichtet, und wenn einer einen Menschen erhält, rechnet es ihm die Schrift an, als hätte er eine ganze Welt erhalten." (*M Sanhedrin* 4, 5)[18]

Tikkun Olam und *Kijum Olam* gehören zusammen. Auch aus den neuen Welten spricht die Sehnsucht nach dem Paradies, dem messianischen Versprechen. Mit jedem neuen Menschen erneuert sich die Konfliktbeziehung mit Gott – und damit die produktive Voraussetzung, um neue Theologie hervorzubringen. Jeder Mensch trägt das Potential in sich, im Konflikt mit Gott die Beziehung konstruktiv fortzusetzen. Gott ist in der Lage, sich auf die neue Welt neu einzulassen – Himmel und Erde neu zu erwerben. Gott kann das, versichert uns das jüdische Gebet – sofern wir mit ihm im Gespräch bleiben. Er vermag sich angesichts der neuen Herausforderungen, mit denen wir in der Gegenwart ringen, mit den jüngsten Modernisierungen unsren Lebens – ob die Digitalisierung, die künstliche Intelligenz oder die Schattenseiten der Globalisierung – neu zu positionieren. Keine dieser neuen Welten ist als das Produkt einer Sünde zu

verwerfen. Vielmehr ist jede innerhalb der gelebten Konfliktbeziehung als Chance zu bewerten – neue theologische Erkenntnisse zu gewinnen, um Gott in ihnen zur Wirkung zu
bringen.

Schechina und Wirtschaft
Gemeinsamkeiten der jüdischen Diaspora
und der sich globalisierenden Wirtschaft[1]

Lob der Globalisierung

Jetzt, da wir alles zu verlieren drohen, beginnen wir zu ahnen,
dass die Globalisierung womöglich doch das Beste ist, das einer
Wirtschaft geschehen kann. Globalisierung bedeutet immer
auch Überwindung von Grenzen. Globalisierung ist eine transnationale Daseinsform. Das Gegenteil davon bekommen wir
gerade zu spüren: ein neues Hochziehen von Mauern und einen
damit einhergehenden neuen Wirtschaftsnationalismus. Nicht
nur die großen Weltmächte wie Russland, China und die USA
unter Trump, auch in Europa stimmen Länder wie England,
Polen oder Ungarn für eine nationalistische Politik und machen
deutlich, was das Gegenstück zur Globalisierung ist: ein Rückzug auf überkommene Vorstellungen.

Demgegenüber erweist sich echte Solidarität mit den armen
Nationen auf diesem Globus dadurch, dass sie sich aktiv in das
globale Wirtschaftsgeschehen einbringen können – das heißt
durch die Möglichkeit, sich zu „globalisieren".[2] Einer der großen Befürworter der Globalisierung, der indische Wirtschafts-
professor Jagdish Bhagwati bedauert die negativen Konnota-
tionen, die mit dem Begriff „Globalisierung" entstanden sind
und spricht lieber von „Integration in den Weltmarkt".[3] Viele
verknüpfen mit dem Begriff Globalisierung nur Vorstellungen
von Menschenausbeutung und Raubbau an der Schöpfung, um
die gesamte Wirtschaftsmacht den Banken, Konzernen und
Superreichen zuzuspielen. Solche Dämonisierungen verdecken
jedoch die Chancen, die die armen Länder erst durch die Globalisierung erhalten haben.

Globalisierung als transnationales Geschehen verbindet
unterschiedlichste Bevölkerungen mit unterschiedlichsten wirt-

schaftlichen Ausgangsbedingungen, Industrialisierungsgraden, politischen und sozialen Komplexitäten. Wirtschaft lebt vom Vorteil. Wenn die Arbeitskräfte in einem Weltteil billiger sind, ist das der Vorteil, mit dem die entsprechenden Länder sich erfolgreich in den Weltmarkt einbringen und Profit machen können. *A la longue* steigt ihr Wohlstand – steigen damit auch die Löhne. Das ist natürlich sehr verkürzt gesagt. In der konkreten Entwicklung bedarf es langer, aufreibender Kämpfe, bis eine Bevölkerung im Ganzen von ihrer Wirtschaftsleistung profitieren wird. Trotzdem darf der Klarblick nicht verkennen: Verschiedene der vormals ärmsten Volkswirtschaften haben erst durch die Möglichkeit, mit ihren jeweiligen Vorteilen an den Weltmärkten teilhaben zu können, sich aus absolutem Elend allmählich hochziehen können. China kannte früher unvorstellbare Hungersnöte. Welcher Unterschied zu heute, da seine Industrien teilweise den Westen überholen und die Chinesen mit ihrem gewachsenen Wohlstand neuerdings das für aufsteigende Gesellschaften bekannte Phänomen fettleibiger Kinder beklagen. Länder wie Bangladesch, Kambodscha oder Sri Lanka, deren Textilindustrien die Welt mit günstiger Bekleidung beliefern, leben zwar von einer unglaublichen Ausbeutung. Und doch sind die Näherinnen in den Sweatshops von Dhaka oder Lahore die ersten in ihren Familien, die hoffen dürfen, dass ihre Kinder eine Schulbildung erhalten und einen höheren Lebensstandard erreichen werden. „Bad jobs are better than no jobs", konstatierte der Schüler Bhagwatis und Nobelpreisträger für Wirtschaftswissenschaft, Paul Krugman, in seinem viel kritisierten Essay *In Praise of Cheap Labor*.[4] Südkorea und Indien sind zwei weitere Beispiele, die die erste Phase des Elends längst hinter sich gelassen haben und heute Weltmarktführer auf Feldern in der IT-Industrie geworden sind. Aber auch in Ländern Afrikas ist das Wirtschaftswunder der Globalisierung zu sehen. Da, wo kein Krieg geführt wird und die Politik die Korruption zurückdrängt, zum Beispiel in Kenia oder Äthiopien (vor dem Krieg gegen die Provinz Tigray), entstehen Wirtschaftsräume, die eine Teilnahme an den Weltmärkten möglich machen. Absolute Armut sinkt im Weltmaßstab. Da, wo keine Kriege das

Erreichte wieder kaputt machen, ist der Hunger ein Phänomen von gestern.[5]

Diaspora als transnationale Wirtschaftsrealität

Globalisierung berührt sich mit einer alten jüdischen Erfahrung. Es ist die Erfahrung, dass eine transnationale Daseinsform nicht nur zum Nachteil sein muss. Die jüdische Diaspora über alle nationalen Grenzen hinweg ist tief in die jüdische Tradition eingeschrieben. Sie prägte die jüdischen Auseinandersetzungen mit den jeweiligen Wirtschaftsrealitäten, in denen Juden und Jüdinnen lebten. Die alten religiösen Schriften, vor allem der *Talmud*, bezeugen ein Bewusstsein dafür, dass die transnationale Daseinsform, bei der die jüdische Bevölkerung in potentiell allen Ländern unter unterschiedlichsten Bedingungen lebt, durchaus zu Wohlfahrt führen kann.[6] Das Leitthema der jüdischen Diaspora war natürlich nie in erster Linie ihr wirtschaftlicher Erfolg. Was sie bestimmte, waren ganz andere Werte. Bis zum Beginn der Moderne wurde die in alle Teile der Welt zerstreute Daseinsform von den Juden selbst als ein von Gott verhängtes Exil gedeutet, das heißt als eine Strafe erlebt. Trotzdem führte sie dazu, sich auf die Länder mit ihren anderen Kulturen, Anschauungen und Gepflogenheiten einlassen zu müssen. In wirtschaftlicher Hinsicht bedeutete sie, sich in Nischen zu begeben, die von der übrigen Bevölkerung nicht besetzt waren – und in der göttlichen Strafe Möglichkeiten für wirtschaftliche Vorteile auszumachen. Trotz Diskriminierung, unzähligen Beschränkungen und immer wieder Verfolgung war die jüdische Bevölkerung wirtschaftlich gesehen erfolgreich. Hierfür gibt es viele Erklärungen. Wirtschaftshistorisch sind zwei Momente hervorzuheben: erstens die unter Juden und Jüdinnen leicht herzustellenden Verbindungen zu anderen Juden, um an einer transnationalen Wirtschaftsrealität teilhaben zu können; zweitens die jüdische Selbstorganisation, die durch eine gemeinsame, transnationale Rechtskultur (*Halacha*) die die jüdische Bevölkerung ohne einen übergeordneten Staat zusammengehalten hat.

Die Beschaffenheit der jüdischen Diaspora hing natürlich immer von der jeweiligen Umgebung ab. Egal wo Jüdinnen und Juden lebten, mussten sie sich den Herrschaftsstrukturen anpassen. Trotzdem ist die transnationale Daseinsform der jüdischen Diaspora, gerade in den beiden Momenten der Verbindungen über die Landesgrenzen hinweg sowie der Selbstorganisation ohne übergeordneten Staat, mit Blick auf die Transnationalität der Globalisierung interessant.[7]

Erst in jüngster Zeit wird die jüdische Diaspora nicht so sehr als die negative Konsequenz einer Vertreibung (das heißt als „Exilierung" in fremde Länder) gesehen, sondern als eine Lebensform gewürdigt, die ohne ein „richtigeres Eignes" auskommt.[8] Unter den Bedingungen der Diaspora konnten sich Erkenntnisse in Bezug auf eine politische und soziale Kultur herausbilden, die nicht von einer nationalen Souveränität im Rahmen eines eigenen Staates abhingen. Von der Transnationalität der Diaspora waren auch die jüdischen Auseinandersetzungen mit den jeweiligen wirtschaftlichen Bedingungen geprägt. Letztlich waren sie aber kein jüdisches Privileg. Jedes erfolgreiche Wirtschaftsdenken weiß, dass zur Wirtschaft der Tausch gehört, Wirtschaft also auch Austausch mit Anderen bedeutet. Aristokraten, die an ihren Höfen „Hofjuden" in den Dienst nahmen, taten dies bewusst wegen derer internationalen Beziehungen, um von Wirtschaftsaktivitäten über die eigenen Landesgrenzen hinweg profitieren zu können. Auch heute, da Juden und Jüdinnen einen eigenen Staat haben, liegt der wirtschaftliche Erfolg Israels gerade nicht in einer jüdischen Autarkie, sondern – genau umgekehrt – darin, dass sich das Land vom Orangen-Export bis zur lukrativen IT von vornherein international aufgestellt hat.

Von Raba bis Ricardo

Nach der jüdischen Vorstellung ist die *Schechina*, das heißt die Präsenz Gottes, zusammen mit den Juden ins Exil gegangen.[9] Die Auserwähltheit des jüdischen Volkes bedeutet danach, dass

Gott unter den Juden ist – egal ob im Land Israel oder in der Diaspora. Das hat Konsequenzen für die Ausdehnung der jüdischen Wirtschaftsvorstellungen auf die Diaspora. Schon die *Tora* gibt in ihren Gesetzen vor, wie sich die israelitische Bevölkerung in wirtschaftlicher Hinsicht zu verhalten habe. Es ist ein Wirtschaftssystem mit einer säkularen und einer religiösen Ausrichtung; beide durchdringen sich gegenseitig. Die säkulare entspricht der Notwendigkeit von Ertrag und Gewinn, die religiöse bindet bestimmte Gruppierungen wie die Priester, die Witwen, die Fremden in den Ertrag mit ein. Die *Tora* enthält einerseits genaue Vorschriften für die Bewirtschaftung des als „heilig" erachteten Landes; andererseits legt sie Abgaben/die „Zehnten" zur Unterstützung von landlosen Bevölkerungsgruppen wie Priestern und Leviten, Witwen und Waisen und auch Fremden fest.[10] Das sind keineswegs Arme! Zwar meint die heute übliche Vorstellung, dass die Wirtschaftsbestimmungen der *Tora* vor allem ein Sozialsystem zur Unterstützung der Armen darstellten. Aber keine der genannten Gruppen war notwendigerweise arm.[11] Meine These in Bezug auf die Abgaben ist, dass die genannten Gruppen das Wirtschaftssystem in *religiöser Hinsicht* vervollständigten. Gerade die Priester, aber auch die Mütter und Kinder (Witwen und Waisen), sowie die Fremden, die zum israelitischen Volk hinzukommen, verkörperten das größere Ganze der israelitischen Religion. In ihnen konkretisierte sich die religiöse Anschauung zu einer lebendigen *Gemeinschaft* mit verschiedenen Rollen.

Die religiöse Anschauung ist dabei nicht allein auf das Jenseits gerichtet, sondern ebenso auf die Aspekte des weltlichen Diesseits – so auch auf die Wirtschaft. In entsprechenden religiösen Ritualen wird der Zusammenhalt der verschiedenen Gruppen hergestellt. Dieser Zusammenhalt, den die *Tora* in den oben angeführten Vorschriften für die Abgaben *im Land Israel* vorschreibt, prägte später auch die Wirtschaftsvorstellungen *in der Diaspora*.[12] Dabei bezeugt der *Talmud* einen einschneidenden Paradigmenwechsel. Die *Tora*-Bestimmungen definierten noch eine Stammesgesellschaft, die von der *Landwirtschaft* lebte. Dem gegenüber beschreibt der *Talmud* eine jüdische Diaspora-Gesellschaft, die sich in einer antiken *Markt-wirtschaft* behaupten musste. Die im *Talmud* zu Wirtschafts-fragen zitierten Rabbinen lebten unter anderem in Orten wie Palmyra oder Machosa, beides waren internationale Handels-schauplätze. Ihre Expertise für Wirtschaftsfragen beruhte auf eigenen Erfahrungen. So war beispielsweise der im 4. Jahrhun-dert lebende Rechtsgelehrte Raba selber Weinhändler in Ma-chosa, einer Stadt, die an der Seidenstraße lag.[13] Er wird im *Talmud* regelmäßig in Bezug auf Gesetzesinterpretationen ge-nannt, die dem Handel förderlich waren. Die Rolle, die dem Land in der *Bibel* zukam, ging im *Talmud* auf den Markt über. Ohne Märkte keine Wohlfahrt. Rabas marktorientierte Kor-rekturen der jüdischen Gesetze dienten vor allem dem Schutz der Märkte und ihrer Liquidität. Eine Wirtschaftskrise war für die talmudischen Wirtschaftsweisen dann gegeben, wenn durch strukturelle Probleme die Waren nicht zu den Märkten gelang-ten, die Liquidität versiegte und dadurch die Menschen ihre Grundnahrungsmittel nicht mehr kaufen konnten.[14] Raba und seine Schüler ebneten den Weg für so etwas wie eine talmudisch ausformulierte soziale Marktwirtschaft. Die Werte des sozialen Zusammenhalts galten weiterhin. Doch die Grundlage bildete nicht das Land, sondern der Markt. Und der war auch schon in der Antike global.

Der *Talmud* enthält allein drei große Traktate zu Wirt-schaftsfragen.[15] Die darin diskutierten Wirtschaftsgesetze stel-len Versuche dar, der Präsenz Gottes auch im jüdischen Wirt-schaftsgeschehen unter den Bedingungen der Diaspora gerecht zu werden. Die Vorstellung von der mit den Jüdinnen und Juden ins Exil gezogenen *Schechina* weitete sich folglich auch auf die sich globalisierende jüdische Wirtschaftstätigkeit aus.

Es ist ein Fehler, jüdische Wirtschaftsgeschichte allein apologetisch zu erzählen. Wenn sich Juden und Jüdinnen in signifikanten Zahlen auf bestimmten Feldern erfolgreich her-vortaten, sollte nicht nur betont werden, dass dies den anti-jüdischen Beschränkungen auf anderen Feldern geschuldet war, sondern auch gefragt werden, inwieweit die jüdische Tradition wirtschaftlichen Erfolg unterstützt – ja Religion und Wirtschaft auf bemerkenswerte Weise in der jüdischen Tradition miteinander verwoben sind und zu größerer Wohlfahrt führen. Dass gerade auf dem Gebiet der Wirtschaftswissenschaft auffallend viele Juden Großes geleistet haben, ist in jedem Fall etwas, worauf die jüdische Tradition stolz sein kann. Was die talmudische Zeit betrifft, schufen die Rabbinen ein religiös-säkulares Normensystem für das jüdische Leben in der Diaspora.[16] Dessen tragende Einstellung bestand darin, das Exil als eine von Gott gewollte Lebensform zu akzeptieren und zugleich einen inneren, sozialen Zusammenhalt der Juden zu gewährleisten. Hierfür übertrugen sie die Werte der *Tora* für das Land Israel auf die Realität jüdischen Lebens in vielen verschiedenen Ländern.

Wie ausschlaggebend das talmudische Normensystem für spätere säkulare jüdische Denker gewesen ist, ist eine Frage, deren Beantwortung es noch zu erschließen gilt. Trotzdem ist beispielsweise das von David Ricardo im frühen 19. Jahrhundert formulierte Ideal des *Freihandels* sicherlich auch im Lichte der jüdischen Diaspora-Erfahrung zu lesen. Ricardo steht am Anfang der modernen Wirtschaftswissenschaft. In seinem Hauptwerk *Grundsätze der politischen Ökonomie und der Besteuerung* (1817) rechnete er an dem berühmten Beispiel der Tuchproduktion in England und der Weinherstellung in Portugal vor, wie der Wohlstand global steigt, wenn sich Länder auf die Produktion von Waren konzentrierten, die sie günstiger und besser herstellen können als andere Länder – und durch Handel mit eben diesen Waren jene Waren erwerben, die wiederum in anderen Ländern günstiger und besser hergestellt werden können. Ricardo stammte aus einer sephardischen Familie, die vor der Inquisition in Portugal geflüchtet war. Seine Verwandten lebten teilweise in den Niederlanden, wo auch Ricardo eine Zeitlang aufwuchs und Unterricht von einem Rabbiner erhielt.[17] Sein Vater führte ihn in die Londoner Börse ein, wo er bald ein eigenes Vermögen machte. Fasziniert von Adam Smiths *Wohlstand der Nationen* schrieb Ricardo eigene wirtschaftliche Betrachtungen, die zur Grundlage für die Theorie des Freihandels wurden und viele Anhänger der Globalisierung

inspirierten. In seiner Nachfolge sieht sich auch der Nobelpreisträger für Wirtschaftswissenschaften Paul Krugman.

Kann man Wirtschaftswissenschaftler, bloß weil sie Juden
waren, an den Maßstäben der jüdischen Tradition messen?
Zahllose jüdische und noch weitaus mehr nichtjüdische Wirt-
schaftsprofessoren knüpften an Ricardo an. Ricardo selbst hat
sich nicht als einen „jüdischen Denker" gesehen. Er brach sogar
mit dem Judentum seiner Familie und heiratete eine Quäkerin.
Trotzdem spricht aus seinen Schriften ein Denkmodus, der
aufgrund der jüdischen Diaspora-Erfahrung in der Lage war,
mit der globalen Vielfalt umzugehen und in der Andersheit der
Anderen den wirtschaftlichen Vorteil für alle zu erkennen. Im
20. Jahrhundert kulminierte Ricardos Ideal des Freihandels in
der Ideologie des Neo-Liberalismus und der Deregulierung.
Auch hieran waren Juden beteiligt. Ein großer Name ist beispielsweise Milton Friedman. Wir wissen heute, dass die Deregulierung in ökonomische Freibeuterei umschlug und große
Wirtschaftskrisen sowie soziale Not zu verantworten hat. Dem
entgegenzutreten, funktioniert jedoch nicht durch eine Dämo-
nisierung des Freihandels, sondern durch die Schaffung geeig-
neter Kriterien und Instrumente. Ich meine, dass es auch einer
innerjüdischen Auseinandersetzung mit eben diesen Kriterien
bedarf – und dabei die jüdischen Denker an den jüdischen Vorstellungen dieser Kriterien gemessen werden müssen. Ricardo,
Friedman, Samuelson, Krugman – sie alle hatten jüdischen Re-
ligionsunterricht und eine Bar-Mizwa, sie alle sind mit dem
besonderen jüdischen Nexus einer religiösen Minderheit in der
Verbindung zur Mehrheitsgesellschaft sozialisiert – Prägungen,
die ganz gewiss ihr Denken beeinflusst haben. Es geht dabei
nicht um ein paar einzelne jüdische Denker, sondern um die
Fortschreibung der jüdischen Tradition selbst. Es geht um ihre
Schärfung in der Gegenwart. Die jüdische Tradition präsentiert
sich im *Talmud* als ein Diskurs über die Regeln. Sie war darum,
wie oben schon gesagt, in ihrer religiösen Dimension stets auch
säkular. Ihre *Halacha* (das Regelwerk) richtet sich auf die ma-
terielle Seite des Lebens und versteht sich als anwendungs-
orientiert. Wenn dieser säkulare, das heißt „weltliche" Anteil

der jüdischen Tradition nicht mehr in Bezug auf die Herausforderungen der Gegenwart wahrgenommen wird, verliert die
jüdische Tradition ihre Schwerkraft.

Deshalb vertrete ich die Ansicht, dass die Wirtschaftstheo-
rien – egal ob von Juden oder Anderen – auch im Licht der
religiös-wirtschaftlichen Werte zu lesen sind. Aber nicht nur
die jüdische Tradition, jede religiöse Tradition muss, um lebendig zu bleiben, die Auseinandersetzung mit ihren „eigenen Leuten" führen. Es geht nicht darum, bestimmte Denker als „Juden"
hochzuhalten oder abzuqualifizieren, sondern um eine Auseinandersetzung um der jüdischen Tradition willen. So wie auch
im *Talmud* Hillel und Schammai mit ihren verschiedenen
Denkrichtungen streiten, sollten heutige jüdische Protagonisten
der maßgeblichen wirtschaftlichen Denkrichtungen in einen
innerjüdischen Diskurs gestellt – und ihr Denken anhand jüdischer Kriterien auf die Konsequenzen hin abgeklopft werden.
Ein solcher Diskurs wird sicherlich nicht dazu führen, dass der
eine Denker glorifiziert und der andere verdammt wird. Vielmehr wird, ähnlich wie im *Talmud*, eine Bandbreite an Möglichkeiten sichtbar, was wiederum diejenigen, die in der jüdischen Tradition stehen, befähigt, sich selbst zu positionieren.
So können sie ihre Verantwortung in wirtschaftlicher Hinsicht
dahingehend erkennen, dass die *Schechina*, die Präsenz Gottes,
auch im Wirtschaftsgeschehen präsent bleibt.

Die *Halacha* und die EU – zwei transnationale Rechtslogiken

In der jüdischen Geschichte hat die transnationale Daseinsform
nicht den sozialen Zusammenhalt aufgelöst. Die *Halacha*, das
heißt ein über die nationalen Grenzen hinweg von Jüdinnen
und Juden geteiltes, religiös-säkulares Regelwerk, hat den Zusammenhalt der jüdischen Gemeinschaft ermöglicht. Mit der
Vorstellung von der *Schechina* im jüdischen Exil, überall da, wo
Jüdinnen und Juden lebten, bestand ein Bewusstsein für eine
grundsätzliche Verbundenheit aller Juden miteinander. Das be-

rührt in einer zusätzlichen transnationalen Weise die heutige europäische Situation. Das jüdische Volk schuf sich ohne einen eigenen Staat eine dezentrale Rechtskultur, die *Halacha*, die über Jahrhunderte hinweg alle Juden und Jüdinnen miteinander verbunden hat. Die an dieser Entwicklung beteiligten Rabbiner entwickelten religiös-säkulare Normen, um mit höchst unterschiedlichen Bevölkerungen, Kulturen und Bedingungen umgehen zu können, ohne die jüdische Tradition aufzugeben – vielmehr sie unter den Diaspora-Bedingungen noch zu stärken. Die *Halacha* entwickelte sich in einem mehrpoligen Prozess. Während die *Bibel* das jüdische Leben im eigenen Land Israel mit *zentralen* Institutionen wie dem Tempel, dem König, der Priesterschaft untermauerte, entsprach das rabbinisch-talmudische Schrifttum der immer dezentraler werdenden Situation der jüdischen Gemeinschaft in der Diaspora. Wo Juden signifikante Bevölkerungsgruppen stellten, entstanden Talmudakademien (*Jeschiwot*); diese tauschten sich untereinander aus. Über eine gigantische post-talmudische Responsenliteratur, die alle Rabbiner über alle Ländergrenzen hinweg miteinander verknüpfte, entwickelte sich die *Halacha* als eine dezentrale Rechtstradition weiter.

In gewisser Weise ist dies mit der Rechtsentwicklung im heutigen Europa vergleichbar. Es hat bereits eine eigene Rechtsdynamik durch transnationale Institutionen wie den Europäischen Gerichtshof und den Europäischen Gerichtshof für Menschenrechte hervorgebracht. Wenn die europäischen Gerichte Entscheidungen treffen, gestalten sie Normen mit, die für alle europäischen Länder gelten – das heißt, an die sich die jeweiligen nationalen Gesetze in der Folge anpassen. Die europäische Rechtsentwicklung erweist sich dabei als ein komplexes Wechselgeschehen zwischen den nationalen Parlamenten, Regierungen und Gerichten sowie den europäischen Institutionen: der europäischen Kommission, dem europäischen Parlament und der europäischen Gerichtsbarkeit.[18] Diese Komplexität, in der keine klare europäische oder nationale Regierung, kein als persönliches Gesicht erkennbare „Oberhoheit" auszumachen ist, erzeugt bei einem offensichtlich größer werdenden Teil der europäischen Bevölkerung Unbehagen. Das erklärt, warum neuerdings auch immer stärker das Phantasma der „nationalen Souveränität" der einzelnen europäischen Völker gegen die Transnationalität der Europäischen Union (EU) ins Feld geführt wird.

Für mich stellt sich hier die Frage, ob die transnationale Integration Europas als eine jüdische Idee diskutiert werden könnte. Würde sich in einer Diskussion über die *dezentrale* Beschaffenheit der EU möglicherweise auch der jüdische Anteil der „jüdisch-christlichen Tradition" Europas erhellen? Tatsächlich gibt es eine neue Generation von Autoren und Autorinnen, die angefangen hat, das *jüdisch-politische Erbe Europas* zu erschließen. Daran zeigt sich, dass man nicht Jude, nicht Jüdin sein muss, um in politischer Hinsicht in der jüdischen Tradition zu stehen. Beispielsweise hat Eric Nelson hat in seinem Buch *The Hebrew Republic. Jewish Sources and the Transformation of European Political Thought* nachgezeichnet, wie die Revolutionäre in England, den Niederlanden oder der Schweiz ab dem 16. Jahrhundert rabbinische Diskurse in ihren politischen Ideen verarbeiteten.[19] David Nirenberg beschreibt in seinem Buch *Anti-Judaism*, wie in der Geschichte der Demokratie den Vorkämpfern immer wieder vorgeworfen wurde, zu „judaisieren".[20] Sie galten als „Judenknechte", selbst wenn es in ihren Ländern keine signifikante jüdische Gemeinschaft gab und sich ihre Vorstellungen gar nicht auf Juden sondern auf das Wohl der ganzen Bevölkerung bezogen. Das würde bedeuten, dass sich in der negativen Diktion des Anti-Judaismus durchaus jenes jüdische Element erschließen lässt, das sich vermittelt über säkulare Bewegungen als Demokratie, offene Gesellschaft und Marktwirtschaft in Europa verwirklicht. Die Schoa bedeutete über den physischen Völkermord hinaus auch einen Vernichtungskrieg gegen all diejenigen, die am geistigen jüdischen Anteil Europas teilhatten. Das brauchten nicht nur Juden zu sein. Man kann auch als Nichtjude in der jüdischen Tradition stehen. Das gilt gerade für die säkulare Ausrichtung der jüdischen Tradition.

Die europäische Idee lässt sich dementsprechend als Verwirklichung der wirtschaftlichen Potentiale in einer transnationalen Daseinsform interpretieren – ebenso aber auch als eine *religiös-politische* Idee, die kraft einer wachsenden Wohlfahrt den Zusammenhalt riesiger Völkerschaften anstrebt. Ganz eindeutig steht der europäische Integrationsprozess, der zur Gründung der Europäischen Union führte, in einer inneren Verbindung zu den Lehren aus der Schoa. Er war die Antwort auf den verheerenden Nationalismus und Anti-Judaismus, der Deutschland zu zwei Weltkriegen verleitete und Europa zerrüttete. Er ist zugleich auch ein Statement gegen einen totalitären Staatskommunismus, der die Demokratie und den Freihandel für das Wohl der Bevölkerung verkennt. Die europäische Integration repräsentiert das Gegenteil von alldem, was zur Katastrophe des 20. Jahrhunderts führte. In gewisser Weise lässt sich darum in der europäischen Entwicklung eine nachträgliche Anerkennung transnationaler und sozialer jüdischer Werte erkennen.

„*Koscher*-Stempel" beziehungsweise „ethische Zertifikate"

Radikale Globalisierungskritik arbeitet gewollt und ungewollt dem Phantasma der „nationalen Souveränität" zu. Die besondere Transnationalität der jüdischen Diaspora enthält Momente, die eine fruchtbare Inspiration für die Bewältigung der Probleme durch die Globalisierung bieten kann. So haben etwa Abraham de Wolf und Karl-Hermann Blickle am Beispiel der durch und durch globalisierten Textilindustrie dargestellt, wie der *halachische* Prozess in heutigen Formen gestaltet werden und zu mehr sozialer Gerechtigkeit führen könnte.[21] Historisch ist der Handel mit Textilien seit jeher ein globalisierter Wirtschaftszweig. Auch im *Talmud* wird er als eine systemrelevante Sparte behandelt, neben dem Handel mit Qualitätsgütern wie Wein und Öl. Die Rabbinen sahen es als eine besondere Katastrophe, wenn die internationalen Lieferwege des Textilhandels etwa aus Babylonien nach dem Land Israel stockten. Es handelte sich dann um eine Systemkrise, die alle in Mitleidenschaft ziehen würde.

> „Man rufe den Notstand aus wegen der Waren [die nicht mehr zu den Märkten gelangen], selbst am Schabbat. R. Jochanan sagte: Zum Beispiel wegen Linnenzeug in Babylonien und Wein und Öl im Israelande." (*BT Bawa Batra* 91a)

Tatsächlich gibt es einen eigenen jüdischen Strang innerhalb der Geschichte des Textilhandels. Dieser besteht nicht nur in der Tatsache, dass viele Stoffhändler, Textilfabrikanten, Konfektionsgeschäfts- und Warenhausinhaber Juden waren, sondern dass die *Tora* auch ein eigenes jüdisches Gütesiegel vorschreibt, an das sich orthodoxe Jüdinnen und Juden weltweit bis heute halten. Wer in London, Antwerpen oder anderen Städten mit einer signifikanten jüdischen Bevölkerung einen Anzug kauft, wird bisweilen im Innenrevers das Gütesiegel „*shatnes-free*" antreffen. Es bedeutet, dass der Stoff der *halachisch* vorgeschriebenen Reinheit der Fasern entspricht. *Schatnes* sind gemischte Fasern (z.B. Wolle mit Leinen), was in der *Tora* verboten ist. (*Lev.* 19, 19 u. *Deu.* 22, 11) Auch wenn die Gründe für dieses Verbot vor allem anthropologisch zu erklären sind, gibt es religiös motivierte Argumentationen, wonach das *Schatnes*-Verbot einen ethischen, wenn nicht ökologischen Gehalt hat. Worauf es ankommt, ist dass in der jüdischen Geschichte für Dinge des täglichen Konsums wie Bekleidung, Ernährung, aber auch Produktion und Herstellung von vornherein eigene, internationale, aber dabei zugleich religiöse Standards galten, für die es einen „*koscher*-Stempel" gab – und gibt. In jüngster Zeit wird der *koscher*-Stempel zunehmend auf Kriterien einer ökologischen Landwirtschaft und artgerechten Tierhaltung erweitert. Immer mehr jüdische Gemeinden halten sich an „*Öko-Kaschrut*": Das sind Lebensmittel die den traditionellen jüdischen Speisegesetzen entsprechen, darüber hinaus aber auch sozialen und ökologischen Standards. Es ist eine freiwillige ethische Selbstverpflichtung. Sie ist in jedem Fall an die sozialen und ökologischen Zertifikate anschlussfähig, die neuerdings in den internationalen Lieferketten versuchen, die Einhaltung ethischer Mindeststandards zu gewährleisten. In Deutschland wurde versucht, mit einem Lieferkettengesetz die beteiligten Unternehmen und Interessenvertretungen auf Mindeststandards zu verpflichten. Sie sollen garantieren, dass beispielsweise den Näherinnen der an den Lieferketten beteiligten Betriebe Mindestlöhne gezahlt werden und Kinderarbeit vermieden wird – oder dass umweltfreundliche Standards für den wirtschaftlichen Umgang mit der Natur gelten.

Die jüdische Geschichte, die jahrhundertelange freiwillige Selbstbindung der in der Diaspora lebenden Juden und Jüdinnen an *halachische* Kriterien hat vorgemacht, dass Globalisierung unter Einbeziehung ethischer Gesichtspunkte möglich ist. Dem gegenüber ist ein Rückzug hinter wirtschaftsnationale Mauern kontraproduktiv. Er leugnet nicht nur die transnationalen Verbindungen der Wirtschaft und damit auch die Verantwortung über die nationalen Grenzen hinweg. Er ist zugleich in wirtschaftlicher Hinsicht kontraproduktiv, indem er die Teilhabe Anderer an den internationalen Märkten zurückdrängt und damit sich selbst. Alles wird teurer – und die allgemeine Wohlfahrt sinkt.

Die Religionen tragen hierbei eine Mitverantwortung. Sie müssen wirtschaftsethische Diskussionen als Teil eines neuen Dialogs zwischen Religion und Politik verstehen lernen. Sie müssen dazu beitragen, dass in der Wirtschaftspolitik verstärkt die jeweiligen ethischen Grundsätze klar werden. Auf diese Weise kann die religiöse Dimension der Wirtschaft aufscheinen – auch wenn sie in der Wirtschaftssprache selbst nicht vorkommt. Die jüdische Tradition bietet hierbei viel Inspiration, wobei sie sich in Bezug auf die heutigen Herausforderungen der Globalisierung ebenfalls neu befragen muss.

Anmerkungen

Gott und die Polis

1 In diesem Aufsatz bevorzuge ich den Ausdruck „*Hebräische Bibel*" oder nur „*Bibel*" gegenüber dem christlich konnotierten „*Alten Testament*" oder dem jüdischen „*Tanach*".

2 Dolf Sternberger, *Drei Wurzeln der Politik,* Suhrkamp, Frankfurt a. M. (1978) 1984.

3 Aristoteles, *Politik*, Felix Meiner Verlag, Hamburg (2012) 2020.

4 Sternberger, *Drei Wurzeln der Politik,* a.a.O., S. 45, 61.

5 Siehe Michael Walzers *Exodus und Revolution* (1985) Rotbuch Verlag, Berlin 1988, wie auch viele seiner anderen Werke, z.B. die Bände der von ihm mit herausgegebenen *The Jewish Political Tradition,* Yale University Press, New Haven, London, ab 2000.

6 Sternberger, *Drei Wurzeln der Politik,* a.a.O., S. 72.

7 Michael Walzer, *In God's Shadow. Politics in the Hebrew Bible.* Yale University Press. New Haven, London 2012 (darin Kap. 5: *Prophets and Their Audiences*, S. 72 ff.).

8 Seine Geburtsstadt war Anatot. (Siehe *Jer.* 1, 1; 29, 27 und 32, 6–15) Jeremias Zeichenhandlung, der Kauf des Feldes in Anatot, soll zum Ausdruck bringen, dass es wieder eine Zukunft im Norden geben werde: „Kaufe mir dein Feld zu Anatot; denn dir kommt das Recht der Einlösung zu, es zu kaufen." (*Jer.* 32, 6); „Denn so spricht der Ewige der Heerscharen, Gott Israels: Es sollen wieder gekauft werden Häuser und Felder und Weinberge in diesem Lande." (*Jer.* 32, 15) – jedoch nicht notwendig durch die Errichtung eines israelitischen/judäischen Königreiches.

9 Die aristotelische Unterscheidung von *polis/politeia* und *oikos/oikonimia* hat sich im Christentum dahingehend niedergeschlagen, dass die Trinität als heilige Ökonomie verstanden wird. Siehe Giorgio Agamben, *Herrschaft und Herrlichkeit. Zur theologischen Genealogie von Ökonomie und Regierung.* Suhrkamp, Frankfurt a. M. (2010), 2014.

10 Für die Zitate der rabbinischen Literatur gilt in diesem und den folgenden Aufsätzen: Die biblischen Quellenangaben werden ebenso wie Übersetzungen von Wörtern überall in runden Klammern angegeben. Zusätzliche Erklärungen von mir sind in eckige Klammern gesetzt.

11 In der Fortsetzung dieser Textstelle will Gott sogar von den Menschen gesegnet werden: „Es wird gelehrt: R. Jischmael b.

Elischa erzählte: Einst trat ich in das Allerinnerste [das Aller-
heiligste] ein, um die Spezereien zu räuchern und sah Ochteriel,
Jah, den Herrn der Heerscharen, auf einem hohen und erhabe-
nen Thron sitzen. Da sprach er zu mir: Jischmael, mein Sohn,
segne mich! Ich sprach zu ihm: Möge es dein Wille sein, dass
deine Barmherzigkeit deinen Zorn bezwinge, dass deine Barmherzigkeit sich über deine Eigenschaften wälze, dass du mit
deinen Kindern nach der Eigenschaft der Barmherzigkeit
verfahrest und dass du ihretwegen innerhalb der Rechtlinie
tretest. Da nickte er mir Beifall zu. Dies lehrt uns, dass der
Segen eines Gemeinen nicht gering in deinen Augen sei."
(*BT Brachot* 7a). Menschen können Gott „segnen". Und einem
Menschen wie Moses gelingt es durch intensives Gebet, „dass er
die Eigenschaft des Erbarmens [über seinen Zorn] gewälzt hat".
(*BT Brachot* 32a)

12 Die beiden einschlägigen Stellen in der *Hebräischen Bibel* (*1.
Sam.* 8, 11–18 und *Deu.* 17, 14–20) hinterlassen ein ambivalen-
tes Bild, über das man lange diskutieren kann (was auch im
Talmud geschehen ist). Siehe zu dieser Kontroverse Elisa Kla-
pheck, *Das Gesetz des Staates ist das Gesetz – ein talmudisches
Diktum*, in: *Gott braucht den säkularen Rechtsstaat, Machloket/
Streitschriften, Bd. 5*, Hentrich & Hentrich, Leipzig 2021.

13 Daniel J. Elazar (Ed.), *Kinship and Consent. The Jewish Political
Tradition and its Contemporary Uses*, Turtledove Publishing, Tel
Aviv 1981; und *Workshop in the Covenant Idea and the Jewish
Political Tradition*, Bar Ilan University, Department of Political
Studies, 1983, S. 4 und 10; auch ders., *Workshop in the Covenant
Idea and the Jewish Political Tradition*, 1983, S. V–6.

14 Annette Böckler, *Gott als Vater im Alten Testament. Traditionsge-
schichtliche Untersuchungen zur Entstehung und Entwicklung eines
Gottesbildes*. Chr. Kaiser, Gütersloher Verlagshaus 2000.

15 Israel Knohl, *Rosh Hashanah: Why the Torah Suppresses God's
Kingship*. https://www.thetorah.com/article/rosh-hashanah-why-
the-torah-suppresses-gods-kingship (Aufruf 31.03.2021).

16 Die Formulierung entstammt der Begegnung von Abraham mit
Malki Zedek „Und Malki-Zedek, König von Schalem, brachte
heraus Brot und Wein, und er war Priester des höchsten Gottes.
Und er segnete ihn und sprach: Gesegnet sei Abram *dem höchsten Gott, dem Eigner des Himmels und der Erde*." (*Gen.* 14, 18)
Auch: „Und Abram sprach zum König von Sodom: Aufgehoben
habe ich meine Hand zum *Ewigen, dem höchsten Gott, dem Eigner
des Himmels und der Erde*." (*Gen.* 14, 22)

17 An dieser Stelle steht das Tetragramm, das in den jüdischen Übersetzungen zumeist mit dem Wort „Ewiger", aber auch „Herr" substituiert wird.

18 Einleitende Segnung des Gebets am Freitagabend. Die jüdischen Gebete sind größtenteils in der rabbinisch-talmudischen Zeit, das heißt bis zum 6./7. Jahrhundert formuliert worden.

19 So steht etwa im *Siddur Schma Kolenu*: „dem Himmel und Erde gehören". *Siddur Schma Kolenu*, Textbearbeitung Albert Richter, Redaktion u. Konzept Edouard Selig, neu bearbeitet, Verlag Morascha, Basel, 2011, S. 257. Siehe dort auch die Einleitung im Morgengebet sowohl an Wochentagen und am Schabbat „der große, der mächtige, der gefürchtete Gott, höchster Gott, der mit beglückenden Liebetagen belohnt, *dem alles gehört (kone ha-kol)*, der der Liebe der Väter gedenkt [...] usw." – S. 352.

20 So übersetzt *Siddur Ha'awoda sch'balew* die Stelle mit „Eigner" – also „*Eigner* von Himmel und Erde". *Siddur Ha'awoda schebalew (Gottesdienst im Herzen)*, Gebetbuch für Wochentage, Schabbatot und Feiertage, Jüdische Liberale Gemeinde „Or Chadasch" Zürich 1998, S. 80 u. 86.

21 Raschi: „Eigner von Himmel und Erde', wie Schöpfer von Himmel und Erde (*Ps.* 134, 3); durch ihre Erschaffung erwarb Er sie zu Seinem Eigentum." Alle Raschi-Zitate aus dem *Raschi-Kommentar zum Pentateuch*, übers. v. Rabbiner Dr. Selig Bamberger, Victor Goldschmidt Verlag, Basel 1994, hier S. 39.

22 „Gott verhandelte mit Adam *(nassa we-natan)*, Gott verhandelte mit Eva *(nassa we-natan)*, aber mit der Schlage verhandelte er nicht *(lo nassa we-natan)*." *Midrasch Bereschit Raba*, ins Deutsche übertragen von August Wünsche, Bd. 1 (Leipzig 1880), Nachdruck Georg Olms Verlag, Hildesheim, Zürich, New York 1993, S. 87.

23 Raschi zu *Gen.* 3,5, a.a.O., S. 83.

24 *The JPS Tora Commentary, Genesis, Commentary by Nahum M. Sarna*, The Jewish Publication Society, Philadelphia 1989 zu *Gen.* 4, 1, S. 31.

25 Sternberger, *Drei Wurzeln der Politik*, a.a.O., S. 61.

26 Raschi zu *Gen.* 4, 3, a.a.O., S. 14.

27 Moshe Halbertal, *On Sacrifice*, Princeton University Press, Princeton & New York 2012.

28 Dass man sich dessen nicht sicher sein kann, zeigt das biblische Buch *Hiob*.

29 *The JPS Tora Commentary, Genesis* zu *Gen.* 4, 18, S. 36.

30 Israel Finkelstein: *The Forgotten Kingdom. The Archeology and History of Northern Israel* (2013), deutsche Übersetzung: *Das vergessene Königreich. Israel und die verborgenen Ursprünge der Bibel* (2014), dtv München 2017.

31 Diese Frage trieb alle um, die die *polis* als die Urform der Demokratie auffassten – so auch zwei Jahrtausende später die amerikanischen Gründerväter, die in den *Federal Papers* und der amerikanischen Verfassung die Grundlagen für die moderne Massendemokratie legten.

32 *Pentateuch* mit deutscher Übersetzung von J. Wohlgemuth und J. Bleichrode, Victor Goldschmidt Verlag, Basel 2005.

33 Z.B. *Siddur Schma Kolenu*, a.a.O., S. 352.

34 Mit der Bedeutung der „einen" Sprache als der heiligen Sprache setzten sich Walter Benjamin und Jacques Derrida auseinander: Walter Benjamin, *Die Aufgabe des Übersetzers* (1923), in ders. *Gesammelte Schriften, Bd. IV*, S. 9–21, Frankfurt/M. 1972, ursprünglich das Vorwort zu *Tableaux parisiens*, Benjamins Übersetzung von Gedichten von Charles Baudelaire; Jacques Derrida, *Des Tours de Babel*, in: *Difference in Translation*, hg.v. Joseph F. Graham, Ithaca usw. 1985, S. 222 (dt. Übersetzung: *Babylonische Türme. Wege, Umwege, Abwege*, in Alfred Hirsch (Hg.), *Übersetzung und Dekonstruktion*, Frankfurt/M.). An beide Denker knüpft mein Aufsatz über die rabbinische Übersetzungskunst an: Elisa Klapheck, *Luther als Targum. Rosenzweig, Luther und die rabbinische Übersetzungskunst*, in: *Luther, Rosenzweig und die Schrift. Ein deutsch-jüdischer Dialog, Essays,* hg. v. Micha Brumlik, CEP Europäische Verlagsanstalt, Hamburg 2017, S. 127–154.

35 Raschi zu *Gen. 11, 1*, a.a.O., S. 31. (eine Sprache)

36 Ebd. (Turm zur Abstützung)

37 Hanna Liss betont, dass der rabbinische Kommentar zu dieser Stelle vor allem christlichen Vorstellungen von einer Trinität Gottes entgegentrat, so z.B. Raschi zu *1, 26*: „Wir wollen einen Menschen machen, *(Ber. Rab.)* die Herablassung des Heiligen, gelobt sei Er, lernen wir von hier; weil der Mensch den Engeln gleicht, könnten sie ihn beneiden, darum beriet Er sich mit ihnen. Auch wenn er die Könige richtet, berät Er sich mit Seiner Umgebung; [...] obschon sie ihm bei der Erschaffung nicht halfen und der Ausdruck Abtrünnigen Gelegenheit zu einem Angriff geben könnte, hielt sich die Schrift doch nicht zurück, Anstand und Demut zu lehren, auch der Große berate sich mit dem Kleinen und lasse sich von ihm seine Zustimmung geben." Raschi, a.a.O. S. 5 und Hanna Liss, *Jüdische Bibelauslegung, Jüdische Studien 4,* utb, Mohr Siebeck, Tübingen 2010, S. 91.

38 Die Vielfalt, die durch den Einen Gott in den Menschen be-
dingt wird und gerade nicht eine Götter-Vielfalt meint, kommt
auch in der berühmten talmudischen Auseinandersetzung mit
der Frage, warum nur ein einziger Mensch geschaffen wurde
zum Ausdruck. *Mischna Sanhedrin* 4;5: „Deshalb ist nur ein
einziger Mensch erschaffen worden, um dich zu lehren – [...]
wegen des Friedens der Geschöpfe, damit nicht ein Mensch
(*adam*) zum anderen *(chawero)* sage: ‚Mein Ahn war größer als
dein Ahn!‘; auch damit die Anhänger anderer Religionen (Ab-
trünnige, *minim*) nicht sagen: ‚Es gibt mehrere Prinzipien
(Mächte, *reschujot*) im Himmel‘; endlich um die Größe des
Heiligen, er ist gesegnet, zu verkünden, denn wenn ein Mensch
viele Münzen mit Einem Stempel prägt, sind sie alle einander
gleich, aber der König aller Könige, der Heilige, er ist gesegnet,
hat jeden einzelnen Menschen mit dem Stempel des ersten
Menschen ausgeprägt, und doch gleicht nicht einer dem anderen. Daher ist auch jeder Einzelne verpflichtet zu sagen: ‚Meinetwegen ist die Welt erschaffen worden.‘ *(bischwili niwra
ha-olam)*“.

BT Gemara Sanhedrin 38a: „Wegen der Frommen und wegen der
Gottlosen; damit nämlich die Frommen nicht sagen, sie entstammen einem Frommen, und die Gottlosen nicht sagen, sie
entstammen einem Gottlosen. Eine andere Erklärung: Wegen
der Familien, damit nämlich die Familien einander nicht befehden; wenn sie sogar jetzt, wo [der Urmensch] einzig erschaffen
wurde, Raub und Plünderung gibt, um wie viel mehr wäre dies
der Fall, wenn zwei erschaffen worden wären.“

39 Ein Muss, um das religiös-politische Zeugnis der *Bibel* im
wissenschaftlich-historischen Kontext zu verstehen: Israel
Finkelstein, Neil Asher Silberman, *The Bible Unearthed. Archeology's New Vision of Ancient Israel and the Origin of Its Sacred Texts*
(2001), deutsche Übersetzung: *Keine Posaunen vor Jericho. Die
archäologische Wahrheit über die Bibel*, dtv München 2004; Israel
Finkelstein, Neil Asher Silberman, *David and Salomon. In Search
oft he Bible's Sacred Kings and the Roots of the Western Tradition*
(2006), deutsche Übersetzung: *David und Salomo. Archäologen
entschlüsseln einen Mythos*, dtv München 2009; Israel Finkelstein:
*The Forgotten Kingdom. The Archeology and History of Northern
Israel* (2013), deutsche Übersetzung: *Das vergessene Königreich.
Israel und die verborgenen Ursprünge der Bibel*, dtv München 2017.

40 Kapitel 12 – 1. Bund = alle Geschlechter
„Und der Ewige sprach zu Abraham: Gehe aus deinem Lande
und aus deinem Geburtsorte und aus dem Hause deines Vaters

in das Land, das ich dir zeigen werde. Und ich werde dich
machen zu einem großen Volke (*goi gadol*), und dich segnen, und
groß machen deinen Ruf; und du sollst ein Segen Sein. Und ich
werde segnen, die dich segnen, und wer dir flucht, den werde ich
verwünschen, und es werden sich segnen mit dir alle Geschlechter des Erdbodens." (*Gen.* 12, 1–3)

41 Kapitel 13 – 2. Bund = das ganze Land
„Und der Ewige sprach zu Abram nach der Trennung des Lot
von ihm: hebe doch auf deine Augen, und schaue von der Stelle
aus, woselbst du bist, gen Mitternacht und Mittag und gen
Morgen und Abend. *Denn das ganze Land, das du siehst, dir werde
ich es geben und deinem Samen auf ewig.* Und ich werde machen
deinen Samen wie Staub der Erde, dass wenn ein Mensch
vermag zu zählen den Staub der Erde, auch dein Same wird
gezählt werden. Auf, wandle durch das Land nach seiner Länge
und nach seiner Breite, denn dir werde ich es geben." (*Gen.* 13,
14–17)

42 Kapitel 15 – 3. Bund = Bund zwischen den Stücken = alle
Stämme und Völker zwischen dem Nil und dem Euphrat
„Und sprach zu ihm: ich bin der Ewige, der dich herausgeführt
aus Ur-Kasdim, dir zu geben, dieses Land, es zu besitzen. Und er
sprach: Herr, Ewiger, woran mag ich wissen, dass ich es besitzen
werde? Und er sprach zu ihm: Hole mir eine dreijährige Färse
und eine dreijährige Ziege und einen dreijährigen Widder und
eine Turteltaube und eine junge Taube. Und er holte ihm all dies,
und zerstückte sie in der Mitte, und legte ein jegliches Stück
gegenüber dem anderen, [zwei Seiten derselben Stücke/rechts
und links des Jordan/Nord- und Südreich?] und das Geflügel
zerstückte er nicht. Da kamen herab Raubvögel auf die Äser, und
Abram verscheuchte sie. Und als die Sonne war zum Untergehen, da fiel Betäubung auf Abram, und siehe, Angst, große
Finsternis fiel auf ihn. […] Und es geschah, als die Sonne
untergegangen, da ward ein Nebel, und siehe, ein rauchender
Glutofen und Fackeln von Feuer, das hinfuhr durch diese Stücke.
An demselben Tage machte der Ewige mit Abraham einen
Bund, also: Deinem Samen gebe ich dieses Land vom Strome
Mizrajims bis an den großen Strom, dem Strom Frat; Den Keni
und den Kenisi und den Kadmoni, Und den Chitti und den
Perisi und die Refaim, Und den Emori und den Kenaani und
den Girgaschi und den Jebusi." (*Gen.* 15, 7–21) Der Bund
zwischen den Stücken ist der Bund zwischen Nil und Euphrat,
er verbindet alle Völkerscharen. Der Bund ist nicht in den

Völkern, sondern zwischen ihnen = ein pluralistischer Bund der
verschiedenen Vielen.

43 Später, im Buch *Exodus* werden einige dieser Völker in einer
anderen Liste aufgezählt, in der Gott ankündigt, sie vor den aus
Ägypten rückkehrenden Kinder Israel zu vertreiben und warnt
Moses davor, einen Bund mit ihnen zu schließen. (*Ex.* 34,
10–12) Das könnte eine Revision der ursprünglichen Absicht
bedeuten, gerade in der Enklave zwischen den Großreichen
etwas politisch Neues, einen Vielvölkerbund, zu errichten. Mag
sein, dass einige dieser Völker die Mitgliedschaft in dem Vielvölkerbund verspielen werden, indem sie die Kinder Israel bekämpfen. Aber hier in *Genesis*, Kapitel 15 lässt sich Abrahams Segen,
in dem sich auch viele andere Völker segnen, pluralistisch verstehen.

44 Kapitel 17 – 4. Bund = Beschneidung/*Brit Mila*

„Als Abram alt war neunundneunzig Jahre, da erschien der
Ewige dem Abram und sprach zu ihm: Ich bin der Gott der
Allmächtige, wandle vor mir und sei makellos. Und ich werde
einen Bund einsetzen zwischen mir und dir, und dich vermehren
über die Maßen. Und Abram fiel auf sein Angesicht, und Gott
redete zu ihm also. Ich – siehe, mein Bund ist mit dir, dass du
werdest zum Vater einer Menge von Völkern. Und nicht soll
fortan dein Namen Abram genannt werden, sondern dein Name
sei: Abraham; denn zum Vater einer Menge von Völkern mache
ich dich. Und ich mache dich fruchtbar über die Maßen und
lasse dich werden zu Völkern, und Könige sollen von dir her-
kommen. Und ich werde aufstellen meinen Bund zwischen mir
und dir und deinem Samen nach dir für ihre Geschlechter zu
einem ewigen Bunde, dir zu sein ein Gott und deinem Samen
nach dir das Land deiner Ansiedelungen, das ganze Land
Kanaan zum ewigen Eigentum und ich werde ihr Gott sein. Und
Gott sprach zu Abraham: Auch du sollst meinen Bund bewahren, du und dein Same nach dir für ihre Geschlechter. Das ist
mein Bund, den wir bewahren sollten, zwischen mir und dir und
deinem Samen nach dir: beschnitten werde bei euch jegliches
Männliche. Und ihr sollt beschnitten werden an eurem Gliede
der Vorhaut, und das sei zum Zeichen des Bundes zwischen mir
und euch. Und acht Tage alt soll beschnitten werden bei euch
jegliches Männliche für eure Geschlechter, Eingeborener des
Hauses wie Gekaufter für Geld von jedem Fremden, der nicht
von deinem Samen ist. Beschnitten werde der Eingeborene
deines Hauses und der Gekaufte für dein Geld, und mein Bund
sei an eurem Gliede als ewiger Bund. Und ein vorhäutiger

Mann, der sich nicht beschneiden lässt am Gliede seiner Vorhaut, diese Seele werde vertilgt aus ihrem Volke, meinen Bund hat er gebrochen." (*Gen.* 17, 1–14)

Sara = Sarai wird einen Sohn gebären: „Und ich werde aufstellen meinen Bund mit ihm zu einem ewigen Bunde für seinen Samen nach ihm." (*Gen.* 17, 19)

Ein Bund mit Isaak und ein Segen für Ismail: „Und in betreff Ismail erhöre ich dich, siehe, ich segne ihn, mache ihn fruchtbar, mache ihn über alle Maßen zahlreich. Zwölf Fürsten wird er zeugen, und ich will ihn zu jener großen Nation machen. Aber meinen Bund werde ich aufstellen mit Isaak, den dir gebären wird Sarah um diese Frist, im andern Jahre." (*Gen.* 17, 20–21)

45 Diese Formulierung findet sich bei Raschi: „Und ich errichte meinen Bund", fragt Raschi – „und worin bestand der Bund? Dir zum Gotte zu sein". (Raschi zu *Gen.* 17, 7, a.a.O., S. 46)

46 „Da sprach der Ewige: Wenn ich in Sodom fünfzig Gerechte in der Stadt finden werde, so will ich dem ganzen Ort um ihretwillen vergeben. Und Abraham begann wieder und sprach: Siehe, ich habe einmal unterfangen zu dir, Herr zu reden; und ich bin doch nur Staub und Asche. Vielleicht fehlen an den fünfzig Unschuldigen fünf; wirst du wohl die ganze Stadt um der fünfe willen, vernichten? Und er antwortete: Ich werde sie nicht vernichten, wenn ich dort fünfundvierzig finde. Und er fuhr fort zu ihm zu reden und sprach: Vielleicht finden sich dort vierzig. Und er antwortete: So werde ich es nicht tun um der vierzig willen. Und er sprach: Mein Herr, zürne doch nicht, wenn ich rede. Vielleicht finden sich dort dreißig. Und er antwortete: So werde ich es nicht tun, wenn ich dort dreißig finde. Und er sprach: Siehe, ich habe mich einmal unterfangen, zu dir, Herr, zu reden. Vielleicht finden sich dort zwanzig. Und er antwortete: Ich werde sie nicht vernichten um der zwanzig willen. Und er sprach: Mein Herr, zürne doch nicht wenn ich nur das eine Mal noch rede. Vielleicht finden sich dort zehn. Und er antwortete: ich werde sie nicht vernichten um der zehn willen. Und der Ewige ging hinweg, als er aufgehört hatte, mit Abraham zu reden; Abraham aber kehrte an seinen Ort zurück." (*Gen.* 18, 26–33)

47 Nach dem Krieg aller gegen alle war der König von Sodom an einer Art Pakt mit Abraham interessiert. Aber Abraham winkte ab. „Und der König von Sodom sprach zu Abram: Gib mir die Seelen, und die Habe nimm dir. Und Abram sprach zum König von Sodom: Aufgehoben habe ich meine Hand zum Ewigen, dem höchsten Gott, dem Eigner des Himmels und der Erde: Wenn von Faden bis Schuhriem, wenn ich nehme irgend was

dein ist! [...] dass du nicht saget: ich habe reich gemacht den Abram. Nichts mir! Nur was die Knechte verzehrt, und der Teil der Männer, die mit mir gezogen, Aner, Eschkol und Mamre, die mögen hinnehmen ihren Teil." (*Gen.* 14, 21–24)

48 Diese Vorgeschichte folgt auf die andere implizite Auseinandersetzung der *Tora* mit dem Weiblichen und wie es die politische Geschichte der Städte mit bestimmt. Die Stadt begründete sich einst in einem Weiblichen. Und mit ihrer Vernichtung stirbt auch ein Weibliches. Obwohl Lot und seine Frau und Töchter von den beiden Engeln angehalten wurden, schnurstracks zu flüchten und nicht mehr zurückzuschauen, drehte sich die Frau von Lot noch einmal um – sie erstarrte in diesem Moment zur Salzsäule. War es ihre Vergangenheit, die Stadt als Frucht einer weiblichen Kulturgeschichte, in die sie noch einmal zurückschaute – an der sie festhielt? Es überlebten Lot und seine beiden Töchter. Interessanterweise wollten sie nicht ins Gebirge. Es ist ihnen vielmehr wichtig, in eine andere Stadt zu flüchten: Zoar. Es fällt auf, wie ausführlich die *Bibel* Lots Wunsch vorträgt, ja wie Lot mit Gott *verhandelt*: „Da sprach Lot zu ihnen: Nicht doch, Herr! Siehe doch dein Knecht hat Gnade gefunden in deinen Augen, und du hast groß sein lassen deine Huld, die du mir erwiesen, mich am Leben zu erhalten; aber ich vermag nicht zu entfliehen ins Gebirge, es könnte mich das Verderben einholen und ich stürbe. Siehe doch, jene Stadt ist nah, um dahin zu flüchten und dazu ist sie klein – dass meine Seele lebe. Und er sprach zu ihm: Siehe, ich tue dir zu Gunsten auch in diesem Stücke, dass ich nicht zerstöre die Stadt von der du geredet. Eile, entfliehe dorthin, denn ich vermag nichts zu tun, bis du dorthin gekommen. Daher nannte man den Namen der Stadt: Zoar. Die Sonne ging auf über der Erde, und Lot kam in Zoar an." (*Gen.* 19, 18–23)

49 Raschi zu *Gen.* 21, 33, a.a.O., S. 63.

Bundestheologie aus der Wüste

1 Hannes Stein, *Covenantal Society – Das politische Vermächtnis der Tora lebt in den USA, nicht aber in Europa*; Elisa Klapheck, *Europa ist auf dem Weg zur „Bundesgesellschaft"*, in: *Machloket/ Streitschriften, Bd. 5, Bürgerschaftliches politisches Engagement als jüdische Praxis*, hg. v. Elisa Klapheck, Hentrich&Hentrich, Berlin 2016.

2 Zum Arava Institue for Environmental Studies siehe: https:// arava.org/

3   Die fünf Bücher *Mose* werden in ihren hebräischen Bezeichnungen nach dem ersten wichtigen Wort benannt, beim zweiten Buch *Mose* ist es *Schemot*. Ich werde aus rein stilistischen Gründen alternierend die Zählung (erstes Buch *Mose*, zweites Buch etc.), den lateinischen Titel und den hebräischen Titel verwenden.

4   Empfehlenswert: Menachem Lorberbaum, *Making Space for Leviathan: On Hobbes' Political Theory*, in: *Hebraic Political Studies*, Shalem Press, Winter 2007, S. 78–100.

5   Moshe Halbertal weist in *People of the Book* auf die biblische Bedeutung des Wortes *sefer*, mit dem zusammen oft die Tora bezeichnet wird: *sefer Tora*. Es bedeutet nicht nur „Buch", sondern auch „Vertrag". Moshe Halbertal, *People of the Book. Canon, Meaning, and Authority*, Cambridge, Harvard University Press 1997, S. 12 f.

6   Michael Walzer, *Exodus und Revolution*, Rotbuch Verlag, Berlin 1988 (*Exodus and Revolution*, Basic Books, New York 1985).

7   So hieß es etwa in der Präambel zur Massachusetts-Verfassung von 1780: „Das politische Gemeinwesen *(body politic)* setzt sich aus einer freiwilligen Vereinigung von Individuen zusammen; es ist ein Gesellschaftsvertrag, durch den das ganze Volk mit jedem Bürger einen Bund schließt und jeder Bürger mit dem ganzen Volk."

8   Tamara Or, *Männlichkeit, Weiblichkeit, Körperlichkeit und Sexualität im Judentum*, darin der Abschnitt *Ist Israel weiblich? Die Grundlehre des Judentums in der Konstruktion der Geschlechter*, S. 257–261, in: *Handbuch Jüdische Studien*, hg. v. Christina v. Braun und Micha Brumlik, Böhlau Verlag, Köln, Weimar, Wien, 2018

9   Fortsetzung der Textstelle: „Ich schließe an jenem Tage einen Bund mit dem Gewild des Feldes und des Himmels Vögeln und dem Gewürm des Bodens; Bogen, Schwert und Krieg vertilge ich von der Erde und werde sie in Sicherheit ruhen lassen." (*Hos.* 2, 21) Der Verweis auf das „Gewild", die Vögel und das Gewürm erinnert auch an den ursprünglichen Bund mit der Schöpfung.

10   Das vierte, lateinisch als *Numeri* bezeichnete Buch fängt an mit „In der Wüste…". Deshalb heißt es in Hebräisch *Bamidbar*.

11   Aus der Prophetenlesung/*Haftara* zu *Ki Teze*: „Denn dein Gatte ist – dein Schöpfer, Ewiger, Zebaot sein Name, dein Erlöser ist der Heilige Israels, der Gott der ganzen Erde wird er genannt! Denn wie ein verlassenes und betrübtes Weib ruft der Ewige dich herbei; wie zu einer Jugendgattin, die verschmäht ward,

spricht dein Gott: Einen kurzen Augenblick habe ich dich verlassen mit mächtigem Erbarmen will ich heim dich führen! In des Zornes Aufwallung habe ich einen Augenblick dir mein Angesicht entzogen; doch mit ewiger Gnade erbarme ich mich deiner! – spricht der Ewige, dein Erlöser!" (*Jes.* 54, 5–8)

12 *Mekhilta de-Rabbi Jischmaʾel. Ein früher Midrasch zum Buch Exodus*, hg. v. Günter Stemberger, Verlag der Religionen, Berlin 2010, Kapitel 5 *Ex.* 19,1–20,26, S. 270–271.

13 Um das Wüstenmotiv hervorzuheben, verzichte ich im Folgenden möglichst (aber nicht durchgängig) auf die lateinische Buchbezeichung *Numeri* und spreche alternierend vom „vierten Buch *Mose*" oder *Bamidbar*/„In der Wüste".

14 Raschi will den zweiten Bund nur als eine Erweiterung des ersten Bundes verstehen, das heißt keine zwei Bundesschlüsse, sondern nur einen, der lediglich ergänzt wird. Raschi zu *Deu.* 28, 69.

15 Michael Walzer, Menachem Lorberbaum, Noam J. Zohar (Hg.), Yair Lorberbaum und Madeline Kochen (Ko-Hg.), *The Jewish Political Tradition*, Yale University Press, New Haven, London, seit 2003 sind drei Bände erschienen: Vol. 1, *Authority* (2000); Vol. 2, *Membership* (2003); Vol. 3, *Community* (2018). In dem großartigen Internet-Projekt *Hebraic Political Studies* des israelischen Shalem Center haben über vier Jahre Judaisten zusammen mit Politik- und Religionswissenschaftlern, Philosophen und Historikern von allen denkbaren Gesichtspunkten her dargestellt, wie die politische Tradition des Westens mindestens genauso stark von der politischen Tradition der *Hebräischen Bibel* (*Altes Testament*) geprägt ist, wie von der griechischen Philosophie.

16 William W. Hallo, *Das Buch Numeri innerhalb der Literatur des alten Orients*, In: *Die Tora. In jüdischer Auslegung*, hg. v. W. Gunther Plaut, Chr. Kaiser, Gütersloh 2003 (Original *The Torah. A Modern Commentary* 1981), *Bd. IV, Bemidbar. Numeri*, S. 13.

17 Siehe hierzu auch meinen Aufsatz *Zum Gebrauch geheiligt* in diesem Band.

18 Siehe hierzu die Einleitung von Jacob Milgrom zu *Numbers, The JPS Commentary*, The Jewish Publication Society, Philadelphia. New York, 5750/1990, insb. ab S. XXII ff.

19 Mary Douglas, *Leviticus as Literature*, Oxford University Press, New York (1999) 2000 u. dies., *The Doctrine of Defilement in the Book of Numbers*, Oxford University Press, New York (1993) 2004.

20 Die „gegenüberliegende" Stelle im Buch *Exodus* ist Kapitel 13,
1–2: „Und der Ewige redete zu Mosche und sprach: Heilige mir
alles Erstgeborene, was den Mutterleib erschließt, bei den
Kindern Jisrael, bei Menschen wie bei Vieh, mein ist es."

21 Zwar werden fortan die Erstgeborenen „ausgelöst" (*Num.* 3,
40–51) und bleibt somit die Erinnerung an ihren einstigen
Status gewahrt – aber ihre Auslösung bedeutet in Wahrheit nur
noch eine finanzielle Obligation, die dem Priesteramt zugute-
kommt; das heißt, de facto wird die Entmachtung der Erstgeborenen mit ihrer Auslösung nur bestätigt. Innerhalb der Familie
hat ihr Erstgeborenenstatus keine religiöse Funktion mehr. – In
diesem Licht verstehen wir auch die zahlreichen Konflikte im
Buch *Genesis* um das Erstgeburtsrecht, insbesondere den Kampf
zwischen Jakob und Esau.

22 Der *Talmud* zählt später neben 48 Propheten auch sieben Prophetinnen auf, die in Israel geweissagt haben. *BT Megilla* 14a.
Siehe Elisa Klapheck, *Queen Messiah: The Talmudic teaching of the
seven women prophets;* soll 2023 erscheinen in einem Sammel-
band unter dem geplanten Titel *Prophetology in Dialogue*, heraus-
gegeben von Zishan Ghaffar und Klaus von Stosch.

23 Sifre zu *Bamidbar* 10, 32.

24 Siehe Sifre zu *Bamidbar* 25, 1. Hier die vollständige Textstelle in
Bamidbar: „Als Israel in Schittim weilte, fing das Volk an, mit
den Töchter Moabs Unzucht zu treiben. Diese luden das Volk zu
den Opfermahlen, die sie ihren Göttern bereitet hatten; das Volk
aß mit und warf sich vor ihren Göttern nieder. Und Israel
schloss sich dem Baal-Peor an; da entbrannte über Israel der
Zorn des Ewigen. Und der Ewige sprach zu Mose: nimm die
Häupter des Volkes und hänge die Schuldigen angesichts der
Sonne vor dem Ewigen auf, so wird der Zorn des Ewigen von
Israel ablassen. Da sprach Mose zu den Richtern Israels: Jeder
erschlage die von seinen Leuten, die sich dem Baal-Peor ange-
schlossen haben. Da kam ein Mann von den Kindern Israels und
führte eine Midianiterin zu seinen Brüdern hin, vor den Augen
Moses und vor den Augen der ganzen Gemeinde der Kinder
Israels, die am Eingange des Stiftszeltes weinten." *(Num. 25,
1–6)* – Im weiteren Verlauf: „Und der Ewige sprach zu Mose:
Bedränget die Midianiter und schlage sie! Denn sie haben euch
durch ihre Anschläge bedrängt, die sie gegen euch durch den
Peor ausgeführt haben, und durch ihre Schwester Kosbi, die
Tochter des midianitischen Fürsten, die am Tage der wegen des
Peor verhängten Seuche erschlagen wurde." (*Num.* 25, 16) –
„Und der Ewige sprach zu Mose: Räche die Kinder Israels an

den Midianitern, hernach wirst du zu deinen Volksgenossen
eingehen." (*Num.* 31, 1–2)

25 Man kann das Narrativ des 25. Kapitels im Buch *Bamidbar*
unterschiedlich lesen. Vordergründig scheint die *Tora* den
Frauen mit ihren anderen kultisch-religiösen Praktiken die
Schuld zu geben. Hintergründig problematisiert sie die israelitischen Männer, die sich die Freiheit nehmen, statt die Eherechte
der Israelitinnen zu respektieren, auf Frauen auszuweichen, die
sie nicht als Ehefrauen heimführen werden. Nur so verstehe ich
auch die spätere rabbinische Bestimmung im *Talmud*, deren
Diskussion in der *Gemara* sich auch auf die Moabiterinnen und
Midianiterinnen beziehen lässt: „Wer […] eine Aramäerin
beschläft, den dürfen Eiferer niederstoßen." (*M Sanhedrin* 9, 6)
„Beschlafen" kann nur „ohne sie zu heiraten" bedeuten, denn
nach rabbinischem Recht setzt die Eheschließung mit einer
Nichtjüdin ihren Übertritt zum Judentum voraus, wodurch sie
alle Rechte erhält. Siehe hierzu auch *Deu.* 21, 10–14 über die
Rechte der „schönen Gefangenen" im Krieg, die der „Eroberer"
nur bei sich behalten darf, wenn er sie heiratet und ihr damit alle
Rechte gibt. Auch *BT Jewamot* 23a. – Zur *Mischna*-Bestimmung
führt die *Gemara* weiter aus: „Als R. Dimi kam, sagte er: Das
Gericht der Hasmonäer bestimmte, wer eine Nichtjüdin beschläft, sei schuldig wegen [Beschlafens] einer Menstruierenden,
Sklavin, Nichtjüdin und Ehefrau. Als Rabin kam, sagte er:
Wegen [Beschlafens] einer Menstruierenden, Sklavin, Nichtjüdin und Hure; eine Ehefrau aber gibt es bei ihnen nicht. – Und
jener!? – Ihre Ehefrauen prostituieren sie nicht." – *BT Sanhedrin
82a.* Bei genauerer Betrachtung bestätigt sich das eigentliche
Tabu im „Beschlafen" einer nichtjüdischen Frau, die keine
jüdische Ehefrau werden soll: „Menstruierende" verweist in die
jüdischen Regeln für Ehefrauen; die „Sklavin" würde im Moment der Eheschließung die Rechte der jüdischen Ehefrau
erhalten; die „Nichtjüdin" weitet die Bestimmung von den
„Aramäerinnen" auf alle Nichtjüdinnen aus; und der Beischlaf
mit einer „Ehefrau" eines anderen jüdischen Mannes ist die
Definition für „Unzucht" schlechthin. Die *Gemara* setzt den
Beischlaf mit einer Aramäerin mit vier „Straftatsbeständen"
gleich, die innerhalb jüdischer Ehebeziehungen gelten würden.
Sie schafft damit Rechtsmittel gegen ein „Ausweichen" jüdischer
Männer auf nichtjüdische Frauen. Der Disput, ob eine (nichtjüdische) Ehefrau grundsätzlich als „Hure" anzusehen sei, wird
zurückgewiesen, was meine These ebenfalls bestätigt. Es geht
weniger um das, was die nichtjüdischen Frauen darstellen, als um

das, was jüdische Männer umgehen wollen. – In derselben *Talmud*-Stelle wird auch darauf eingegangen, dass Moses selbst mit einer Midianiterin verheiratet war, nämlich Zippora. Auch dieser Verweis führt in den Unterschied, ob eine Ehe mit dem rechtlichen Status für die Frau angestrebt wird, oder lediglich eine Midianiterin „beschlafen" wird.

26 „Und Mose gab ihnen, den Kindern Gad und den Kindern Ruben und dem halben Stamm Manasse, des Sohns Josefs, das Königreich Sichons, des Königs der Amoriter, und das Königreich Ogs, des Königs zu Baschan, das Land samt den Städten in der ganzen Grenze umher." (*Num.* 32, 33) – Auch: „Und Mose gebot den Kindern Israel und sprach: Das ist das Land, das ihr durch das Los unter euch teilen sollt, das der Ewige geboten hat, den neun Stämmen und dem halben Stamm zu geben. Denn der Stamm der Kinder Ruben, des Hauses ihres Vaters, und der Stamm der Kinder Gad, des Hauses ihres Vaters, und der halbe Stamm Manasse haben ihr Teil genommen." (*Num.* 34, 13–14)

27 „Und es nahm Korach, Sohn Jizhars, Sohn Kehaths, Sohn Levis, und Dathan und Abiram, die Söhne Eliabs, und On, Sohn Peleths, die Nachkommen Rubens – Sie traten gegen Mose auf, sie und zweihundertfünfzig Männer von den Kindern Israels, die Fürsten in der Gemeinde waren und zu den Versammlungen berufen wurden, Männer von Namen. Sie scharten sich gegen Mose und Aaron zusammen und sprachen zu ihnen: […] Das ist zuviel! Alle in der Gemeinde sind heilig, und unter ihnen ist der Ewige; warum erhebt ihr euch über die Gemeinde des Ewigen?" (*Num.* 16, 1–3)

28 *Num.* 23, 7–10; 23, 18–24; 24, 3–9 – sowie für *Moab* 24, 15–25.

29 *Num.* 25, 18; 31, 8.

30 William W. Hallo, *Das Buch Numeri innerhalb der Literatur des alten Orients*, a.a.O., S. 23.

31 Ruth, die Moabiterin, steht für die guten Proselyten, die im jüdischen Volk willkommen sind. Oft werden die Worte von Ruth zu Naomi in der *Ketuba*, dem jüdischen Ehevertrag angeführt: „Und Ruth sprach: Dringe nicht in mich, dich zu verlassen, mich abzukehren von dir; denn wohin du gehest, gehe ich, und wo du verweilest, weile ich; dein Volk ist mein Volk, und dein Gott ist mein Gott. Wo du stirbst, sterbe ich, und dort will ich begraben werden. So tue mir der Ewige, und so fahre er fort, der Tod (allein) wird scheiden zwischen mir und dir! (*Ruth* 1, 16–17)

32 Auch *M Jadajim* 4, 4; *T Kidduschin* 5, 4 (342).

33 „Und der Ewige sprach zu Mose: Sage Elasar, dem Sohne
Aarons, des Priesters, dass er die Pfannen mitten zwischen den
Verbrannten heraushole und das Feuer wegwerfe; denn sie sind
heilig geworden. Die Pfannen dieser Männer, die sich an ihrer
Seele versündigt haben. Man mache daraus Blechplatten zum
Überzug für den Altar; denn sie haben sie vor den Ewigen
gebracht, und sie sind heilig geworden, sie sollen den Kindern
Israels zum Zeichen dienen. Da nahm Elasar, der Priester, die
kupfernen Pfannen, die die Verbrannten gebracht hatten, und
machte daraus Platten zum Überzug für den Altar, als Erinne-
rungszeichen für die Kinder Israels auf dass kein Fremder, der
nicht von den Nachkommen Aarons ist, herantrete, um vor dem
Ewigen Räucherwerk darzubringen, dass es ihm nicht wie
Korach und seinem Anhang ergehe, wie der Ewige ihm durch
Mose verkündet hatte." (*Num.* 17, 1–5)

34 *Korach-Psalmen* 42–49; 84, 85, 87, 88.

35 Noch ein Beispiel, bei dem die jüdische Tradition nicht wirklich
Gott folgen mag, ist die Geschichte von Pinchas, einem der
Enkel Aarons. Bei ihm haben wir es in der *Tora* mit einem
ersten „Radikalisierten" zu tun. Er tritt mit besonderem Eifer für
Gott hervor. Während der Krise der „Unzucht" mit den moabitischen und midianitischen Frauen, tötet Pinchas die midianitische Prinzessin Kosbi und ihren israelitischen Geliebten Simri.
(*Num.* 25, 6 ff.) Er tritt in das Zelt, trifft das Paar *in flagranti* an
und stößt den Speer, der beide zusammen durchbohrt. Gott
belohnt Pinchas, indem er ihm und seinen Nachfahren auf ewig
das Priesteramt zusichert. Die Rabbinen tun sich jedoch schwer
mit dieser Belohnung. Sie erkennen in Pinchas einen radikalisierten Eiferer. Es war „fast" ein *Mord*, den er an Kosbi und
Simri begangen hatte. – „R. Chisda sagte: Wenn jemand fragen
kommt, so entscheide man ihm nicht [demgemäß]. [Hier wird
Pinchas der „Eifer", seine unmittelbare Empörung zugutegehal-
ten. Aufgrund von Überlegung sei eine solche Tötung jedoch
verboten.] Ebenso wird auch gelehrt: Rabba b. Bar Chana sagte
im Namen R. Jochanans: Wenn jemand fragen kommt, so
entscheide man ihm nicht [demgemäß]. Und noch mehr, wenn
Pinchas den Simri nach seiner Zurückziehung [nach der Voll-
ziehung des Beischlafes] getötet hätte, so würde er seinetwegen
[weil Mord] hingerichtet worden sein; und würde Simri sich
umgewandt und Pinchas getötet haben, so würde er seinetwegen
nicht hingerichtet worden sein [weil Verteidigung], denn jener
war ja ein Verfolger." (*BT Sanhedrin* 82a)

36 Eine Ausnahme seien die Königsbücher in der *Hebräischen Bibel.*
    Darin entscheiden Menschen, Könige mit ihrem Hofstaat, die
    Politik. Doch die Könige der beiden Königreiche würden so gut
    wie ausschließlich danach bemessen, ob sie taten, „was recht in
    den Augen des Ewigen" ist. Wenn nicht, wurden sie von der
    Geschichte Israels als verdammungswürdig abgetan. Aber das sei
    keine politische Aussage. Michael Walzer konstatiert darum,
    dass die Frage nach dem Wie: Wie die Könige und andere,
    Richter und Priester, in der *Hebräischen Bibel* zu ihren Entschei-
    dungen kommen, welche Berater sie haben, wie sie die Pros und
    Kontras erwägen, welche Gesetze und Verfügungen sie im
    täglichen Politikbetrieb erlassen – all das im Dunkeln bleibt.
    Darum verweist der Titel seines Buches auf eine Politik „im
    Schatten" Gottes. – Michael Walzer, *In God's Shadow: Politics in
    the Hebrew Bible,* Yale University Press, New Haven, London
    2012.

37 Auch lohnt ein Blick auf die *Haftarot,* die Prophetenlesungen,
    die mit den *Tora*-Lesungen im Schabbat-Gottesdienst verknüpft
    werden. Sie präsentieren als Zusatzlesungen zu den *Paraschot,*
    den *Tora*-Abschnitten des vierten Buches *Mose* eine erstaunliche
    Anzahl von Geschichten, in denen eine Frau beziehungsweise
    Israel als ein Weibliches vorkommt: Die *Haftara,* die den ersten
    Tora-Abschnitt von *Bamidbar* (*Num.* 1–4, 20) begleitet, wurde
    bereits oben präsentiert. Sie ist eine Stelle aus *Hosea,* in der Gott
    seiner Geliebten: Israel, vergibt und sie in die Würste führt, um
    dort erneut den Bund mit ihr zu schließen. (*Hos.* 2, 1–22) Die
    Haftara zum zweiten *Tora*-Abschnitt, der *Parascha* mit dem Titel
    Nasso (*Num.* 4, 21–7), geht auf die Mutter von Simson ein und
    paraphrasiert damit das in der *Parascha* behandelte „Nasiräer-
    Gelübde" (*Num.* 6) – ein Gelübde, das in der *Tora* explizit auch
    Frauen leisten können. Neben dem Nasiräer/innen-Gelübde
    werden u.a. die Bestimmungen zur mutmaßlichen Ehebrecherin
    behandelt. Auch diese lassen sich metaphorisch auf die Bezie-
    hung zwischen Gott und seiner untreuen Ehefrau Israel inter-
    pretieren. (*Num.* 5, 11–31) Die *Haftara* zum nächsten Abschnitt
    mit dem Namen *Beha'alotcha* (*Num.* 8–12) knüpft erneut an die
    Abstraktion Israels als eines Weiblichen an. Sie beginnt mit
    Worten von Secharja „Frohlocke und freue dich, Tochter Zions,
    denn siehe ich komme und wohne in deiner Mitte, spricht der
    Ewige." (*Secharja* 2, 14) Die *Haftara* zum nächsten *Tora*-Ab-
    schnitt *Schelach lecha* (*Num.* 13–15), in dem zwölf Kundschafter
    ausgesendet werden, um die Beschaffenheit des versprochenen
    Landes zu erkunden, beschreibt ihrerseits, wie zwei andere

Kundschafter im Buch *Josua* von einer berühmten Frau, der
Gastwirtin Rachab in Jericho aufgenommen werden. Die Hilfe
von Rachab, einer Nicht-Israelitin, leitet die militärische Erobe-
rung der Stadt ein. (*Josua* 2) Rachab wird wie Jitro zu den
Mitgliedern des 13. Stammes der Keniter gezählt. Den nun
folgenden *Tora*-Abschnitt *Chukat* (*Num.* 19–21) könnte man
ebenfalls im Lichte einer Abstraktion Israels zu einem Weiblichen verstehen. Darin wird eines der wenigen Male ein *weibliches* Opfertier verlangt. Anthropologisch gesehen vertreten
Opfertiere die opfernde Person. Bei dem weiblichen Opfertier
handelt es sich um ein sehr außergewöhnliches Tier: die nur
selten vorkommende Rote Kuh. Nur mit ihrer Opfer-Asche
erwirkt ganz Israel Sühne von der Berührung mit dem Tod.
(*Num.* 19) Seit der Zerstörung des zweiten Tempels und dem
Leben in der *Galut*, der Zerstreuung, kann Israel dieses Ritual
jedoch nicht mehr vollführen. Deshalb kann es gegenüber den
anderen Völkern auch keine exklusive Reinheit behaupten.
Die *Chukat* flankierende *Haftara* geht dabei auf die Siegesge-
schichte des Militärführers Jiftach im Buch der *Richter* ein,
der unbedacht verspricht, das erste zu opfern, was ihm aus
seinem Haus entgegenkommt. (*Ri.* 11, 1–13) Unglücklicher-
weise ist es seine Tochter. Auch diese Geschichte lässt sich als
abstraktes Israel als ein Weibliches interpretieren. Der militärische Sieg von Jiftach entpuppt sich danach als kein Triumph,
sondern als das sinnlose Opfer der Tochter Zion – vielleicht eine
Reminiszenz an die militärischen Eskapaden der israelitische
Königreiche, die nach hinten losgingen. Die erstaunliche Ver-
dichtung eines Weiblichen, ausgedrückt in verschiedenen Narra-
tiven der *Haftarot*, die an sich schon eine Spannung zu den
Paraschot herstellen, in denen jeweils eine Protagonistin, ob als
Frau oder als Metapher, im Zentrum steht, führt erneut zur
Frage, inwieweit sich Israel für die jüdische Tradition als ein
Weibliches versteht – und was dies für die konkreten Frauen
Israels im Buch *Bamidbar* bedeutet.

38 „Die Töchter Zelofechads erhielten drei Anteile vom Erbbesit-
ze, den Anteil ihres Vaters, der zu den Auszüglern aus Mizrajim
gehörte, und den Anteil, den dieser mit seinen Brüdern am
Vermögen Hephers hatte, und zwar waren es zwei Anteile, da er
Erstgeborener war." (*M Bawa Batra* 8, 3; siehe auch die Diskussion darüber in *BT Bawa Batra* 119a–b).

39 „Und der Ewige sprach zu Mose: Sprich zu den Kindern Israels
und sage ihnen: Wenn ein Mann *oder eine Frau* ein Nasiräerge-
lübde tut, dem Ewigen zu Ehren enthaltsam zu sein, so muss *er*

sich des Weins und berauschender Getränke enthalten, weder Weinessig, noch Essig von berauschenden Getränken darf *er* trinken, nichts, worin Trauben eingeweicht waren, darf *er* trinken, nicht frische, noch getrocknete Trauben darf er essen." (*Num.* 6, 1–3) – weiter: Verbot des Haarscherens.

40 „Die kuschitische Frau" – War sie denn eine Kuschitin? War sie nicht eine Midianiterin? […] Und was lehrt die Bibel [mit] „Kuschitisch"? Vielmehr: Wie ein Kuschite sich durch seine [dunkle] Haut unterscheidet, so unterscheidet sich Zippora durch ihre Schönheit mehr als alle Frauen. Dementsprechend [kannst] du sagen: „Ein Klagelied Davids, das er dem Ewigen sang, wegen der Worte des Kusch, des Benjamiters." (*Ps.* 7, 1) war er denn ein Kuschite? Vielmehr: Wie ein Kuschiter sich durch seine [dunkle] Haut unterscheidet, so unterscheidet sich Saul durch sein Aussehen, denn es heißt: „[Keiner war schöner] als er. Von seiner Schulter an überragte er das ganze Volk." (*1. Sam.* 9, 2) Dementsprechend [kannst] du sagen: „Seid ihr mir nicht wie die Kuschiter, Israeliten?" (*Amos* 9, 7). Waren sie denn Kuschiten? Vielmehr: Wie ein Kuschite sich durch seine [dunkle] Haut unterscheidet, so unterscheidet sich Israel durch die Gebote, mehr als alle Völker der Welt." *Der Midrasch Sifre zu Numeri*, auf der Grundlage der Übersetzung von Dagmar Börner-Klein, Kohlhammer, Stuttgart, Berlin, Köln 1997, S. 105–107.

41 Der *Midrasch Sifre* zu *Numeri*, a.a.O., S. 105–107.

42 Sieht man in der Kuschiterin nicht Zippora, sondern eine schwarzhäutige Frau aus dem Gebiet des heutigen Äthiopiens, könnte es sich auch um eine der sagenumwobenen Königinnen Afrikas handeln – und sich Miriams Kritik gegen die Wiederkehr eines elitären Menschenverständnisses bei Moses handeln, der ja am Hofe des Pharaos aufwuchs – jedoch ein egalitäres Menschenbild durchsetzen soll, indem er die versklavten Israeliten in die Freiheit führt.

43 Hier der Vergleich: Gott sagt in *Exodus*: „Da sprach der Ewige zu Mose: Geh zu dem Volke hin, sie mögen sich heute und morgen heilig halten und ihre Kleider waschen. Und sie sollen sich auf den dritten Tag bereit halten, denn am dritten Tage wird sich der Ewige vor den Augen des ganzen Volkes auf den Berg Sinai herablassen." (*Ex.* 19, 10–11) – Im Unterschied hierzu sagt Moses: „Da stieg Mose vom Berge zum Volke hinab; und er befahl dem Volk, sich heilig zu halten, und sie wuschen ihre Kleider. Und er sprach zum Volke: Haltet euch auf den dritten Tag bereit, *nahet nicht einem Weibe*." (*Ex.* 19, 14–15) – Erst die *Mechilta* des Rabbi Jischmael interpretiert das von Gott verlang-

te „sich bereit Halten" als „von den Frauen getrennt", was zeigt, dass auch den Rabbinen die von Moses gegen die Frauen gerichtete Aussage im Widerspruch zum göttlichen Wort auffiel, was sie jedoch zu harmonisieren versuchten. Siehe Raschi zu *Ex.* 19, 10, a.a.O., S. 220.

44 Siehe hierzu die Diskussion in *BT Ketubot* 46b–48a.

45 Die Judaistin Hanna Liss geht sogar noch einen Schritt weiter. Ihre Analyse zeichnet nach, dass der Umgang der *Tora* mit der mutmaßlichen Ehebrecherin subtil darauf hinausläuft, dass ein Ehemann bei seiner Frau bleiben darf, auch wenn sie Ehebruch begangen hat. Das wäre eine Emanzipation des Mannes, der als Betroffener keinen Ehrenmord mehr zu begehen bräuchte. Folgt man der Argumentation, dass der Ehemann bei seiner untreu gewordenen Ehefrau bleiben darf (und sie nicht töten muss), bedeutet das auf die Gott-Israel-Metaphorik übertragen, dass Gott mit seiner untreuen Ehefrau Israel weiterhin zusammenbleiben darf. Er braucht sie nicht mehr zu verstoßen (oder gar zu steinigen). Diesmal wäre es dann allerdings Gott, der aus seinem *Tora*-Gelübde, wie die ehebrecherische Frau zu bestrafen sei, entbunden wird. Siehe: Hanna Liss, *Das Problem des eifernden Mannes: Das «Eifer»-Ordal in der biblischen Überlieferung und in der jüdischen Tradition. In: Behutsames Lesen: alttestamentliche Exegese im interdisziplinären Methodendiskurs. Christof Hardmeier zum 65. Geburtstag*, red. Sylke Lubs, Louis Jonker, Andreas Ruwe, Uwe Weise. *Arbeiten zur Bibel und ihrer Geschichte 28*. Leipzig: Evangelische Verlagsanstalt 2007, S. 195–215.

46 William W. Hallo, *Das Buch Numeri innerhalb der Literatur des alten Orients*, a.a.O., S. 22–23.

47 Auch die *Tora* muss dies zugeben: „Wenn aber der Totschläger das Gebiet der Zufluchtsstadt, in die er geflohen ist, verlässt, und der Bluträcher trifft ihn außerhalb des Gebietes seiner Zufluchtsstadt, und der Bluträcher ermordet den Totschläger, so hat er keine Blutschuld [*ejn lo dam*]." (*Num.* 35, 26–27)

48 Das ist ein entscheidender Schritt zur Schaffung von Gleichheit, insbesondere bürgerlicher Gleichheit aller Stammesmitglieder. Es ist kein Zufall, dass die Spenden der israelitischen Stämme zum Bau des Heiligtums, die im vierten Buch *Mose* aufgeführt werden, je Stamm exakt gleichwertig sind. (*Num.* 7, 12 ff.)

49 Aus Rache an der Vergewaltigung ihrer Schwester Dina hatten Levi und Simon alle Männer in Sichem ermordet. (*Gen.* 34) Jakob lehnte den Rachefeldzug ab: „Ihr habt mich betrübt, ihr habt mich bei den Bewohnern des Landes, den Kanaanitern und Perisitern berüchtigt gemacht." (*Gen.* 34, 30) Die beiden Brüder

widersprechen ihrem Vater mit der Ehre ihrer Schwester: „Soll man unsere Schwester wie eine Buhlerin behandeln?" (34, 31) Interessanterweise ist die Ehre der Tochter nicht ausreichend für die Rache. Auf seinem Sterbebett sagt Jakob über die beiden Söhne: „Simon und Levi, gleiche Brüder, Geräte der Gewalt sind ihre Waffen. Nie tritt in ihren Rat, du, meine Seele! Fern bleibe ihrem Kreis, du, meine Ehre! In ihrem Zorne mordeten sie Männer, im Übermute lähmten sie den Stier. Verflucht ihr Zorn, er war zu mächtig; Verflucht ihr Grimm, er war zu hart. Verteilen will ich sie in Jakob, Zerstreuen sie in Israel." (*Gen.* 39, 5–7).

50 „Sucht das Wohl *der Stadt*, dahin ich euch weggeführt habe, und betet um *sie* zu dem Ewigen; denn *in ihrem Wohle* wird euch wohl sein." (*Jer.* 29, 7)

Auf dem Weg zu einer Theologie des Rechtsstaates

1 Das Paradebeispiel hierfür ist das fast magisch anmutende Ritual mit der „Roten Kuh". (*Num.* 19) Der *Tora*-Abschnitt, in dem die Bestimmungen hierfür stehen, heißt *Chukat* (Ausdruck für das Ritualgesetz schlechthin). Er ist die Vorlage für die rabbinische Definition von *chukim* als Gesetze, deren Sinn sich mit dem Verstand allein nicht erschließt.

2 Dies besagt auch die *Bracha* (Segensspruch) für weise Menschen, ob sie jüdisch, ob sie nichtjüdisch sind: „Die Rabbanan lehrten: Wer Weise von Jisrael sieht, spreche: ‚Gesegnet sei er, der von seiner Weisheit denen, die ihn fürchten, mitgeteilt hat'. Wer Weise von den weltlichen Völkern sieht, spreche: ‚Gesegnet sei er, der von seiner Weisheit an Menschen aus Fleisch und Blut gegeben hat'. Wer Könige von Jisrael sieht, spreche: ‚Gepriesen sei er, der von seiner Herrlichkeit denen, die ihn fürchten, mitgeteilt hat'. Wer Könige von den weltlichen Völkern sieht, spreche: ‚Gesegnet sei er, der von seiner Herrlichkeit an Menschen aus Fleisch und Blut gegen hat'." (*BT Brachot* 58a)

3 Hierfür hat der Begründer der modernen Orthodoxie, Samson Raphael Hirsch, im 19. Jahrhundert das Konzept *„tora im derech erez"* – *Tora* mit weltlicher Bildung/weltlichem Beruf stark gemacht.

4 David Biale, *Not in the Heavens. The Tradition of Jewish Secular Thought*, Princeton University Press, Princeton and Oxford 2011.

5 Die vollständige Geschichte des Ofens von Achnai: „Dort haben wir gelernt: Hat man ihn [den Backofen] in einzelne Ringe geschnitten und Sand zwischen die Ringe getan, so ist er nach R. Elieser nicht verunreinigungsfähig und nach den Weisen verun-

reinigungsfähig; das ist der Schlangenofen. – Weshalb [heißt er] Schlangenofen? R. Jehuda erwiderte im Namen Samuels: Weil man ihn mit Worten gleich einer Schlange umringt hat. Schließlich erklärten sie [die Mehrheit der Rabbinen] ihn als verunreinigungsfähig. Es wird gelehrt: An jenem Tage machte R. Elieser alle Einwendungen der Welt, man nahm sie aber von ihm nicht an. Hierauf sprach er: Wenn die Halacha wie ich ist, so mag dies dieser Johannisbrotbaum beweisen! Da rückte der Johannisbrotbaum hundert Ellen von seinem Orte fort; manche sagen: vierhundert Ellen. Sie aber erwiderten: Man bringt keinen Beweis von einem Johannisbrotbaume. Hierauf sprach er: Wenn die Halacha wie ich ist, so mag dies dieser Wasserarm beweisen! Da trat der Wasserarm zurück. Sie aber erwiderten: Man bringt keinen Beweis von einem Wasserarm. Hierauf sprach er: Wenn die Halacha wie ich ist, so mögen dies die Wände des Lehrhauses beweisen! Da neigten sich die Wände des Lehrhauses [und drohten] einzustürzen. Da schrie sie R. Jehoschua an und sprach zu ihnen: Wenn die Gelehrten einander in der Halacha bekämpfen, was geht dies euch an! Sie stürzten herauf nicht ein, wegen der Ehre R. Jehoschuas, und richteten sich auch nicht gerade auf, wegen der Ehre R. Eliesers; sie stehen jetzt noch geneigt. Hierauf sprach er: Wenn die Halacha wie ich ist, so mögen sie dies aus dem Himmel beweisen! Da erscholl eine Hallstimme und sprach: Was habt ihr gegen R. Elieser; die Halacha ist stets wie er. Da stand R. Jehoschua auf und sprach: ,Sie ist nicht im Himmel.' (*Deu.* 30, 12) Was heißt: sie ist nicht im Himmel? R. Jermeja erwiderte: Die Tora ist bereits vom Berge Sinai her verliehen worden. Wir achten nicht auf die Hallstimme, denn bereits hast du am Berge Sinai in die Tora geschrieben: „nach der Mehrheit zu entscheiden.' (*Ex.* 23, 2) R. Nathan traf Elijahu und fragte ihn, was der Heilige, er ist gesegnet, in dieser Stunde tat. Dieser erwiderte: Er schmunzelte und sprach: meine Kinder haben mich besiegt, meine Kinder haben mich besiegt." (*BT Bawa Mezia* 59a–b)

6   Elisa Klapheck, *Das religiös-säkulare Spannungsfeld des Judentums*, in: *Machloket/ Streitschriften*, Bd. 1 (hg. dies.), *Säkulares Judentum aus religiöser Quelle*, Hentrich&Hentrich, Berlin 2015, S. 9–47.

7   Ebd., S. 12 ff. und S. 28 ff.

8   Für die rabbinische Debatte über die transparente Beschaffenheit des Rechtswesens, siehe *BT Sanhedrin* 56b.

9   Die vollständige Textstelle lautet: „Den Nachkommen Noachs wurden sieben Gebote auferlegt: ein Rechtswesen *(dinim)*, [das Verbot der] Gotteslästerung, des Götzendienstes, der Unzucht,

des Blutvergießens, des Raubes. Was ist gemeint mit *dinim*? Auf dieselbe Weise, wie dem jüdischen Volk aufgetragen ist, Gerichte einzurichten, ist auch den Nachfahren Noachs aufgetragen, Gerichte einzurichten." (*T Awoda Sara* 9, 4)

10 Nahum Rakover, *Law and the Noahides: Law as a Universal Value*, Library of Jewish Law, Jerusalem 1998.

11 Der im 11. Jahrhundert lebende, für das orthodoxe Judentum autoritative jüdische Philosoph und Halachist, Maimonides, stellte in seinem großen Kodex *Mischne Tora* fest: „Wer die sieben Gebote übernimmt und gewillt ist, sie zu tun, der gehört zu den Frommen der Weltvölker und hat einen Anteil an der kommenden Welt." (*Hilchot Melachim* 8, 10)

12 Eine ausführliche Auseinandersetzung mit dem Diktum Samuels leiste ich in meinem Aufsatz *Das Gesetz des Staates ist das Gesetz – ein talmudisches Diktum*, in: Elisa Klapheck (Hg.), *Dina de-Malchuta Dina – oder: Gott braucht den säkularen Rechtsstaat, Machloket/Streitschriften, Bd. 5*, Hentrich&Hentrich, Leipzig 2020.

13 Siehe Martin Buber, *Reden über das Judentum* (2. Aufl.), Schocken-Verlag, Berlin (1923) 1932, darin: *Cherut – Eine Rede über Jugend und Religion* (1919), S. 199–235; Franz Rosenzweig, *Die Bauleute. Über das Gesetz*, in: *Der Jude*, August 1924, S. 53–73, erneut in: *Zur jüdischen Erziehung. Drei Sendschreiben*, Schocken Verlag, Berlin 1937, sowie nachgedruckt: Jüdische Verlagsanstalt, Berlin 2002. Außerdem die 1924–25 von Buber verfassten Briefe in: Buber, *Offenbarung und Gesetz. Aus Briefen an Franz Rosenzweig*, Almanach des Schocken Verlags auf das Jahr 5697, Berlin 1936/1937, S. 147–154; sowie *Franz Rosenzweig – Martin Buber. Ein Briefwechsel über Tradition im Judentum*, in: *Emuna. Zur Diskussion über Israel und das Judentum V*, Frankfurt/M. 1970, S. 90–92.

14 Martin Buber, *Reden über das Judentum*, (1923) 1932, darin: *Cherut – Eine Rede über Jugend und Religion* (1919), S. 223–224.

15 Martin Buber, *Reden über das Judentum*, 1932 (1923), *Cherut*, S. 228.

16 Ebd., S. 227.

17 *BT Brachot* 64a; Franz Rosenzweig, *Zur jüdischen Erziehung. Drei Sendschreiben*, a.a.O., darin: *Die Bauleute*, S. 53–73.

18 Franz Rosenzweig, *Der Stern der Erlösung* (1921), Bibliothek Suhrkamp, Frankfurt/M., 3. Auflage (1988) 1990, S. 197–198.

19 Brief Buber an Rosenzweig, 24.6.1924 in: Martin Buber, *Offen-barung und Gesetz. Aus Briefen an Franz Rosenzweig*, a.a.O., S. 150–151.

20 Brief Rosenzweig an Buber, 29.6.1924, in: *Emuna*, a.a.O., S. 90; *Briefe*, a.a.O., S. 503–504.

21 Franz Rosenzweig, *Der Stern der Erlösung* (1921), a.a.O., S. 196.

22 Ebd., S. 197.

23 Ebd., S. 241.

24 Auch *JT Brachot* 1, 5 und *Sifre* zu *Deu.* § 34.

25 Hauke Brunkhorst, *Internalisierung der Transzendenz. Die wiederholte Aufhebung der alteuropäischen Tradition in den Rechts-revolutionen Europas*, in: *Babylon. Beiträge zur jüdischen Gegen-wart, Neue Kritik*, Frankfurt/M. 2010, S. 63 u. 65.

Der produktive Konflikt mit Gott

1 *Limmud* = Studium. Begonnen haben die *Limmud*-Festivals bereits in den 1980er Jahren in Großbritannien, wo sich alljähr-lich Ende Dezember, wenn Christ/innen Weihnachten feiern, Tausende europäischer Jüdinnen und Juden treffen, um über mehrere Tage die jüdische Tradition aus unterschiedlichsten inhaltlichen Winkeln neu zu erlernen. Inzwischen gibt es solche jüdischen Lernfestivals in so gut wie allen Ländern Europas. Doch nicht nur bei solchen Gelegenheiten, sondern überhaupt ist das inhaltliche Interesse für die jüdisch-religiöse Tradition enorm gestiegen und gehört zum neuen Lernen gerade auch der Sprung in den *jam ha-talmud*, den talmudischen Ozean der rabbinischen Auseinandersetzungen. In Deutschland hat die *Jüdische Allgemeine* über alle hierzulande stattgefundenen *Lim-mud*-Festivals berichtet – http://www.juedische-allgemeine.de/ (Stichwort „Limmud").

2 Siehe z.B. Sabine Reisin, *„2 Juden – 3 Meinungen". Seminar zum Pluralismus im Judentum.* In: ZWST informiert, 2.7.2017, http:// zwst.info/2_2017/2-juden-3-meinungen.html (zuletzt abgerufen am 21.9.2018); auch Canan Topcu, *Pluralität und Einheit. Zum siebten Mal findet der Europäische Schabbat statt*, in: *Jüdische Allgemeine*, 8.5.2017, http://www.juedische-allgemeine.de/ article/view/id/28449 (zuletzt abgerufen am 21.9.2018).

3 Dore Gold, *Tikkun Olam, Israel and a Just World Order.* In: *Jerusalem Center for Public Affairs* (Spezialausgabe zu *Tikkun Olam*), Internet-Ausgabe, 1.11.2014, http://jcpa.org/article/

tikkun-olam-israel-world-order/ (zuletzt abgerufen am 7.11.2018).

4 Sein Gründer und Herausgeber, Rabbiner Michael Lerner, hat es zu einer größeren Plattform für *spiritual progressives* ausgebaut. Eine von der jüdischen Mystik inspirierte Spiritualität sowie gesellschaftspolitisches Engagement sind hier eng verwoben.

5 Z.B. der ehemalige Generalsekretär des Zentralrats der Juden, Stephan J. Kramer in seinem Aufsatz *Jüdische Politik – und die Pflicht zu bürgerschaftlichem Engagement*, in: Elisa Klapheck (Hg.), *Bürgerschaftliches politisches Engagement als jüdische Praxis*, Hentrich&Hentrich, Berlin 2016 (*Machloket/Streitschriften*, Bd. 2), S. 47–70.

6 Rabbiner Elliot N. Dorff, *The Way into Tikkun Olam (Repairing the World)*, Jewish Lights Publishing, Woodstock, Vt. 2005.

7 Ismar Elbogen, *Der jüdische Gottesdienst in seiner geschichtlichen Entwicklung* (1931), Olms, Frankfurt a. M. 1995, S. 143.

8 Die Formulierung steht im Zusammenhang mit der Hoffnung, dass der Götzendienst aus der Welt verschwinde. Zwar will die Übersetzung den menschlichen Anteil an der Handlung durch das Wort „vervollkommnen" relativieren – aber die im Hebräischen gegebene Ambivalenz, dass die Welt einer diesseitigen Verbesserung durch die Menschen bedarf, bleibt bestehen.

9 Allerdings kennt das *Alenu*-Gebet zwei Lesarten. Offenbar gab es in der liturgischen Überlieferung zwei Schreibweisen für *letaken* – einmal mit dem hebräischen Buchstaben *Kuf*, woraus sich das Wort *Tikkun* („Reparatur") bildet; ein anderes Mal mit *Kaf* beziehungsweise *Khaf*, was *letakhen* eine andere Richtung, nämlich „Errichtung" geben würde. Danach würde es im *Alenu*-Gebet nicht um die „Reparatur", sondern um die „Errichtung" der Welt oder auch der Ewigkeit durch das Königreich Gottes gehen – *letakhen olam be-malchut schadai*. Es macht natürlich einen fundamentalen Unterschied, ob die bereits von Gott geschaffene Welt „repariert", oder ob überhaupt erst eine Welt, die Anteil an der Ewigkeit Gottes hat, „errichtet" werden muss. Mitchell First, *Aleinu: Obligation to Fix the World or the Text?*, in: *Hakirah 11*, 2011, S. 187–197; http://www.hakirah.org/vol%20 11%20first.pdf (zuletzt abgerufen am 22.10.2012).

10 Siehe z. B. Lawrence Fine, *Tikkun: A Lurianic Motif in Contemporary Jewish Thought*, in: Jacob Neusner/ Ernest S. Frerichs/ Nahum M. Sarna (Hg.), *From Ancient Israel to Modern Judaism. Essays in Honor of Marvin Fox. Vol 4*, Scholars Press, Atlanta 1989, S. 35–53.

11 Kritiker sehen ihn lediglich als Ausdruck des Zeitgeists. Z.B.
Rabbiner Nils Ederberg, *Tikkun Olam. Gott schaut in unser Herz.
Jüdisches Handeln zwischen Tradition und Zeitgeist*, in: *Jüdische
Allgemeine*, 7.10.2016, http://www.juedische-allgemeine.de/
article/view/id/26595 (zuletzt abgerufen am 21.9.2018); auch
Jonathan Krasner, *The Place of Tikkun Olam in American Jewish
Life*, in *Jerusalem Center for Public Affairs* (Spezialausgabe zu
Tikkun Olam), Internet-Ausgabe, 1.11.2014, http://jcpa.org/
article/place-tikkun-olam-american-jewish-life1/ (zuletzt
abgerufen am 7.11.2018); sowie ebd.: Levi Cooper, *The Assimilation of Tikkun Olam*. http://jcpa.org/article/assimilation-tikkun-
olam/ (zuletzt abgerufen am 13.11.2018). Der frühere orthodoxe
Oberrabbiner Großbritanniens, Jonathan Sacks, hielt seine
Verwendung in Kombination mit universalistischen Gemein-
plätzen sogar für eine leere Phrase, die jüdische Identität vorge-
be, jedoch für Assimilation stehe. Vgl. ebd.: Jonathan Sacks,
Mending the World. http://jcpa.org/article/mending-world/
(zuletzt abgerufen am 13.11.2018).

12 Über die Beziehung zwischen der Idee des *Tikkun Olam* und
den rabbinischen *Takkanot*, siehe auch Eugene J. Lipman, *Mipne
Tikkun Ha'olam in the Talmud: A Preliminary Exploration*, in:
Joseph A. Edelheit (Hg.), *The Life of Covenant: The Challenge of
Contemporary Judaism*, Spertus College of Judaica Press, Chicago
1986, S. 107–108.

13 Die *Tora* verlangt in Streitfällen regelmäßig zwei Zeugen. Doch
bei Fragen des Arbeitsrechts, etwa ob der Lohn gezahlt worden
ist, verschoben die Rabbinen die Beweislast vom Arbeiter, der
seinen Lohn fordert, auf den Arbeitgeber, der beweisen muss,
dass er den Lohn gezahlt hat. Der Arbeiter braucht vor Gericht
nur zu schwören und verstärkt damit den Anspruch auf einen
noch ausstehenden Lohn. Dem gegenüber muss der Arbeitgeber
Zeugen haben, um die Zahlung beweisen zu können. In der
betreffenden talmudischen Textstelle steht: *Mischna* – „Der
Lohnarbeiter kann innerhalb der Frist schwören und [Zahlung]
erhalten, etc." – *Gemara*: „Weshalb haben die Rabbanan bestimmt, dass der Lohnarbeiter schwöre und [seinen Lohn]
erhalte? R. Jehuda erwiderte im Namen Samuels: hierbei lehrten
sie bedeutende *Halachot*. [Religionsgesetze in Fortführung der
Tora]. – Sind diese denn *Halachot*, es sind ja *Takkanot*!? Vielmehr, erwiderte R. Jehuda im Namen Samuels: hierbei trafen sie
bedeutende *Takkanot*. – Demnach gibt es auch unbedeutende!?
Vielmehr, erwiderte Rabbi Nachman im Namen Samuels:
hierbei trafen sie feststehende Bestimmungen; der Eid kommt

dem Hausherrn zu, die Rabbanan aber haben ihm dem Hausherrn genommen und dem Lohnarbeiter zugeschoben, wegen
seines Lebensunterhaltes." (*BT Bawa Mezia* 112b).

14 Vgl. *Deu.* 15, *Ex.* 21.

15 Die vollständige Textstelle lautet: „Die Zeugen unterzeichnen
den Scheidebrief [, was man] wegen *Tikkun ha-Olam* [verordnet
hat]. Hillel führte den *Prosbul* ein wegen *Tikkun ha-Olam.*" (*M
Gittin* 4, 3) Nur auf den ersten Blick erstaunt es, dass sich die
Bestimmung über den *Prosbul* im *Talmud*-Traktat *Gittin* über die
Scheidungsgesetze findet. Der Zusammenhang begründet sich
jedoch nicht im Thema Scheidung, wohl aber der Notwendigkeit
von unterschriebenen Schriftstücken, die vormals anderes, von
der *Tora* her gebotenes Recht außer Kraft setzten.

16 Der *Talmud* führt hierzu aus: „Hillel führte *(hitkin)* den *Prosbul*
ein etc. – Dort wird gelehrt: Der *Prosbul* schützt vor Erlassung.
Dies ist eine von den Verordnungen, die Hillel der Ältere angeordnet *(hitkin)* hat. Als er nämlich sah, dass die Leute es verweigerten, einander ein Darlehen zu gewähren, und somit übertraten, was in der *Tora* geschrieben steht: ‚hüte dich, dass nicht in
deinem Herzen ein nichtswürdiger Gedanke aufsteige, etc.‘
(*Deu.* 15, 9), trat er auf und führte den *Prosbul* ein. Folgendes ist
der Inhalt des *Prosbul*: Ich übergebe es euch N. und N., Richter
im Orte N., damit ich jede Schuld, die ich bei N. habe, zu jeder
beliebigen Zeit einfordern darf. Die Richter oder die Zeugen
unterzeichnen unten." (*BT Gittin* 36a)

17 *Deu.* 15, 9.

18 Siehe z.B. Moshe Zemer, *Jüdisches Religionsgesetz heute. Progres-
sive Halacha*, Neukirchener Verlag, Neukirchen-Vluyn 1999,
darin Kapitel I, *Die Halacha als sich entwickelndes ethisches System*,
S. 29–54.

19 Ein markantes Beispiel ist die heutige jüdisch-religiöse Rechtfertigung gleichgeschlechtlicher Ehen. Die *Tora* verbietet an
zwei Stellen, dass ein Mann mit einem anderen Mann, „wie mit
einer Frau" liege. (*Ex.* 18, 22 und 20, 13) Die heutige Auseinandersetzung mit Homosexualität betont, dass diese beiden Stellen
im Kontext zu lesen sind. Die erste Stelle (*Ex.* 18, 22) folgt auf
Verbote von sexuellem Missbrauch in Abhängigkeitsstrukturen
innerhalb der Familie, die zweite Stelle (*Ex.* 20, 13) folgt auf
Beispiele von rituellem Götzendienst, Promiskuität und Antino-
mismus. Heutige rabbinische Stimmen, die die Heiligung der
Partnerschaft bis hin zur gleichgeschlechtlichen Ehe rechtferti-
gen, bejahen das in den *Tora*-Bestimmungen enthaltene Verbot
von Machtmissbrauch und Götzendienst mit sexuellen Mitteln.

Aber dieses Verbot sehen sie nicht unmittelbar auf Homosexualität bezogen, sondern nur auf denjenigen Anteil, der Machtmissbrauch und Götzendienst bedeutet. Auf diese Weise recht-
fertigen sie *aus dem Gebot* und zugleich *gegen das Gebot* gleichgeschlechtliche *Liebes*beziehungen und deren Heiligung durch die
Ehe. Siehe z. B. Rodney Mariner, *The Jewish Homosexual and the
Halakhic Tradition. A Suitable Case for Treatment*, in: Jonathan
Magonet (Hg.), *Jewish Explorations of Sexuality*, Berghan Books,
Oxford 1995, S. 83–94.

20 Theologisch gesehen weist dies in eine innere Streitbarkeit
Gottes, die etwa in der rabbinisch-talmudischen Lehre von den
zwei Maßen: Barmherzigkeit (*rachamim*) und Gerechtigkeit
(*din*) zum Ausdruck kommt. Danach ist Gott durchaus auch im
Konflikt mit sich selbst. So betet er beispielsweise, dass sich sein
Maß der Barmherzigkeit über sein Maß der Gerechtigkeit stelle.
(*BT Brachot 7*a)

21 Siehe neue Werke zur jüdischen *Zelem-Elohim*-Theologie, etwa
Yair Lorberbaum, in *God's Image. Myth, Theology, and Law in
Classical Judaism*, Cambridge University Press, New York 2015;
oder David Mevorach Seidenberg, *Kabbalah and Ecology. God's
Image in the More-Than-Human World*, Cambridge University
Press, New York 2015. Ebenso Micha Brumlik, *Messianisches
Licht und Menschenwürde. Politische Theorie aus Quellen jüdischer
Tradition*, Nomos, Baden-Baden 2013.

22 Siehe dort den rabbinischen Umkehrschluss von *Ps.* 119, 126;
auch *BT Joma* 69a.

23 Aus diesem Grund dürfen Schwangere und Kranke an Fasttagen
nicht fasten und können viele Gesetze auch im Kleinen gebrochen werden, wenn davon das körperliche Wohlbefinden ab-
hängt. (*BT Joma* 82a)

24 Z. B. Yves Nordmann, *Zwischen Leben und Tod. Aspekte der
jüdischen Medizinethik*, Bern u.a. 1999.

25 Alle Arbeiten am Schabbat, die zum Erhalt der Tiere nötig sind,
z.B. Melken der Kühe, oder Hilfe bei der Geburt, sind erlaubt.
(Siehe *BT Schabbat* 128b)

26 Siehe Elisa Klapheck (Hg.), *Jüdische Positionen zur Sterbehilfe*,
Hentrich&Hentrich, Berlin 2016.

27 Siehe z.B. die Aufsätze des Palliativmediziners Stephan M.
Probst und des Rabbiners Tom Kučera, in: Elisa Klapheck, 2016,
a.a.O.

28 Da, wo die anderen monotheistischen Religionen Elemente der
Streitbarkeit gegenüber Gott haben, vermögen sie in jedem Fall

auch eine jüdische Aufmerksamkeit zu wecken. Aber das besagt noch nicht, dass sie einen Anteil an der religiös-säkularen Tradition des Judentums haben.

29 Diese Passage steht in einem interessanten Kontrast zu anderen Aussagen, denen zufolge Gott die *Tora* zunächst anderen Völkern angeboten habe, diese sie jedoch ablehnten und erst Israel zusagte, sie anzunehmen. (*Mechilta de-Rabbi Jischmael*, 5 zu *Ex.* 20, 2, siehe auch *BT Awoda Sara* 3a)

30 David Novak, *Jewish-Christian Dialogue: A Jewish Justification*, Oxford 1992, darin das Kapitel: *The Doctrine of the Noahide Laws*, Oxford University Press, S. 26–41.

31 Elisa Klapheck, *Das religiös-säkulare Spannungsfeld des Judentums*, in: Elisa Klapheck (Hg.), *Säkulares Judentum aus religiöser Quelle* (*Machloket/Streitschriften*, Bd. 1), Hentrich&Hentrich, Berlin 2015, S. 9-47, hier: 28-30.

32 Für die rabbinische Debatte über die transparente Beschaffenheit des Rechtswesens siehe *BT Sanhedrin* 56b.

33 Moshe Halbertal, *‚Ones Possessed of Religion': Religious Tolerance in the Teachings of the Me'iri*, in: *The Edah Journal 1:1 Marheshvan 5761* (2000), https://library.yctorah.org/files/2016/09/Ones-Possessed-of-Religion-Religious-Tolerance-in-the-Teachings-of-the-Me%C2%92iri.pdf (zuletzt abgerufen am 13.11.2018). –

34 Eric Nelson, *The Hebrew Republic. Jewish Sources and the Transformation of European Political Thought*, Harvard University Press, Cambridge/ London 2010.

35 Nahum Rakover, *Law and the Noahide Laws. Law as a Universal Value*, Library of Jewish Law, Jerusalem 1998.

36 Rakover, 1998, a.a.O., S. 10.

37 Auch die biblische Darstellung, nach der Gott die Israeliten bereits in Mara „Gesetz und Recht" *(chok u-mischpat)* lehrte, geht in diese Richtung. Mara war die erste Station nach dem Durchgang durch das Schilfmeer, der erste Moment in Freiheit – noch lange vor der Gabe der *Tora* am Berg Sinai. „Dort [in Mara] gab er ihm Gesetz und Recht, und dort prüfte er es." (*Ex.* 15, 25) Der rabbinischen Deutung im *Talmud* zufolge waren mit *chok u-mischpat* unter anderem die Noachidischen Gebote gemeint. „Zehn Gesetze sind den Israeliten in Mara auferlegt worden; sieben, die die Noachiden bereits auf sich genommen hatten und diesen hinzugefügt wurden: Religionsgesetze, das Schabbat-Gesetz und die Ehrung von Vater und Mutter." (*BT Sanhedrin* 56b) Modern gedeutet lässt sich diese Szene in der Wüste, in der Gott die Israeliten zunächst die allgemeinen Rechtsstandards

lehrt, auch als Herstellung säkularer Bedingungen verstehen, damit die später zu offenbarende *Tora* nicht im Himmel bleiben würde, sondern sich in der Welt verwirklicht.

38 Der im 11. Jahrhundert lebende, für das orthodoxe Judentum autoritative jüdische Philosoph und Halachist, Maimonides stellte in seinem großen Kodex *Mischne Tora* fest: „Wer die sieben Gebote übernimmt und gewillt ist, sie zu tun, der gehört zu den Frommen der Weltvölker und hat einen Anteil an der kommenden Welt." (*Hilchot Melachim* 8, 10)

39 Im Rahmen einer bejahenden christlichen Auseinandersetzung mit den Noachidischen Geboten siehe Klaus Müller, *Die noachidische Tora: Ringen um ein Weltethos*, in: *Freiburger Rundbrief. Zeitschrift für christlich-jüdische Begegnung 3*, 1996, S. 250 ff., online: *Archiv Neue Folge Nr. 397.*

40 Z.B. *BT Bawa Kama* 113b, *Gittin* 10b. Für eine Auseinandersetzung mit den Quellen siehe auch Rabbi Moshe Lichtenstein, *Jewish Political Theory, Hilkhot Melakhim. Legitimacy of a Non-Religious Government*, Yeshivat Har Etzion 2005, http://www.vbm-torah.org (zuletzt abgerufen am 21.9.2018).

41 Siehe auch meinen Aufsatz *Das Gesetz des Staates ist das Gesetz – ein talmudisches Diktum*, in: Elisa Klapheck (Hg.), *Dina de-Malchuta Dina – oder: Gott braucht den säkularen Rechtsstaat, Machloket/Streitschriften*, Bd. 5, Hentrich&Hentrich, Leipzig 2020.

42 Siehe Sylvie Anne Goldberg, *Common Law and Jewish Law. The Diasporic Principle of dina de-malkhuta dina.*, in: *Behemoth. A Journal on Civilisation* 1:2, Akademie Verlag, Berlin 2008, S. 39–53.

Zum Gebrauch geheiligt

1 *Siddur Schma Kolenu*, Textbearbeitung Albert Richter, Redaktion u. Konzept Edouard Selig, neu bearbeitet, Morascha, Basel, 2011, S. 408/409.

2 Z.B. *Ha'awoda schebalew (Gottesdienst im Herzen)*, Gebetbuch für Wochentage, Schabbatot und Feiertage, Jüdische Liberale Gemeinde „Or Chadasch" Zürich 1998, S. 119. Der in FN 1 aufgeführte *Siddur Schma Kolenu* nennt nur den hebräischen Begriff *Keduscha*.

3 *Na'ariz'cha we-nakdisch'cha...* – Übers. *Siddur Schma Kolenu*: „Wir wollen Dich verehren und heiligen...", s.o., S. 409. Ähnlich in der *Keduscha* des regulären Gebetes: *Nekadesch et schim'cha ba-*

olam…" – Übers. *Siddur Schma Kolenu*: „Wir wollen Deinen Namen in der Welt heiligen …", s.o., S. 355.

4 Hugo Bergmann, *Die Heiligung des Namens (Kiddusch Haschem)*, in: Hans Kohn, *Vom Judentum. Ein Sammelbuch*, Kurt Wolff Verlag, Leipzig 1913, S. 32–43; auch in: Schalom Ben-Chorin, Verena Lenzen (Hg.), *Lust an der Erkenntnis: Jüdische Theologie im 20. Jahrhundert*, Pieper, München 1988, S. 161–171.

5 *Midrasch Wajikra Raba*, Kap. 30 – auch Auslegung zu *Psalm* 68, 35: „Gebet Gott Kraft!", hierzu *Midrasch Jalkut* I 743, B. 224a, Sp. 2: „Die Gerechten fügen Kraft hinzu zur oberen Gewalt.", *Midrasch Bereschit Raba*, Par. 69: „Die Bösen bestehen durch ihren Gott; aber die Gerechten – da besteht Gott durch sie, denn es ist gesagt worden: Siehe der Herr steht auf ihm…" – Nach der Übersetzung von Hugo Bergmann, a.a.O., S. 34–35.

6 Siehe *My People's Prayer Book. Traditional Prayers, Modern Commentaries, Vol. 2, The Amidah*, ed. by Rabbi Lawrence A. Hofman, Woodstock, Vermont 1998, S. 85 ff., vor allem die Kommentare von Marc Brettler, Lawrence Kushner & Nehemia Polen und Daniel Landes.

7 Siehe *Siddur Schma Kolenu*, a.a.O., S. 409 – hierauf basierend habe ich die Übersetzung der *„Keduscha zu Mussaf am Schabbat"* leicht überarbeitet, insbesondere *Baruch* mit „gesegnet" und nicht mit „gelobt" übersetzt.

8 Marcel Poorthuis hat darauf verwiesen, dass in der *Hebräischen Bibel* die Vorstellung von heiligen Orten, heiligen Stätten, ja heiligen Dingen zurückgedrängt wird zugunsten von heiligenden Handlungen. Siehe Alberdina Houtman, Marcel Poorthuis, Joshua Schwartz: *Sanctity of Time and Space in Tradition and Modernity*, Brill, Leiden u.a. 1998.

9 *Siddur Sefat Emet*, m. dt. Übers. Rabbiner S. Bamberger, Goldschmidt, Basel 1982, S. 104; *Siddur Schma Kolenu*: „Lobt den Ewigen, den Gelobten", o. o. A., S. 335; *Seder ha-Tefillot. Gebete für Schabbat, Wochentage und Pilgerfeste: „Lasst uns Gott preisen; Gott gebührt unsere Ehre!"*, übers. v. Annette Böckler, Gütersloh 1997, S. 87.

10 Es stimmt zwar, dass sich jüdische Religiosität durch die in der *Bibel* formulierte Forderung „Ihr sollt nicht sein wie die anderen Völker" als Unterscheidung von den anderen Völkern versteht und Formen der Absonderung hervorgebracht hat. Aber diese Absonderung beruht nicht auf einer negativen Einstellung zu *chol*/„profan", um sich davon zu distanzieren und in fortgesetzter Heiligkeit zu leben. Auch das gesetzestreue Judentum wendet sich den „profanen" Dingen zu, indem es diese heiligt. Interes-

santerweise richtet sich die Aufmerksamkeit der rabbinischen Literatur nicht auf die Beschaffenheit von *kadosch*, sondern darauf, wie *chol* in den heilsgeschichtlichen Prozess gehoben werden kann.

11 Mit „rabbinisch" ist die nachbiblische Ära gemeint, das heißt eine Epoche zwischen dem 2. Jahrhundert v. Z. bis etwa dem 7./8. Jahrhundert n. Z., in der die klassische rabbinische Literatur entstanden ist. Ihre zwei Hauptgenres sind die exegetischen *Midraschim* zur *Tora* (*Fünf Bücher Mose*, *Pentateuch*) und der im Zeichen von Gesetzesdebatten stehende *Talmud*. Beide griffen die in der *Hebräischen Bibel* verankerten Vorstellungen von „heilig" auf und übertrugen sie in ihre eigene Zeit.

12 Jacob Neusner, *Introduction to Rabbinic Literature*, Yale University Press, Cambridge 1994; siehe auch ders., *Rabbinic Political Theory. Religion and Politics in the Mishnah*, The University of Chicago Press, Chicago and London 1991 und *Four Stages of Rabbinic Judaism*, Routledge, London, New York 1999.

13 Zumeist übersetzt als „Heilig sollt ihr sein." – Die Futurform („Heilig sollt ihr werden"), die zugleich als Imperativ möglich ist, wurde in der rabbinischen Literatur als messianische Ausrichtung interpretiert. Siehe hierzu den bis heute für religiöse Juden und Jüdinnen autoritativen mittelalterlichen Kommentar von Raschi (Salomo ben Isaak, 1040–1105) – *Raschis Pentateuchkommentar*, übers. v. S. Bamberger, Victor Goldschmidt Verlag, Basel 1994 – zu *Lev.* 19, 2.

14 Israel Knohl hat eine Debatte angestoßen, die erneut über die Beziehung, bez. Nicht-Beziehung zwischen der „Priesterschrift" und dem „Heiligkeitskodex" im 3. Buch *Mose/Levitikus* nachdenkt. Siehe Israel Knohl, *The Sanctuary of Silence. The Priestly Torah and the Holiness School*, Eisenbrauns, Winona Lake (1992), 2007. Knohl geht von einem Konflikt zwischen beiden aus. Seiner These zufolge spiegelt die Priesterschrift die Normen einer von der sozialen und politischen Realität gänzlich abgesonderten *kultischen* Elite. In unüberbrückbarer Opposition hierzu stehe der Heiligkeitskodex, der die israelitische Bevölkerung insgesamt als eine „Nation von Priestern" ansieht und *sozialethische* Verhaltensregeln als das Instrument der „Heiligung" beschreibt. Indem beide Kodizes unmittelbar in der Mitte des *Pentateuchs* aufeinander folgen, stehen sie für einen innerbiblischen Konflikt zwischen kultischen und sozialethischen Heiligkeitsauffassungen. Einige Judaist/innen und Bibelwissenschaftler/innen haben Knohls These als überzeichnet kritisiert und darauf hingewiesen, dass die kultische Seite zugleich politische

und ethische Aspekte enthält, wie auch die sozialethische Seite kultische. Das Konfliktfeld selbst jedoch haben sie bestätigt. Z.B. Hanna Liss, *The Concept of the Holy One in First Isaiah and in the Priestly Code*, in: *Scriptura. International Journal of Bible, Religion and Theology in Southern Africa, 87,* 2004, S. 288–295; auch Marcel Poorthuis, *Rudolph Otto Revisited: Numinosity Vis-à-Vis rabbinic, Patristic and Gnostic Interpretations of Scripture*, in: M.J.H.M. Poorthuis, Joshua Schwartz, *Purity and Holiness. The Heritage of Leviticus*, Brill, Leiden u.a. 2000, S. 107–127.

15 Siehe z.B. Jacob Milgrom, *The JPS Torah Commentary: Numbers*, Jewish Publication Society (JPS), Philadelphia 1990; Mary Douglas, *Leviticus as Literature*, Oxford University Press, New York (1999) 2000 u. dies., *The Doctrine of Defilement in the Book of Numbers*, Oxford University Press, New York (1993) 2004.

16 So etwa unmittelbar um das mittlere Kapitel 19 die sexuellen Verbote in *Levitikus* 18, 6 ff. und *Levitikus* 20,10 ff. Die großen Sühneopfer, die in der ersten Hälfte von *Levitikus* für gesellschaftliche Vergehen verlangt werden, beziehen sich auf die in der zweiten Hälfte von *Levitikus* aufgezählten Sünden im sozialen Leben.

17 Siehe darum auch schon *Levitikus* 19, 29.

18 Jacob Neusner, *Introduction to Rabbinic Literature*, a.a.O.

19 Interessanterweise hatten aber auch die Vordenker/innen der jüdischen Aufklärung und Emanzipation im 18. und 19. Jahrhundert in Deutschland, nicht zuletzt Moses Mendelssohn selbst, an der kultisch-säkularen Spannung festgehalten. In seinem wegweisenden Werk *Jerusalem oder über religiöse Macht und Judentum* (1783) lehnte Mendelssohn die Erlangung der bürgerlichen Gleichberechtigung für die Juden und Jüdinnen um den Preis ihrer Aufgabe des „Zeremonialgesetzes" ab. Mendelssohn entwickelte in diesem Werk eine eigene Theorie zum Zeremonialgesetz. Er sah den kultischen Rahmen des Zeremonialgesetzes als die Gewähr für soziale Handlungen. Auch wenn das in der Folge entstandene liberale Reformjudentum in Deutschland bereit war, das Zeremonialgesetz nur noch in seiner ethischen Diktion gelten zu lassen, blieb der kultische Untergrund im jüdischen Selbstverständnis gerade auch in gesellschaftspolitischer Hinsicht fortbestehen.

20 Rachel Adler, *Engendering Judaism. An Inclusive Theology and Ethics,* Jewish Publication Society, Philadelphia 1998; Daniel Boyarin, *Carnal Israel. Reading Sex in Talmudic Culture*, University of California Press, Berkeley u.a. 1993.

21 Tatsächlich erlebt die jüdische Gemeinschaft ein Revival an kultischer Praxis. So erfahren ganze Lebensbereiche im Wege kultischer Heiligung neue heilsgeschichtliche Bedeutung. Längst hat z.b. die jüdische Frauenbewegung die *Mikwe*, das Ritualbald, für sich entdeckt, um durch neue Weise, das heißt auch neue Rituale, den weiblichen Körper zu heiligen und Genderaspekte in den heilsgeschichtlichen Prozess zu stellen. Siehe z.b. Naomi Marmon, *Reflections on Contemporary Miqveh Practice*, in: Rahel R. Wasserfall (Ed.), *Women and Water. Menstruation in Jewish Life and Law*, University Press of New England, Hannover u.a. 1999, S. 232–254.

Neue Welten erschaffen

1 Erstveröffentlichung in: Naime Çakir-Mattner/Philipp David/ Ansgar Kreutzer (Hg.), *Theologie(n) und Modernisierung: Interdisziplinäre Perspektiven aus Judentum, Christentum und Islam* (*Theologie in pluraler Gesellschaft*), Darmstadt 2022.

2 *Raschis Pentateuchkommentar*, dt. Übersetzung von Selig Bamberger, Basel 1994, S. 10. – Auch *Midrasch Bereschit Raba*: *Der Midrasch Bereschit Rabba*, ins Deutsche übertragen von August Wünsche, Nachdruck der Ausgabe Leipzig 1880 in Bibliotheca Rabbinica, Hildesheim 1993 (1880), S. 83.

3 *Midrasch Bereschit Raba*, a.a.O., S. 83.

4 *Midrasch Bereschit Raba*, a.a.O., S. 87. Nach rabbinischer Auffassung „verhandelt" hier Gott mit Adam und Eva. (Par. XX, Cap. III, 14) – hebräisch: *...im Adam nassa we-natan, im Chawa nassa we-natan, we-im ha-nachasch lo nassa we-natan.*

5 Karl-Hermann Blickle, Heinz Högerle (Hg.), *Juden in der Textilindustrie*. Dokumentation der Tagung des Gedenkstättenverbundes Gäu-Neckar-Alb am 10. Oktober 2010 in Hechingen, mit Beiträgen von *Karl-Hermann Blickle*, Joel Berger, Uri Robert Kaufmann, Doris Astrid Muth, Irene Scherer, Welf Schröter, Winfried Hecht und *Heinz Högerle*, Horb 2013.; Karl-Hermann Blickle, *Für eine jüdisch motivierte interreligiöse Wirtschaftsethik*, in: Elisa Klapheck (Hg.), *Jüdische Wirtschafts- und Sozialethik im Zeichen der Globalisierung*, Machloket/Streitschriften Bd. 3, Berlin 2017, S. 51–85.

6 Eva Illouz, *Der Konsum der Romantik. Liebe und die kulturellen Widersprüche des Kapitalismus*, Frankfurt a. M. 2014., S. 65 f.

7 André Krajewski, *Die Geschichte der jüdischen Warenhäuser in Deutschland*, o.J., im Internet unter: https://andre-krajewski.de/ content/pdf/warenhaus.pdf. (Stand: 27.11.2020). Gideon Reuve-

ni, *Deutsch-jüdische Geschichte als Wirtschaftsgeschichte*, in: Christina von Braun (Hg.), *Was war deutsches Judentum? 1870–1933* (*Europäisch-Jüdische Studien. Beiträge* 24), Oldenburg 2015. Gideon Reuveni/Nils Roemer (Hg.), *Longing, Belonging, and the Making of Jewish Consumer Culture*, Leiden 2010.

8 Gideon Reuveni, *Geldverleiher, Unternehmer und Angestellter: Jüdische Bankiers – Ein Überblick*, in: Beate Borowka-Clausberg (Hg.), *Salomon Heine in Hamburg. Geschäft und Gemeinsinn*, Göttingen 2013.

9 Abraham de Wolf, *Hugo Sinzheimer und das jüdische Gesetzesdenken im deutschen Arbeitsrecht*, Berlin 2015.

10 Katharina von Kellenbach, *The Mark of Cain: Guilt and Denial in the Post-War Lives of Nazi Perpetrators*, New York 2013. Von Kellenbach arbeitet in ihrem wichtigen Buch vor allem mit Blick auf die Nazi-Täter die Möglichkeit einer zweiten Lebenschance heraus, indem die Schuld ausgesprochen wird. Auch wenn die Schoa kein Thema in meinem Aufsatz ist, halte ich von Kellenbachs These für die theologische Auseinandersetzung mit der Konfliktbeziehung des Menschen gegenüber Gott für grundsätzlich fruchtbar.

11 Vor allem über die *Mischna*-Kapitel 4 und 5.

12 Elisa Klapheck, Abraham de Wolf, *Die Bedeutung des Geldes in der Tora und im Talmud*, in: Karlies Abmeier (Hg.), *Geld, Gott und Glaubwürdigkeit (Religion – Staat – Gesellschaft* 3), Paderborn 2016, 61–74.; siehe auch Publikationen auf der Website www.hakalkala.de, u.a.: Elisa Klapheck, *Talmud und Termingeschäfte* (*Jüdische Allgemeine* 05.12.2013), *Brot, Preis und Profit* (ebd., 06.062013), *Die Bedeutung von Regeln und die Freiheit des Marktes aus rabbinischer Sicht* (ebd., 12.01.2012); *„Gott ist der erste große Gläubiger seiner Schöpfung"* (Interview mit Elisa Klapheck in der *Frankfurter Allgemeinen Sonntagszeitung*, 07.01.2012).

13 *Gemara Gittin* 36a–b – „Dort wird gelehrt: Der *Prosbul* schützt vor Erlassung. Dies ist eine von den Verordnungen, die Hillel der Ältere angeordnet hat. Als er nämlich sah, dass die Leute es verweigerten, einander ein Darlehen zu gewähren, und somit übertraten, was in der Tora geschrieben steht ‚Hüte dich, dass nicht in deinem Herzen ein nichtswürdiger Gedanke aufsteige etc.' (*Deu.* 15, 9) trat er auf und führte den *Prosbul* ein. Folgendes ist der Inhalt des *Prosbul*: Ich übergebe es euch [die Vollmacht zur Einziehung der Schuld] N. und N., Richter im Orte N., damit ich jede Schuld, die ich bei N. habe, zu jeder beliebigen Zeit einfordern darf. Die Richter oder die Zeugen unterzeichnen unten. Ist denn so etwas möglich, dass nach der Tora

das Siebentjahr [die Schuld] erlässt, und Hillel angeordnete hat, dass es nicht erlasse!? Abaje erwiderte: Das Siebentjahr in der Jetztzeit und zwar nach Rabbi, denn es wird gelehrt: Rabbi sagte: ‚Folgendes Bewenden hat es mit dem Erlasse: erlassen etc.‘ (*Deu.* 15, 2) Die Schrift spricht von zwei Erlassungen, von der Erlassung des Bodens [im Brachjahr dürfen die Felder nicht bestellt werden] und der Erlassung von Geldern; zur Zeit, wo der Boden nicht zu erlassen ist, sind auch Gelder nicht zu erlassen. (b) Die Rabbanen hatten jedoch angeordnet, dass sie wohl zu erlassen seien, zur Erinnerung an das Siebentjahr; als aber Hillel sah, dass die Leute einander ein Darlehen verweigerten, trat er auf und führte den *Prosbul* ein.“ Vgl. außerdem *M Schewi'it* 10, 3–4.

14 Klapheck, de Wolf, a.a.O. S. 66f.

15 Die Worte stammen aus *Gen.* 14, 19. Da es sich bei *kone schamajim wa-arez* um eine Formulierung handelt, über die man im Gebet stolpern, die sogar bisherige Gottesvorstellungen infragestellen könnte, wurde ihre Übersetzung in so gut wie allen jüdischen Gebetbüchern geglättet. So steht etwa im *Siddur Schma Kolenu*, einem in Deutschland populären orthodox-jüdischem Gebetbuch: „dem Himmel und Erde gehören“. (*Siddur Schma Kolenu*, ins Deutsche übersetzt von Raw Joseph Scheuer, Morascha, Basel, Zürich 2006, S. 257). Siehe dort auch die Einleitung im Morgengebet (*Schacharit*) sowohl an Wochentagen und am Schabbat „der große, der mächtige, der gefürchtete Gott, höchster Gott, der mit beglückenden Liebestaten belohnt, dem alles gehört *(kone ha-kol)*, der der Liebe der Väter gedenkt […] usw.“ „Gehören“ ist zweifelsohne das Resultat von „erwerben“. Aber der aktive Part Gottes, sein aktives Erwerben ist damit verdeckt. „Gehören“ besagt überdies auch nichts über den Moment, ab wann Gott Himmel und Erde gehören, wann er sie erworben hat, von wann an sie sein Eigentum geworden sind. Die liberalen Gebetbücher kommen in ihren Übersetzungen dem Verb *kone* (erwirbt), also der aktiven Handlung Gottes schon etwas näher. So übersetzt *Siddur Ha'awoda schebalew* entsprechend einer Auslegung Raschis (mit Berufung auf *Ps.* 134, 3) die Stelle mit „Eigner“ – also „… Eigner von Himmel und Erde“. (*Siddur Ha'awoda schebalew*, *Gottesdienst im Herzen, Gebetbuch für Wochentage, Schabbatot und Feiertage.* Jüdische Liberale Gemeinde „Or Chadasch“, Zürich 1998, S. 80 u. 86. [Übersetzung des Gebetbuches der Bewegung für Progressives Judentum in Israel, 1982]). Allerdings suggeriert *kone* als Substantiv: „Eigner“, als wäre Gott immer schon der Eigentümer der

Schöpfung gewesen und nicht, als würde er sie jetzt – das hebräische Verb *kone* steht im Präsens –, das heißt durch eine aktive Handlung in diesem Moment eignen. Noch stärker erscheint die aktive Handlung Gottes im täglichen Morgengebet (*Schacharit*). Dort wird das „Erwerben" innerhalb einer Reihe von göttlichen Handlungen aufgezählt: „Gesegnet bist du, Ewiger, unser Gott und Gott unserer Vorfahren, Gott Abrahams, Gott Isaaks, Gott Jakobs, der Gott, der große, der mächtige, der gefürchtete Gott, höchster Gott, der mit Liebestaten belohnt, der alles erwirbt *(kone ha-kol)*, der der Liebe der Vorfahren gedenkt und der um seines Namens willen ihren Kindeskindern in Liebe einen Erretter bringt. Ein helfender, ein erlösender, ein schützender König. Gesegnet bist du Ewiger, Schild Abrahams." Diese Stelle bezeichnet nicht „Himmel und Erde", sondern Menschen mit vielen Konflikten. Gott ist imstande „alles" zu erwerben – also jede Konfliktsituation samt ihrer Lösung. Und wie es hier erscheint, erwirbt er dies innerhalb der Beziehung der Menschen zu ihm, indem er sich ihrer annimmt, ihre Liebe belohnt, ihrer Vorfahren gedenkt, Rettung herbeibringt, hilft, erlöst und schützt. Gott „besitzt" den Menschen nicht – Gott *erwirbt* ihn, indem er sich aktiv in dessen Leben einbringt. – Siehe auch *Siddur Schma Kolenu*, a.a.O., S. 244 f.

16 Zwar verknüpft sich die biblische Auffassung vom Eigentum am Land mit dem gegenüber Adam geäußerten göttlichen Fluch, es nur „im Schweiße deines Angesichts" bearbeiten zu können (*Gen.* 3, 18) Aber schon in der Geschichte über die Söhne Adams, Kain und Abel, erweist sich dieser Fluch nicht mehr als der entscheidende Gesichtspunkt in der Mensch-Gott-Beziehung in Bezug auf das Eigentum am Land. In dieser zweiten biblischen Geschichte erhebt sich der Bauer „Kain" (von *kone* – kaufen, erwerben) gegen seinen von Gott bevorzugten Bruder, dem Kleinnomaden „Abel" (von *hewel* – Nichts, Hauch). Trotz des von Kain begangenen Brudermords ist Gott bereit, die Beziehung zu ihm neu zu errichten und Kain sogar kraft des Kainsmals zu schützen. Liest man die Geschichten über die Vertreibung aus dem Paradies und den Brudermord Kains hintereinander (*Gen.* 3 u. 4), erstellt sich eine wirtschaftsethische Deutungsmöglichkeit, nach der Gott beide Male die darin ausgedrückte, zivilisationshistorisch neue ökonomische Situation akzeptiert, aber darin seinen transzendenten Anteil („Himmel und Erde") einfordert und mit entsprechenden Auflagen verknüpft. Ebenso geschieht dies nach der Erzählung über die Sintflut. (*Gen.* 9)

17 Siehe Anmerkung 13.

18 Mit dieser Vorstellung begründen verschiedene Rabbinen ihre Kritik gegen die Todesstrafe: „Ein Gerichtshof, der einmal in sieben Jahren eine Hinrichtung vollzieht, wird ein Verderber genannt. Rabbi Eleasar, Sohn Asarjas sagt: Einmal in Siebzig Jahren. R. Tarphon und Rabbi Akiba sagen: Wenn wir im Synedrion gesessen hätten, so würde nie ein Mensch hingerichtet worden sein." (*M Makkot* 1, 10)

Schechina und Wirtschaft

1 Die ursprüngliche Version dieses Aufsatzes erschien 2019 in: *Religionen und der globale Wandel. Politik, Wirtschaft, Bildung*, hg. v. Reinholf Mokrosch, Habib El Mallouki, Kohlhammer, Stuttgart 2019, S. 81–92.

2 Siehe Elisa Klapheck (Hg.), *Jüdische Wirtschaftsethik im Zeichen der Globalisierung, Machloket/ Streitschriften, Bd. 3*, mit Beiträgen von Abraham de Wolf und Karl-Hermann Blickle, Hentrich&Hentrich, Berlin 2018.

3 Jagdish Bhagwati, *In Defense of Globalization*, Oxford University Press, Oxford 2004.

4 Paul Krugman, *In Praise of Cheap Labor*, Internetzeitung *Slate* (1997): http://www.slate.com/articles/business/the_dismal_science/1997/03/in_praise_of_cheap_labor.html?via=gdpr-consent

5 Siehe Jan Grossarth, *Sechs Gründe, warum der Hunger auf der Welt abnimmt* in: *Frankfurter Allgemeine Zeitung*, 13.10.2014: http://www.faz.net/aktuell/wirtschaft/wirtschaftspolitik/sechs-gruende-warum-der-hunger-auf-der-welt-abnimmt-13205739.html

6 Die Wirtschaftstraktate des *Talmuds* werden erst in jüngster Zeit als ein Schatz antiker Wirtschaftsdiskurse erschlossen. Siehe hierzu z.B. Roman A Ohrenstein, Barry L.J. Gordon, *Economic Analysis in Talmudic Literature. Rabbinic Thought in the Light of Modern Economics* Brill, Leiden 2009; Aaron Levine (Hg.), *The Oxford Handbook of Judaism and Economics*, Oxford University Press, Oxford 2010; Jonathan Brandow, *The Just Market. Torah's Response to the Crisis of the Modern Economy*, Publish Green, Minneapolis 2014; oder Nathan Lee Kaplan, *Management Ethics and Talmudic Dialectics. Navigating Corporate Dilemmas with the Indivisible Hand*, Springer Berlin 2014. Außerdem die Publikationen auf der Website von *Torat HaKalkala – Verein zur Förderung der angewandten jüdischen Wirtschafts- und Sozialethik e.V.* – www.hakalkala.de

7   Interessant ist in diesem Zusammenhang das Werk von Jacques
    Attali, *The Economic History of the Jewish People* (2010) (*Les Juifs,
    le Monde et L'Argent – Histoire économique du Peuple Juif*, Fayard,
    Paris 2002.

8   Siehe z.B. Liliana Ruth Feierstein, *Diaspora*, in: Christina v.
    Braun, Micha Brumlik, *Handbuch Jüdische Studien*, Böhlau, Köln
    2018.

9   „Es wird gelehrt: R. Simon bar Jochai sagte: Komm und sieh,
    wie beliebt die Israeliten sind bei dem Heiligen, gepriesen sei er,
    denn wohin sie auch verbannt wurden, war die *Schechina* immer
    bei ihnen. Wurden sie nach Ägypten verbannt, war die *Schechina*
    bei ihnen, denn es heißt: ,Ich habe mich deinem Vaterhause
    offenbart, als sie in Ägypten waren.' Wurden sie nach Babylo-
    nien verbannt, war die *Schechina* bei ihnen, denn es heißt: ,Um
    euretwillen wurde ich nach Babel entsendet.' Und auch wenn sie
    dereinst erlöst werden, wird die *Schechina* bei ihnen sein, denn es
    heißt: ,Der Ewige, dein Gott wird mit deinen Gefangenen
    zurückkehren.' Es heißt nicht [er wird die Gefangnen] ,zurück-
    bringen', sondern [mit ihnen] ,zurückkehren' und dies lehrt, dass
    der Heilige, er ist gesegnet, mit ihnen aus dem Exil zurückkeh-
    ren wird." (*BT Megilla* 29a)

10 „Nach Verlauf dreier Jahre musst du ausscheiden alle Zehnten
    deines Ertrages in diesem Jahre, und es liegen lassen in deinen
    Toren; dann soll kommen der Lewi, denn er hat keinen Anteil
    und Besitz mit dir – und der Fremdling und die Waise und die
    Witwe, die in deinen Toren, dass sie essen und satt werden, auf
    dass dich segne der Ewige, dein Gott in allem Werk deiner Hän-
    de, das du tuest." (*Deu.* 14, 28–29)

11 Vergleiche dem gegenüber die Bestimmungen, die tatsächlich
    die Armen betreffen, beispielsweise das Überlassen der Ecken
    der Felder bei der Ernte: „Und wenn ihr erntet in eurem Lande,
    so sollst du nicht ganz abernten die Ecke *(pea)* deines Feldes,
    und die Nachlese bei deiner Ernte nicht aufklauben: dem Armen
    und dem Fremdling sollst du sie überlassen." (*Lev.* 19, 9)

12 Siehe hierzu Jacob Neusner, *The Economics of the Mishnah*,
    University of Chicago Press, Chicago/ London 1990.

13 Elisa Klapheck und Abraham de Wolf, *Die Bedeutung des Geldes
    in der Tora und im Talmud*, in: Karlies Abmeier (Hg.), *Geld, Gott
    und Glaubwürdigkeit*, Schöningh, Paderborn 2016, S. 70 f.

14 „Wenn Geld teuer und die Früchte billig [aber z.B. wegen
    unterbrochener Transportwege nicht vorhanden] sind, so rufe
    man sofort den Notstand aus." (*BT Taanit* 19a–b); „Man rufe
    den Notstand aus wegen der Waren, selbst am Schabbat.

R. Jochanan sagte: Zum Beispiel wegen Linnenzeug in Babylonien und Wein und Öl im Israelande." (*BT Bawa Batra* 91a)

15 Die drei *Bawot*: *Bawa Kama, Bawa Mezia* und *Bawa Batra.*

16 Für die besondere säkulare Dimension der jüdischen Religion, siehe Elisa Klapheck (Hg.), *Säkulares Judentum aus religiöser Quelle*, in *Machloket/Streitschriften*, Bd. 1, Hentrich&Hentrich, Berlin 2015.

17 Arnold Heertje, *The Dutch and Portuguese-Jewish Background of David Ricardo*, in: *The European Journal of the History of Economic Thought*, Vol. 12, 2005.

18 Siehe Hauke Brunkhorst, *Das doppelte Gesicht Europas. Zwischen Kapitalismus und Demokratie*, darin vor allem das Kapitel *Verfassungsevolution* auf der Grundlage der Rechtstheorie von Hans Kelsen, Suhrkamp, Frankfurt a.M. 2014.

19 Eric Nelson, *The Hebrew Republic. Jewish Sources and the Transformation of European Political Thought*, Harvard University Press, Cambridge 2010; Hannes Stein, *Covenantal Society – Das politische Vermächtnis der Tora lebt in den USA, nicht aber in Europa*, in: Elisa Klapheck (Hg.), *Bürgerschaftliches politisches Engagement als jüdische Praxis*, in *Machloket/Streitschriften* Bd. 2, Hentrich&Hentrich, Berlin 2016; Michael Walzer, *Exodus und Revolution*" Rotbuch Verlag, Berlin 1988 (*Exodus and Revolution*, Basic Books, New York 1985)

20 David Nirenberg, *Anti-Judaism. The Western Tradition*, Norton, New York 2013.

21 Abraham de Wolf, *Die Konsumenten sind die neuen Eigentümer*, Karl-Hermann Blickle, *Für eine jüdisch motivierte interreligiöse Wirtschaftsethik*, in: Elisa Klapheck (Hg.), *Jüdische Wirtschaftsethik im Zeichen der Globalisierung*, a.a.O., S. 15–50 und 51–85.

Verzeichnis der Quellen und hebräischen Begriffe

Amos – nach dem gleichnamigen Propheten benanntes Buch
  in der Bibel

Aron ha-kodesch – Tora-Schrein

Awoda Sara – „Götzendienst", Titel eines talmudischen Traktats

Awot – „Sprüche der Väter", Titel eines Mischna-Traktats

Bamidbar – drittes Buch Mose, Levitikus

Bawot, drei Bawot – drei „Tore", das Stadttor als Ort öffentlicher
  Verhandlungen, Titel dreier talmudischer Traktate zum Wirt-
  schafts- und Sozialrecht

—— Bawa Kama – „Vorderes Tor"

—— Bawa Mezia – „Mittleres Tor"

—— Bawa Batra – „Hinteres Tor"

Bereschit – „Im Anfang", erstes Buch Mose, Genesis

BerR, Ber. Rab., Bereschit Raba – Titel einer großen Midrasch-
  Sammlung zum ersten Buch Mose

Bima – Podest in der Synagoge für die Tora-Lesung

Bracha, pl. Brachot – Segensspruch, Segenssprüche

Brachot – „Segnungen", Titel eines talmudischen Traktats

BT – Babylonischer Talmud, im 6./7. Jh. fertiggestellt

Chr., Chroniken – biblisches Buch

Charedim – „Zitternde", Bezeichnung für ultraorthodoxe Juden und
  Jüdinnen

Deu., Deuteronomium – fünftes Buch Mose

Dewarim – „Reden", hebräische Bezeichnung für das fünfte Buch
  Mose, Deuteronomium

Dina de-Malchuta Dina – „Das Gesetz des Staates ist das Gesetz",
  talmudisches Diktum von Samuel (3. Jh.)

Eruwim – „Mischungen", Titel eines talmudischen Traktats über die
  Schabbatgrenze

Ex., Exodus – zweites Buch Mose

Gemara – „Abschluss", rabbinischer Diskurs über die Gesetze der
  Mischna; Mischna und Gemara zusammen bilden den Talmud

Gen., Genesis – erstes Buch Mose

Gittin – „Scheidebriefe", Titel eines talmudischen Traktats

Haftara, pl. Haftarot – Prophetenlesung im Gottesdienst am Schabbat

Halacha – „Gangbarmachung", die jüdische Rechtstradition, die Religionsgesetze

halachisch - religionsgesetzlich

Hebräische Bibel – anstelle von „Altes Testament" mit seiner christlichen Konnotation; bzw. anstelle von „Tanach", dem hebräischen Begriff für die Bibel (Akronym von T = Tora, N = Newi'im [= Propheten], Ch = Chetuwim [= Hagiographen])

Hilchot Melachim – „Gesetze betreffs der Könige", Kapitel im großen Gesetzeskodex („Mischne Tora") von Maimonides zur Halacha für Könige, den Staat, die Regierung

Hos., Hosea – nach gleichnamigem Propheten benannte biblische Prophetenschrift

Jadajim – „Hände", Titel eines talmudischen Traktats

Jer., Jeremia – nach dem gleichnamigen Propheten benanntes Buch in der Bibel

Jes., Jesaja – nach dem gleichnamigen Propheten benanntes Buch in der Bibel

Jeschiwa, pl. Jeschiwot – Akademie für das Talmudstudium

Jew., Jewamot – „Schwägerinnen" [im Kontext der Leviratsehe], Titel eines talmudischen Traktats

Joma – „der Tag" (= Jom Kippur), Titel eines talmudischen Traktats

Josua – nach dem gleichnamigen Protagonisten benanntes Buch in der Bibel

JT - Jerusalemer Talmud, der erste im 4. Jh. in Palästina kodifizierte Talmud, auf ihn folgte im 6./7. Jh. der in den Perserreichen kodifizierte Babylonische Talmud

Kabbala – „Empfangen", Ausdruck für die jüdische Mystik

Kaschrut – jüdische Speisegesetze

Kawod – „Ehre", Präsenz Gottes, später abgelöst von dem Wort „Schechina"

Ketubot – „Eheverträge", Titel eines talmudischen Traktats

Kidduschin – „Eheschließungen", Titel eines talmudischen Traktats, auch die Trauung selbst

koscher – „tauglich" für die Verwendung (nach halachischem Standard)

Lev., Levitikus – drittes Buch Mose

Limmud – Studium, Lernen

M – Mischna, mündliche Tora, sechs Ordnungen der Gesetze, Grundlage des Talmud

Maimonides – jüdischer Philosoph im 12. Jh., Verfasser des großen halachischen Gesetzeskodex „Mischne Tora"

Makkot – „Schläge", Strafen, Titel eines talmudischen Traktats

Mechilta de-Rabbi Jischmael – Midrasch, rabbinische Exegese des Rabbi Jischmael (ca. 2. Jh.) zum zweiten Buch Mose

Megilla – „Textrolle", Titel eines talmudischen Traktats

Menachot – „rituelle Gaben", Titel eines talmudischen Traktats

Midrasch – rabbinische Exegese der Hebräischen Bibel

Mischne Tora – 14bändiges halachisches Gesetzeswerk, verfasst von Maimonides

Noachidische Gebote – talmudisch-ethischer Standard für die Menschheit

Num., Numeri – viertes Buch Mose

Parascha, Paraschot – Tora-Abschnitt, der im Gottesdienst gelesen wird

Pikuach Nefesch – „das Leben geht vor", Vorrang der Lebensrettung vor religiösen Geboten

Ps., Psalmen – biblisches Buch

Rabbanan, Rabbinen – die Autorenschaft der rabbinisch-talmudischen Literatur

Rabbinische Literatur, rabbinisches Schrifttum – der Talmud und die Midraschim

Raschi – Salomo ben Isaak, Kommentator der Bibel und des Talmuds im 11. Jh.

Ri., Richter – biblisches Buch

Sam., Samuel, 1. und 2. Buch Samuel – Titel von zwei biblischen Büchern

San., Sanhedrin – „Oberster Rat", Titel eines talmudischen Traktats

Schatnes – Stoff aus gemischten Fasern

Schechina – Präsenz Gottes

Schemot – „Namen", zweites Buch Mose, Exodus

SchemotR – große Midrasch-Sammlung zum zweiten Buch Mose

Schewi'it – „Siebtes", Mischna-Traktat u.a. zum Schuldenerlass alle sieben Jahre

Secharja – nach gleichnamigem Propheten benannte biblische Prophetenschrift

Sifre – rabbinischer Midrasch zum vierten Buch und fünften Buch Mose

Ta'anit – „Fasten", Titel eines talmudischen Traktats

Wajikra – „Und es rief", hebräischer Titel des dritten Buch Mose, Levitikus

WajikraR , Wajikra Raba – große Midrasch-Sammlung zum dritten Buch Mose

T – Tossefta, rabbinisches Gesetzeswerk aus dem 2. Jh. zusätzlich zur Mischna

Takkana – rabbinische Rechtsentscheidung

Tallit – Gebetsschal

Talmud – Zusammenfügung von Mischna und Gemara (rabbinische Gesetze und Gesetzesdiskurse)

Tanchuma – Midrasch-Sammlung zu den fünf Bücher Mose

Tasria – Name eines Tora-Abschnitts, Lev. 12-13

Tikkun Olam – „Reparatur der Welt", Ausdruck für soziales Engagement

Zelem Elohim – „Gottesebenbildlichkeit"

Aus der Reihe ad

 Alfons Söllner
ad Hannah Arendt
Elemente und Ursprünge
totaler Herrschaft
136 Seiten | Klappenbroschur
ISBN 978-3-86393-117-9
Auch als E-Book erhältlich

 Werner Renz
ad Hannah Arendt
Eichmann in Jerusalem
Die Kontroverse um den Bericht
»von der Banalität des Bösen«
191 Seiten | Klappenbroschur
ISBN 978-3-86393-125-4
Auch als E-Book erhältlich

 Richard Faber
ad Jacob Taubes
Historischer und politischer Theologe,
moderner Gnostiker
141 Seiten | Klappenbroschur
ISBN 978-3-86393-126-1
Auch als E-Book erhältlich

 Wolfgang Kraushaar
ad Walter Benjamin
Eine Verteidigung gegen seine Bewunderer
202 Seiten | Klappenbroschur
ISBN 978-3-86393-141-4
Auch als E-Book erhältlich

www.europaeischeverlagsanstalt.de

Aus unserem Programm

Micha Brumlik
Deutscher Geist und Judenhass
Das Verhältnis des philosophischen
Idealismus zum Judentum
3., vollständig überarbeitete Auflage 2022
354 Seiten
ISBN 978-3-86393-139-1
auch als E-Book erhältlich

Julius H. Schoeps
Im Kampf um die Freiheit
Preußens Juden im Vormärz
und in der Revolution von 1848
368 Seiten
ISBN 978-3-86393-136-0
auch als E-Book erhältlich

Ulrich Sieg
Vom Ressentiment zum Fanatismus
Zur Ideengeschichte
des modernen Antisemitismus
318 Seiten
ISBN 978-3-86393-135-3
auch als E-Book erhältlich

www.europaeischeverlagsanstalt.de